旅游产业创新与发展丛书

旅游业区域合作跨界现象

／广西壮族自治区的经验／

黄爱莲

魏继洲 ◎ 著

本书是国家自然科学基金项目《要素流动重塑跨境旅游合作空间的内在机理与演化路径：以中越边境地区为例（41561030）》的阶段性研究成果；广西哲学社会科学研究课题《广西旅游业区域合作的跨界现象研究（批准号：11BJY033）》的结题成果。

经济管理出版社
ECONOMY & MANAGEMENT PUBLISHING HOUSE

图书在版编目（CIP）数据

旅游业区域合作跨界现象：广西壮族自治区的经验／黄爱莲，魏继洲著. —北京：经济管理出版社，2019.11

ISBN 978-7-5096-5382-1

Ⅰ.①旅…　Ⅱ.①黄…　②魏…　Ⅲ.①区域旅游—旅游经济—经济合作—研究—广西　Ⅳ.①F592.767

中国版本图书馆 CIP 数据核字（2019）第 274187 号

组稿编辑：王光艳
责任编辑：魏晨红
责任印制：黄章平
责任校对：董杉珊

出版发行：经济管理出版社
　　　　　（北京市海淀区北蜂窝 8 号中雅大厦 A 座 11 层　100038）

网　　址：www. E-mp. com. cn
电　　话：（010）51915602
印　　刷：北京晨旭印刷厂
经　　销：新华书店
开　　本：720mm×1000mm /16
印　　张：12.25
字　　数：227 千字
版　　次：2020 年 2 月第 1 版　2020 年 2 月第 1 次印刷
书　　号：ISBN 978-7-5096-5382-1
定　　价：68.00 元

前　言

　　"一带一路"建设的提出与实践、国民经济和社会发展"十三五"规划的提出与实施，为广西的加速发展提供了重大机遇。而习近平总书记关于广西的"三大定位"则为广西的科学发展制订了宏伟蓝图。国家经济发展总体战略的调整，尤其是西部大开发和面向东盟开放合作重点地区的基本定位使广西作为西部大开发重点省份和"一带一路"建设重要节点的地位迅速提升，为区域旅游的跨越式发展注入了新的活力。

　　本书以边界效应为理论视角研究广西旅游业区域合作的有限性，及其向有效性实现转化的途径。通过考察区域旅游合作的各种限制性因素，厘清广西与周边地区在跨界旅游合作中的边界问题，进而从边界的屏蔽、中介与集聚效应中探讨突破边界的可能性，旨在寻求广西旅游业区域合作跨越式发展的实施对策，应对现实发展中已经或可能遇到的难题。

　　在研究方法上，综合运用新经济地理学、计量经济学、旅游学、管理学与系统科学等相关理论，注重旅游理论与开发实践的贯通、资料分析与实地调研的结合，并根据实际需要以定量评测与定性分析来相互印证，适当引入定量研究的方法。

　　本书的主要创新在于：第一，区域旅游合作并不具有无限的可能，突破边界实现有效的旅游合作，必须以充分认知各种限制性因素为基础。第二，边界具有屏蔽、中介与集聚三种效应。不同规模与类型的边界对旅游要素的跨界流动形成屏蔽，但是在一定条件下边界可以转化为跨界交流的中介。第三，边界的集聚功能有助于增强边界的吸引力，提升跨界旅游目的地的竞争力，形成广西旅游业区域合作发展的新增长点。第四，广西旅游业区域合作的深化需把握"四动"：和谐共鸣，多级推动；整合资源，龙头带动；创新发展，企业主动；依托城市，产业融动。

　　全书包括导论、正文（共五章）。

　　（1）导论提出研究的主要问题，归纳相关研究进展，并确定具体的研究方案与技术路线。

　　（2）第一章阐明区域旅游合作及其边界效应。目前，区域旅游合作在国内

外均受到重视，但是许多具体实践表明合作的可能性并不是无限的，在实际运作中需要客观面对合作边界的存在。本章拟从边界的本质出发探讨合作的边界与边界区域的形成，分析边界效应的屏蔽效应、中介效应、集聚效应，阐述边界区域旅游合作的过程实际上就是边界效应转化对区域合作空间结构的影响过程。

第二章剖析广西旅游业跨界合作问题的产生。广西旅游业区域合作面临不同规模与类型的边界，本章将全面梳理广西区域旅游合作的由来与现状、进展与迟滞。从区域政策的限制、经济发展水平的错位、民族文化的多元分化等维度，分析区域旅游合作不同规模与类型的边界及其屏蔽效应的形成。

第三章探究广西与粤港澳大湾区跨界旅游合作。基于中介效应导致边界障碍消减，探讨区域经济一体化背景下，如何为实现旅游要素跨界流动而营造良好的区域政治与经济生态环境。以集聚效应促进边界区域扩张为前提，探讨如何发挥广西独特的区位优势，集聚各种旅游要素，联动产业拉长价值链，构建区域旅游合作中心。具体到广西与粤港澳大湾区的跨界旅游合作，以粤桂跨界合作为切入点，构建区域旅游合作中心，以点带面，促进桂粤港澳旅游一体化。

第四章探究广西与东盟的跨界旅游合作。广西与东盟国家之间，同越南既拥有现实的边界线又存在无形边界；而广西同东盟其他九个国家之间没有现实的有形边界，但存在无形边界。本章从广西与东盟国家有形边界和无形边界两个角度，探究广西与东盟国家之间的区域旅游合作，并进一步探讨双方在跨界旅游合作问题上存在的屏蔽、中介及集聚效应。其中，依据 Barro 回归方程与邹检验（Chow Test）方法构建边界效应定量分析模型，通过对广西与越南入境旅游人数的计量分析，评价广西与越南区域旅游合作边界效应的时空演进。对相关的定性研究进行验证，并对广西与越南区域旅游合作的未来发展做出预测。

第五章提出广西旅游业跨界合作的对策与建议。研究广西旅游业区域合作的边界效应主要是为了解决现实发展问题，本书认为广西旅游业区域合作的跨越式发展应发挥政府引导、市场主体、全民参与的作用，以共建机制来保证旅游合作有效实施，以品牌战略来整合旅游资源，共同开拓区内外两大旅游市场，构筑旅游通道以实现旅游线路对接；并以政策为突破口，推动中国—东盟自由贸易区建设。

本书认为，从边界效应出发探讨研究广西旅游业区域合作问题，并提出了一些对策与建议，这是研究的起点而非终结。作为一种应用研究，对广西旅游发展实践的关注不应该是一次性的，而应该是持续性的。只有在实践与认识的不断往返中，才有望把问题引向深入，并寻求有效的解决方法。

目　录

导　论

本书以广西旅游业区域合作为核心论题，拟以边界效应为理论视角厘清区域旅游合作的诸多限制性因素，具体考察广西在我国西部大开发和面向东盟开放背景之下的区域旅游合作边界，并从边界的屏蔽、中介与集聚效应中寻求突破边界障碍的可能性，旨在探索广西与周边地区区域旅游合作实现跨越式发展的实施对策，以应对现实工作中已经遇到或可能遇到的难题。

一、研究背景及意义

（一）研究背景

2013 年，国家"一带一路"建设启动，广西成为实施"海上丝绸之路"建设的重要节点。2015 年，习近平总书记提出广西未来发展的"三大定位"，要求广西加快构建"国际通道、战略支点、重要门户"，这是未来指导广西发展的重要纲领。2016 年 3 月，十二届全国人大四次会议表决通过了国民经济和社会发展第十三个五年规划纲要，该规划的制订与实施为广西等西部省份的加速发展再次提供了重大机遇。与此同时，粤港澳大湾区建设正逐步成熟，东盟一体化程度也在逐步加强，广西毗邻这两大重要区域组织，如何开展跨界旅游合作，发挥广西的优势，借鉴其他区域组织的先进经验，真正将广西与粤港澳大湾区和东盟的区域旅游合作融入"一带一路"建设当中，是今后需要着重研究的课题，也是广西今后发展亟待解决的关键问题。

在西部大开发与兴边富民的战略行动中，我国东部地区的优势产业和外资被鼓励向中西部地区转移，一些重大项目的布局将与中西部地区发展结合起来予以统筹考虑，以此为西部民族地区、边疆地区发展提供支持。西南地区经济协作、泛珠三角区域合作的加强使广西连接东西部地区的枢纽作用得以凸显，从而为广西加快发展注入了新的活力。另外，与全球自由贸易区的迅猛发展相适应，自 2002 年签署《中国—东盟全面经济合作框架协议》以来，中国—东盟自由贸易区建设迅速推进，中国—东盟博览会和商务与投资峰会、大湄公河

次区域合作、"两廊一圈"经济带的建设等在深化中国与东盟合作的同时，也确立了广西作为面向东盟合作的前沿和桥头堡的作用和地位。正如《广西北部湾经济区发展规划》中所说："国家高度重视广西沿海地区发展，明确将北部湾经济区作为西部大开发和面向东盟开放合作的重点地区。"① 未来，广西在西南地区发展中无疑具有重要地位，也是实现"一带一路"建设不可或缺的一部分，也已经引起了众多学者的研究兴趣。

随着经济全球化和区域经济一体化的发展，作为地方旅游业参与市场竞争、实现联动发展的重要途径，区域旅游合作向人们展示了颇具纵深度的发展前景，但是必须承认区域旅游合作并不具有无限的可能性，在区域旅游发展的各个要素之间，以及合作的整体进程中无疑存在着诸多限制性因素，需要追问的是：区域旅游合作的边界在哪里？区域旅游合作的跨越式发展应该建立在充分认知合作的有限性的基础之上。基于此，本书旨在厘清广西与周边地区尤其是粤港澳大湾区以及东盟之间区域旅游合作的理论依据、实施路径，结合当前的合作现状、存在问题以及跨界合作中的障碍，明确解决方法及未来的发展路径，以期对广西旅游业及整体国民经济的发展有所裨益。

（二）研究对象及意义

广西地理位置优越，不仅直接面向东盟，而且是西南地区连接北部湾经济区、粤港澳大湾区的重要通道，也是实施"一带一路"建设的重要节点。广西因临海的地理位置，水域景观丰富，同时有人文景观与之交相辉映。由奇石怪林、青山绿水等融合而成的绝美图景，加上人为修建的亭台楼宇等完善的游览设备，和谐的自然景观和人文景观吸引了不计其数的国内外游者。根据各地的资源特色，广西形成了以山水、古迹、民族风情为亮点的桂北旅游区，以滨海风光、边关游、壮族风情为亮点的桂南旅游区，以历史古迹、风景名胜、宗教文化、侨乡为亮点的桂东旅游区，以长寿村镇、革命圣地为亮点的桂西旅游区，为广西旅游业的可持续发展提供了良好的基础。②

受地理位置影响，广西在政策上享有较多的优势。"一带一路"倡议的深入发展以及中国—东盟博览会永久落户南宁、中国—东盟自由贸易区的建设发展等，都给广西经济带来了发展机遇，区域旅游合作正当时。国内区域旅游合作形式多样，合作内容日益全面，合作机制日益完善，合作效果日益显著。国

---

① 广西北部湾经济区规划建设管理委员会.《广西北部湾经济区发展规划》解读［M］. 南宁：广西人民出版社，2008：194.

② 刘畅，潘喜凤，罗聪，黄巧蕾."一带一路"战略对广西旅游业发展影响［J］. 现代商贸工业，2016，37（8）：21-22.

内区域旅游合作目前开展比较成功的案例有长江三角洲地区旅游业合作、环渤海地区旅游业合作，以及其他一些跨国跨境的旅游业合作，如粤港澳旅游业合作、大湄公河次区域旅游业合作、图们江地区旅游业合作等。但是，广西与周边地区区域旅游合作的跨边界特征无疑更明显，它需要跨越政治、经济、文化等边界，即以行政区边界而论，它就需要跨越地市级、省级乃至国家边界才能实现联动发展。

对广西与周边地区的区域旅游合作研究具有重要的理论与实践意义。在理论方面，区域旅游合作是近年来国内学术界的一个研究热点，但是合作的有限性问题却是学术界尚未认真关注的一个理论盲点，而以边界效应为理论视角研究区域旅游合作的有限性与有效性，则是对国内区域旅游合作理论研究走向的有力引导。迄今为止，国内的区域旅游合作研究大多集中于旅游业发达地区，对旅游业欠发达地区的研究明显不足。本书将在对国内外现有的区域旅游合作进行总结与反思的基础上，借鉴区域经济学、旅游经济学、系统学等相关学科理论，分析区域旅游合作的边界效应及演变规律，尝试构建一个适合发展中大国国情的区域旅游合作理论框架，为旅游业欠发达地区的旅游开发和发展走向科学化做出贡献；同时也是对区域旅游合作理论的一种丰富。国内的跨界旅游合作研究还是一片崭新的领域，因此对广西跨界旅游目的地的系统研究，将有助于弥补这方面理论和实证研究的不足，丰富区域旅游开发的研究内容和研究方法，从而促进旅游学科体系的完善。

在实践方面，以边界效应理论为视角探讨广西旅游业区域合作问题主要立足其应用。广西是我国西南地区重要省份，是带动、支撑西部大开发的战略高地，同时也是"一带一路"建设的重要节点，广西能否完成这一伟大的历史使命，已经引起政府和学界的高度关注。本书探讨广西与周边地区区域旅游合作的边界效应的目的在于参与广西等西南地区区域经济发展的讨论。旅游业是当前广西经济发展的先导产业、支柱产业和第三产业的龙头，区域旅游跨界合作能否有效进行对于广西与周边地区合作的健康发展至关重要。从边界效应的角度探讨广西与周边地区区域旅游合作的边界，并寻求突破诸多限制性因素的途径，可以为政府管理部门制定本区域相应的经济发展战略与产业政策等提供有效的参考。另外，对旅游业欠发达区域进行探讨，尤其是从边界效应的角度探讨后发地区跨界旅游合作如何破解"行政边界经济"束缚的难题，对于我国西部广大地区的旅游开发具有一定的现实指导意义，对于改变目前我国区域旅游合作理论倡导与实际操作脱节的现状也应该是一种有益的启示。

二、国内外相关研究综述

与本书有关的国内外研究可分为边界效应理论、区域旅游合作与广西旅游业区域合作开发三个专题，国内外相关文献主要通过图书馆及个人藏书、期刊、网络进行资料收集。其中，国外文献 1995 年以后的检索主要是依据 *Elsevier Science* 全文学术期刊数据库，1995 年之前的一些学术期刊在 *Annals of Research* 的全文和其他一些数据库的文献摘要中检索。本书检索主要在典型旅游区域、边界区域旅游发展、边界区域旅游合作等方面进行，检索的关键词为 "tourism region" "regional tourism" "cooperation/collaboration" "cross-tourism" "border-effect" 等；也包括一些研究区域旅游发展及其结构、旅游地联盟或整合，如关键词为 "alliance" "integration" 的文献。

（一）边界效应理论及其应用

边界效应理论在区域经济一体化的研究中运用得相当广泛。国外较早测算边界效应的是 Bröcker（1984），他运用区际贸易重力模型分析了欧共体的边界效应，其结论是边界对贸易具有明显的壁垒效应。Mccallum（1995）用 1988 年加拿大各省之间的贸易数据、加拿大各省与美国各州之间的贸易数据，通过重力模型测算了边界效应，得出了边界对双边贸易有显著性影响的结论，这项研究被认为是开创性的。James E. Anderson 和 Eric van Wincoop（2001）对边界效应进一步研究并扩展了理论，他们认为国家经济规模越小，自由贸易协定下边界效应下降对国内贸易的促进作用越大。Krugman（1991）等提出了 NEG（新经济地理学）模型，指出由于向心力（促使经济活动地理聚集）和分散力（促使经济活动地理分散）以及前向和后向联系，一体化影响国际贸易的运输成本，使跨边境的要素流动更容易实现，从而改变空间均衡状态。Elizondo 和 Krugman（1996）、Fujita（1999）扩展了 Krugman 的 NEG 模型，认为一体化使国内市场变得相对不重要，国内中心地带的吸引力下降，边界地区的吸引力增强。Scherngell Thomas 和 Lata Rafael（2013）利用欧洲 255 个区域 1999~2006 年的数据，采用空间交互模型进行的实证研究表明：地理距离和边界效应逐渐减少。Coughlin 和 Novy（2009）将国内边界和国际边界同时引入双边贸易成本，发现美国的国内边界效应高于国际边界效应。Novy（2013）采用超越对数引力模型研究 OECD 国家贸易时，发现如果出口国的贸易只占目标国很少的进口份额，出口国贸易对贸易成本更为敏感，贸易成本对不同贸易伙伴有不一样的影响。

国内的边界效应研究始于1998年5月举行的港澳回归后华南区域一体化理论与方法研讨会，会议论文集《一国两制模式的区域一体化研究》成为后来许多国内学者研究边界效应问题的基础。在此之后，方维慰（1999）认为，边界具有隔离、接触和渗透三项功能。杨汝万、胡天新（1999）认为，边界是一个重要的空间影响要素，对边界两侧的人文经济差异和空间联系有重大影响，其屏障作用与中介作用相互依存、相互转化。汤建中等（2002）则认为屏障效应是人为的，而中介效应是天然的，边境口岸是直接而集中展现边境效应的核心空间。李铁立（2005）在以上研究成果的基础上进一步研究了边界效应问题，明确定义了边界效应是指边界对跨边界经济行为的影响，并认为边界效应包括屏蔽效应和中介效应。陆继峰（2013）分析了屏蔽效应向中介效应转化的理论基础与现实基础，他认为基于国际分工的贸易增加了贸易参与国的总福利。因此，自由贸易促使屏蔽效应向中介效应转化，进而向世界福利最优化的帕累托状态进一步靠近。现实基础来源于各国与他国分工合作的需求，国际分工产生了国际合作的需求，国际合作可以跨越边界获取更有利的生产要素并开拓市场。

边界效应理论应用于区域旅游合作研究还属于起步阶段。如王凯（2007）对跨界旅游目的地的整合发展从边界效应理论层面上进行了系统研究。郭舒等（2008）在村镇层面上讨论了边界地区旅游目的地实现合作的理论模型与现实途径。靳诚、陆玉麒（2008）以长江三角洲地区入境旅游为例，对区域旅游一体化进程中的边界效应进行了量化研究。叶如海等（2009）认为，边界效应理论运用于景区规划有助于突出景区休闲活动的空间层次和场景，提升景区品质和活力。冯宗宪和赵立伟（2013）基于引力模型对中国与东盟间的边界效应进行了测量，结果表明：中国与东盟间存在着很高的屏蔽效应。随着中国—东盟自由贸易区的建设，屏蔽效应有了一定的下降，但依然很高；并且来自东盟侧的屏蔽效应远大于中国侧的屏蔽效应。黄新飞、翟爱梅、魏运新（2012）分别选择中国25个、美国24个城市构成跨国城市组合，在边界效应模型中控制汇率效应和异质效应对中美城市边界效应值进行测量，结果显示：控制异质效应后，中美城市边界效应从8.143兆千米下降至5642千米；控制汇率持续性效应后中美城市边界效应明显下降。若同时控制异质效应和汇率效应，中美城市边界效应大幅下降至53千米。

（二）区域旅游合作

1. 国外研究进展

区域旅游合作在国外学者的研究中并不是一个陌生的话题，Gunn、

Inskeep、Stewens 等的著述中曾多次涉及"协作""协调"或"合作"等术语。国外关于区域旅游合作的研究注重理论建设，其主要论题如旅游区组织行为模式、区域旅游利益主体的合作、旅游企业的合作、公共与私有部门的合作等。主要内容包括旅游区及相关旅游企业的组织结构、各部门之间的协调；旅游区与其他相关行业、整个社会之间的互动。

Selin（1991）曾对美国阿肯色州国家森林公园附近的林业服务、商业协会和旅游协会合作的关系进行研究，阐释了合作的行为、动机以及限制性因素。Tazim B. J. 和 Donald Getz（1995）提出了旅游合作的理论框架，重点讨论社区基础上的旅游规划，提出了一种解决规划问题和协调地方旅游业发展的动态机制，同时论述了旅游区之间的合作与协调。Alberto Sessa（1988）从区域旅游角度用定性与定量相结合的方法分析了旅游科学体系的相关因素。Philip E. Long（1992）论证了在城市旅游发展中强化内部组织合作的必要性，为研究的深化提供了一些基本方法论方面的指导。Steven Selin 和 Kim Beason（1995）探讨了旅游企业内部组织合作的理论框架，并通过实证研究检验其正确性。

Mccarm（1983）以提出问题、指明方向和具体实施概括了区域旅游合作的三个发展阶段。Gray（1989）认为不可忽视旅游合作进程所具有的五个特点：①利益主体的独立性；②解决分歧的办法；③决策的联合参与；④利益各方共担区域发展责任；⑤协作是自然发生的过程。Fagence 提出了旅游合作的基本方式：信息和数据共享、比较研究、技术援助、运行方针的准备、规划模式与工具的发展、评价与管理、改进设施的程序、人力资源发展方案、区域或次区域合作与联合项目、次区域组织（跨边界）、私有与公共部门高级主管会议、代理之间的合作、常规网络与通信等。

Arauj（2002）通过调查巴西北部的区域旅游发展合作，认为合作集中于不同尺度上的政府组织与不同职能的公共部门的各方参与。Huybers（2003）等认为集群的概念也适用于旅游目的地建设，区域内旅游经营业主之间为追求共同的利益会发生基于各自能力相互竞争与依赖，如集群规模、企业间互动的频率、持久性等因素都可能影响旅游合作。Young（2002）认为，公共与私有旅游部门合作的研究应该关注：①公共部门与私有部门的合作是否与旅游竞争力有关，或是否可以促进竞争力的提升；②为了目的地的可持续开发，公共—私有部门合作应该采取哪种形式，并对竞争计划的有效性、旅游集群的重要性和合作文化进行了深入思考。

国外也有不少集中于实践性方面的区域旅游合作研究：Marlan Guclk（1997）对建立旅游市场信息系统的探讨；Kermeth M. Johnson（1994）对企业扩张后的市场选择与定位所进行的研究；Vinka Cetinski 和 Sanda Webber

（1996）在国家之间建立健康的旅游市场合作可能性的讨论，主要涉及了旅游目的地市场战略、市场划分以及市场选择等论题；Hrvo je Turk（1999）对旅游资源的管理问题进行了探讨；Marc R. Freedman（1986）对行政部门管理中的合作问题进行了分析；Kari Aanonsen 等（1997）提出以信息网络系统作为旅游产品营销、旅游企业之间合作与交流的工具，并探讨了合作的组织模式、资金的运作模式及具体操作方法；Richard T. Lesley 等（2000）重点分析了旅游企业内部组织行为管理，以及利用部门之间的合作获得更大的业绩；Bill Bramwen 与 Angela Sharrnan（2001）就地方旅游业合作决策制定提出了一个理论框架，探讨了合作的范围、强度以及参与者参与合作的一致程度，特别是提出了部分一致（或有限性合作）的概念。

从总体上看，国外学者研究区域旅游合作视角多种多样，内容侧重也各有差异，这也恰恰说明了他们关注区域旅游合作问题的广泛性、深入性与持续性。

2. 国内研究进展

国内的区域旅游合作研究大致可以分为三个阶段：20 世纪 80 年代至 90 年代初为概念提出阶段。如范家驹（1985）指出树立"大旅游"观念对于旅游业全方位、多层次、高效益发展极为重要。王大悟（1987）针对华东区域旅游联合发展中存在的问题提出了该区域旅游联合发展的机制改革建议。李明德（1988）认为，要从资源优势互补、整体效益、规模效益等方面来认识区域旅游合作。

1994~2002 年区域旅游合作研究进入发展阶段。这一时期的区域旅游合作研究主要有以下三个方面：一是对区域旅游合作的动力机制问题的关注，如涂人猛（1994）探讨了区域旅游合作形成的基础及动力机制，唐德鹏（1994）指出旅游区域协作只有在市场机制作用下才有可能得以发展；二是区域旅游合作原则的探讨，如宋家增、明庆忠、王兴斌等（1997）从区域旅游合作的实现方式角度阐述了区域旅游合作的原则；三是区域旅游合作的操作性问题，如郑耀星（1999）就区域旅游合作的指导思想和原则、目标和内容、对策和保障等问题提出了建设性的思路。

2003 年以来，区域旅游合作研究逐渐深入。这一阶段的主要理论进展表现在：一是对中国改革开放 20 多年来区域旅游合作发展实践和理论进行了总结，如王雷亭、崔凤军等（2005）对国内外区域旅游合作研究进行了总结。二是从理论上对区域旅游合作的机理、模式及机制等的探讨式总结。如秦学（2006）对粤港澳旅游、金三角旅游的合作模式和原理进行了探讨。三是旅游合作从区域合作走向跨国跨境合作，如徐红罡、保继刚等（2005）分析澜湄次区域旅游

合作的特点并提出西双版纳旅游发展对策。

（三）广西旅游业区域合作开发

广西作为我国西南边境地带的重要省份，同时是面向东南亚的重要窗口。相较于云南、广东两省，广西海陆均与东南亚相连，是连接东南亚最大的省份。截至 2017 年 11 月，知网数据库检索的以"广西""旅游合作"为关键词的文章数量为 906 篇。其中，硕博论文为 137 篇，排名前三位的研究高校分别为广西大学（30 篇）、西南财经大学（6 篇）、中央民族大学（5 篇）。

最早研究广西旅游业区域合作的是周可达（1999），他主要研究了广西与澳门的旅游业合作发展，指出两地旅游优势互补，应当加强合作，推动各自的经济社会发展。进入 21 世纪以来，西南地区的旅游业各自发展到较高层次，有学者便提出从旅游资源和客源市场的特性出发，探讨建立广西、四川、云南、贵州、重庆四省一市的西南地区大旅游圈（杨永德，2001）。

2000 年，韦善豪提出构建"环北部湾旅游圈"的大胆设想，引发对西南地区旅游业区域合作的研究探讨。王雪芳、廖国一（2004）的"环北部湾地区边境旅游研究系列"通过对环北部湾经济区区域旅游合作的可行性分析，提出了完善环北部湾经济圈区域旅游交通建设、建立区域旅游合作机制、整合旅游资源以及旅游企业集团化等策略。古小松（2007）认为，旅游业是最有条件成为泛北部湾区域合作的先导产业，他进一步分析北部湾区域经济发展的新格局以及所带来的机遇和挑战，提出了以东兴为突破口构建北部湾旅游合作新格局的战略构想。阳国亮等（2008）认为，旅游合作是泛北部湾经济合作的先导领域和重要内容，首要任务是优化泛北部湾旅游合作各方的空间结构，并从空间上区分了北部湾、环北部湾与泛北部湾三个旅游圈层，同时从合作的微观主体——旅游企业入手，分析了泛北部湾区域旅游企业的发展之路。2005 年，随着泛珠江三角洲旅游合作的提出，有的学者也提出了广西在泛珠江三角洲旅游合作中应该扮演的角色及合作发展前景（杜家元，2005）。

关于广西与东盟之间的跨界旅游合作，最早展开研究的学者是余小军、池世庆（2002），提出要拓展广西与东盟的旅游业合作，将广西建设成为中国与东盟连接的东线国际旅游大通道。2004 年，中国—东盟自由贸易区启动，中国—东盟博览会首届开幕，进一步促进了广西与东盟之间的区域旅游合作。阳芳（2004）提出广西要打造东盟旅游大通道，周江林（2004）提出加快广西国际旅游人才资源的开发。之后数十年，广西与东盟之间的区域旅游合作成为研究的重点，比较具有代表性的研究成果有：黄爱莲、潘冬南（2007）从增长圈的理论出发深刻探究了广西与东盟的旅游业合作；潘冬南（2008）对广西与东盟旅游合作发展模式的探讨；杨爱香（2012）提出抓住广西与东盟区域合作机遇，加快广西旅游减贫步伐；黄耀东、黄尚坤（2015）分析了广西融入"海上丝绸之路"旅游合作的优势、问题，并提出了相关建议；张海琳（2017）从全域旅游的视角下分析了广西与东盟未来的旅游合作。

目前已有的研究成果主要出自本地学者，无论是质还是量都无法与对珠三角、长三角、环渤海等地区的研究相比。主要表现为对广西与周边地区区域旅游合作的相关研究尚不够深入，既没有有效的理论支撑，也不能较好地应对实践中产生的具体问题。除此之外，有关在广西与周边地区区域旅游合作的进程中怎样激发边界对于旅游合作的有利影响、如何规避边界对旅游合作带来的不利影响的研究尚显不足。未来还需引入边界效应理论，拓宽广西与周边地区区域旅游合作的视野，从多角度、多学科进行深入研究。

三、研究思路与方法

（一）基本思路

本书以边界效应等理论为研究视角切入广西旅游业区域合作研究，所关注的核心问题是广西旅游业区域合作的现实及其未来发展出路，其基本研究思路略述如下：

1. 关注旅游发展的现实

在广西壮族自治区国民经济发展总体思路中，旅游业属于先导产业、支柱产业，是第三产业的龙头，而旅游业的发展现状还离这一要求相去甚远，开发新思路、寻求新突破是旅游业实现跨越式发展的当务之急。近年来，国内外的旅游业发展实践表明，大力开展区域旅游合作是推动区域旅游发展的重要切入点。广西与周边地区区域旅游合作研究首先是现实发展的需要，本书以这一问题为中心论题，目的在于针对广西区域旅游发展现实中涌现的种种问题展开研究，并试图提供有效的解决办法与出路。广西与周边地区的旅游合作是个性的，同时也是共性的，广西尚属于经济欠发达地区，老少边贫地区仍分布较广，因而对广西旅游业区域合作问题的探讨将不可避免地涉及区域旅游发展中一些现象和问题，应尝试建立一种欠发达地区跨边界旅游合作的分析范式及发展模式。

2. 寻求前沿理论的支持

区域旅游合作研究不能离开区域特点，所谓研究从根本上说就是要充分发挥区域自身的优势，因此结合区域特点寻求相应的理论支持就显得十分必要。

广西所在的区域，从地理方面看，既是我国东西部之间的枢纽，也是中国—东盟之间的桥梁；从文化方面看，这是一个多民族聚居区，有十多个民族共同生活在这一区域内。另外，这一地区还与越南、老挝、泰国等国家山水毗连，换句话说，它一直处于一个边界的位置上（这里所说的边界包括地理边界、行政区边界与文化边界等），因而边界效应在区域旅游合作中是不可忽视的一个要素。边界对于区域旅游合作既可以产生正作用，也可能产生负作用，那么如何充分驾驭区域边界效应来促进旅游业快速发展？本书从边界效应出发，研究区域旅游合作的限制性因素，目的在于澄清区域旅游合作的边界，同时从边界的屏蔽、中介与集聚效应中寻求突破边界障碍的可能性。

3. 相关结论的数学验证

旅游学研究已经越来越倾向于接受定量分析的方法，这与学科发展的内在需求密切相关，广西旅游业区域合作研究也是如此，只有在新经济地理学、计量经济学及数理模型等理论指导下，才能对作用于本区域旅游合作的种种要素之间相辅相成的关系有一个精确的评估和描述。边界效应是否以及在何种程度上对区域旅游合作形成作用力，不能只停留在粗略的描述上。本书将通过分析广西与东盟、粤港澳大湾区的旅游接待人数、入境旅游人数，来评估广西旅游业区域合作的边界效应及时空演进规律，从而对广西与周边地区区域旅游合作边界效应的定性研究进行进一步验证，以对广西旅游业区域合作的未来发展做出预测。

4. 科学的建议与对策

如果说广西区域旅游发展的现实是本书研究的起点，那么为广西区域旅游发展中产生的问题提供有效的解决办法，并对可能出现的问题提前做出预警则是本书的目的与归宿。广西旅游业区域合作的深化是一项系统工程，所有解决问题的正确方法无不寓于系统内各要素的相互作用中，政府与市场、品牌与资源、机制与措施、区内与区外等在广西旅游业区域合作的发展中都发挥着不可替代的作用，同时它们又彼此相互作用，推动整个系统的变化，且自身也在这一过程中发生着变化。认知各要素的主体作用，并对其内在机理进行条分缕析是必要的，为它们在系统之内进行明确定位同样是本书的一项重要工作，而这些也正是提出科学的建议与对策的前提。

（二）研究方法

在研究方法上，本书将综合运用新经济地理学、计量经济学、旅游学、管理学与系统科学等学科的理论、思维方法与手段。本书强调理论研究与实证研究方法的相互结合，采用了广泛的资料分析与实地调研相结合的方法手段；

针对本书研究的实际需要，在部分研究内容中适当采用定量研究方法，并将定性分析与定量研究相结合。但是，广西旅游业区域合作研究涉及诸多学科和相关领域，因此在相关理论的综合把握上肯定会存在一定难度，因而需要参考多学科知识，进行专门的提炼总结；所构建的边界效应的模型、实现途径与合作模式可能与实际应用操作存在一定距离，必须进一步结合实际情况进行深化和可操作化。另外，相关研究资料的收集也存在一定的困难，特别是境外相关地区的资料数据，需要通过实地调研并及时跟踪进行专门收集。

四、本书结构与创新目标

（一）结构框架

全书包括七个部分，即导论、正文（包含五章）。

导论提出并探讨广西旅游业区域合作发展战略问题，归纳与此相关的研究进展，并制定具体的研究思路与方法。

第一章阐明区域旅游合作及其边界效应。区域旅游合作目前在国内外均受到重视，但是许多具体实践表明合作的可能性并不是无限的，在实际运作中需要客观面对合作边界的存在。本章拟从边界的本质出发探讨合作的边界与边界区域的形成，分析边界效应的屏蔽效应、中介效应、集聚效应。阐述边界区域旅游合作的过程实际上就是边界效应转化为对区域合作空间结构影响的过程。

第二章剖析广西旅游业跨界合作问题的产生。广西旅游业区域合作面临不同规模与类型的边界，本章将全面梳理广西区域旅游合作的由来与现状、进展与迟滞。从区域政策的限制、经济发展水平的错位、民族文化的多元分化等维度，分析区域旅游合作不同规模与类型的边界及其屏蔽效应的形成。

第三章探究广西与粤港澳大湾区跨界旅游合作。基于中介效应导致边界障碍消减，探讨区域经济一体化背景下，如何为实现旅游要素跨界流动而营造良好的区域政治与经济生态环境。以集聚效应促进边界区域扩张为前提，探讨如何发挥广西独特的区位优势，集聚各种旅游要素，联动产业拉长价值链，构建区域旅游合作中心。具体到广西与粤港澳大湾区的跨界旅游合作，以粤桂跨界合作为切入点，构建区域旅游合作中心，以点带面，促进桂粤港澳旅游一体化。

第四章探究广西与东盟的跨界旅游合作。广西与东盟国家之间，仅同越南既拥有现实的边界线又存在无形边界；而广西同东盟其他九个国家之间没有现实的有形边界，但存在无形边界。本章从广西与东盟国家有形边界和无形边界

的角度，探究广西与东盟国家之间的区域旅游合作，并进一步探讨双方在跨界旅游合作问题上存在的屏蔽、中介及集聚效应。其中，依据 Barro 回归方程与邹检验（Chow Test）方法构建边界效应定量分析模型，通过对广西与越南入境旅游人数的计量分析，评价广西与越南区域旅游合作边界效应的时空演进。对相关的定性研究进行验证，并对广西与越南区域旅游合作的未来发展做出预测。

第五章提出广西旅游业跨界合作的对策与建议。研究广西旅游业区域合作的边界效应主要是为了解决现实发展问题，本书认为广西旅游业区域合作的跨越式发展应发挥政府引导、市场主体、全民参与的作用，以共建机制来保证旅游合作有效实施，以品牌战略来整合旅游资源，共同开拓区内外两大旅游市场；构筑旅游通道以实现旅游线路对接；并以政策为突破口，推动中国—东盟自由贸易区建设。

本书的基本结构框架如图 0-1 所示。

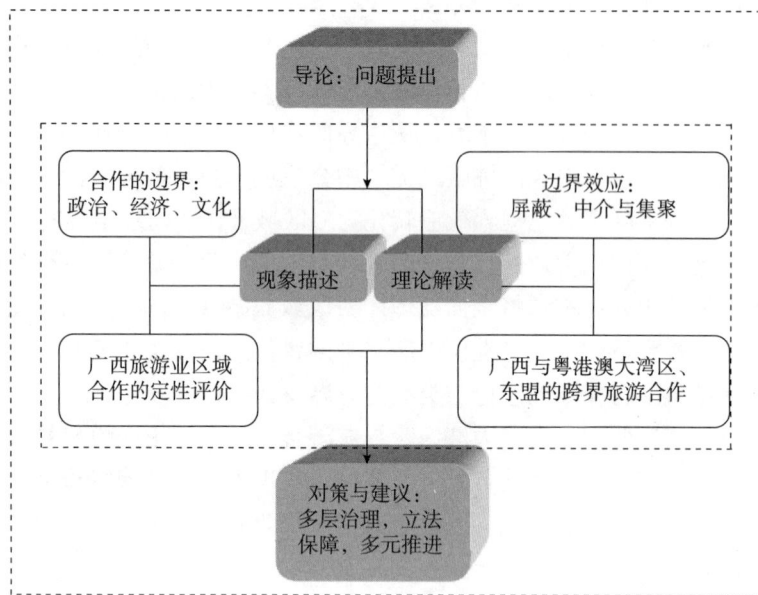

图 0-1　本书的基本结构框架

（二）主要创新

本书关注广西旅游业区域合作的现实发展，运用边界效应理论分析区域旅游合作有限性的原因，尝试性提出边界效应具有屏蔽、中介与集聚三种功能；

通过对边界效应的计量经济学测定，论证边界效应与广西区域旅游合作的关系；从现实问题出发，最终归结于建立一种欠发达地区跨边界旅游合作的分析范式及发展模式。在此研究基础上，本书认为：

第一，区域旅游合作并不具有无限的可能，突破边界并实现有效的旅游合作必须以充分认知各种限制性因素为基础。

第二，边界具有屏蔽、中介与集聚三种效应。不同规模与类型的边界对旅游要素的跨界流动形成屏蔽，但是在一定条件下边界可以转化为跨界交流的中介。

第三，边界的集聚功能有助于增强边界的吸引力，应提升跨界旅游目的地的竞争力，形成广西旅游业区域合作发展新的增长点。

第四，广西旅游业区域合作的深化需把握"四动"：和谐共鸣，多级推动；整合资源，龙头带动；创新发展，企业主动；依托城市，产业融动。

第一章
区域旅游合作及其边界效应

第一节　边界典范形态举隅

　　旅游业发展从景点竞争、城市竞争、线路竞争走向区域竞争是一个不争的事实，跨界区域的竞争乃是旅游研究目前所特别关注的热点问题之一。广西北部湾经济区属于经济后发地区，即以旅游业的发展而论，当广西旅游业区域合作还在谋划、摸索阶段时，国内外许多地区已经进入旅游一体化的具体实施阶段，并取得了极大进展。区域旅游合作开展较为成功的范例，国外方面一般认为欧盟合作成效最为突出，国内方面如珠三角、长三角亦是跨越不同行政区边界的成功案例。欧盟、珠三角与长三角各有政治、经济、文化的地域特殊性，但是它们在旅游一体化上能够取得长足发展也有一些共性，即它们都较好地解决了区域旅游合作所必须面对的边界问题。以下将分别从不同角度对它们进行逐一评述，以借鉴它们的成功经验。

一、欧盟的跨国边界

（一）欧洲一体化的副产品

　　欧盟旅游合作的突出特色是跨越国家边界。欧洲土地面积约 1000 万平方千米，却分布着 45 个国家和地区，遍布欧洲大地的国家边界把完整的大陆划分成了一个个零散的小块，每一区域内部都有其民族与国家独立性，欧盟区域旅游合作面临的首要问题就是如何消除众多国家边界所形成的障碍。有研究者将欧盟旅游一体化进程划分为四个主要的发展阶段：冷落（欧盟成立之初到 20世纪 80 年代中期）、规范（20 世纪 80 年代中期到 80 年代末）、发展（20 世纪

90 年代)、深化（21 世纪以来）。① 试图以此来说明其一体化的曲折进程，不过，如果从区域旅游突破边界走向合作这一角度来衡量，欧盟旅游业一体化的进程也许可以粗略地划分为两个阶段：第一阶段，作为欧洲一体化的副产品，这一时期旅游一体化尽管并未成为共同关注的问题，但是与旅游交流相关的许多边界问题却在欧盟的建立与发展中得以解决；第二阶段，引起欧盟各成员国的普遍关注，一系列推动和促进旅游一体化发展的政策、协议陆续制订，区域旅游合作获得了长足发展的形态。

　　欧盟旅游一体化是伴随着欧洲一体化进程逐步发展起来的，这在第一阶段表现最为明显。这一时期旅游业虽然并不为人们所看重，但是欧洲一体化的进步却解决了区域旅游合作所面临的重要问题。目前，欧洲一体化已经取得了巨大的进步，欧盟成员国已增至 27 个，它是"当今世界一体化程度最高、规模最大的区域经济贸易集团"②。但是，我们必须看到的是，欧盟并非所有欧洲人的欧盟，即便在可预见的将来欧盟成员国增至 30 个，仍然有十多个国家和地区处于欧盟之外。广泛存在于社会、经济与文化领域之内的边界问题在欧盟发展壮大的过程中并非不突出，而是以一定方式得到了妥善解决。欧盟成立的过程就是一个不断克服边界障碍的过程。欧盟成立过程中所发生的一系列重大事件如表 1-1 所示。

表 1-1　欧洲一体化进程大事一览表

发展阶段	取得成果	成员国变化情况
初创时期 （1951~1965 年）	1951 年 4 月《建立欧洲煤钢共同体条约》（简称《巴黎条约》）	法国、联邦德国、意大利、比利时、荷兰、卢森堡（1951 年 4 月 18 日）
	1952 年 7 月欧洲煤钢共同体（ECSC）成立	
	1957 年 3 月《建立欧洲经济共同体条约》和《建立欧洲原子能共同体条约》（两者简称"罗马条约"）	
	1958 年 1 月欧洲经济共同体（EEC）和欧洲原子能共同体（EAEC）成立	

---

　　① 冯学钢. 欧盟一体化及其对中国"长三角"地区旅游业联动发展的启示 [J]. 世界经济研究, 2004 (4): 83-88.

　　② 中国商务部欧洲司中国驻欧盟使团经商参处. 欧盟商务政策指南 [M]. 北京: 清华大学出版社, 2006.

发展阶段	取得成果	成员国变化情况
欧共体时期 （1965~1992 年）	1965 年 4 月 6 日，签订《布鲁塞尔条约》（决定合并三个共同体，统称欧洲共同体）	新增成员：英国、爱尔兰、丹麦（1973 年 1 月 1 日），希腊（1981 年 1 月 1 日），葡萄牙、西班牙（1986 年 1 月 1 日）
	1967 年 7 月欧洲共同体（EC）成立（它是由三个共同体合并而成，标志着欧洲联合运动进入实质阶段）	
	1986 年 2 月《单一欧洲文件》签署（欧共体迈向联盟阶段的第一步）	
	1990 年 7 月经济与货币共同体（EMU）	
	1992 年 2 月《欧洲联盟条约》（简称《马约》）（欧洲一体化进程由共同体阶段进入联盟阶段）	
欧盟时期 （1993~2002 年）	1993 年 11 月欧盟（EU）正式成立	新增成员：奥地利、芬兰、瑞典（1995 年 1 月 1 日）
	1997 年 11 月《阿姆斯特丹条约》（对《马约》进行了修改）	
	2001 年 3 月《尼斯条约》（欧盟东扩取得实质性进展）	
	2001 年 11 月《莱肯宣言》	
	2002 年 1 月欧元正式流通（1999 年欧元诞生）	
欧盟制宪时期 （2003~2017 年）	2003 年 6 月，《欧盟宪法条约草案》提交讨论	新增成员：塞浦路斯、爱沙尼亚、匈牙利、拉脱维亚、立陶宛、马耳他、波兰、斯洛伐克、捷克、斯洛文尼亚（2004 年 5 月 1 日），保加利亚、罗马尼亚（2007 年 1 月 1 日），克罗地亚（2013 年 7 月 1 日） 预计第一个离开欧盟的成员国：英国（2019 年 3 月 29 日）
	2004 年 10 月，欧盟各成员国首脑正式签署《欧盟宪法条约》	
	2005 年 1 月欧洲议会批准了《欧盟宪法条约》	
	2005 年 2~7 月，已有西班牙、斯洛文尼亚、立陶宛、匈牙利、意大利、希腊、奥地利、斯洛伐克、德国、拉脱维亚、卢森堡 11 个欧盟成员国通过议会表决或全民公决批准了《欧盟宪法条约》	
	2007 年 12 月，欧盟 27 国领导人在葡萄牙首都里斯本签署《里斯本条约》。该条约旨在替代《欧盟宪法条约》，改善欧盟的决策机制和效率	

续表

发展阶段	取得成果	成员国变化情况
欧盟制宪时期 （2003~2017 年）	2008 年 6 月，爱尔兰全民公投否决了《里斯本条约》	
	2009 年 10 月 2 日，爱尔兰再次就《里斯本条约》举行全民公投，最终获得通过，使欧洲一体化进程躲过了一次分裂的可能	
	2016 年 6 月，英国经过全民公投，做出脱离欧盟的选择。英国将成为第一个离开欧盟的国家	

资料来源：张海冰．欧洲一体化制度研究［M］．上海：上海社会科学出版社，2005.

表 1-1 中详细地罗列了欧洲一体化进程中的重大事件，也许我们可以说它是欧洲一体化进程的记录，但是必须指出的是，它仅仅是对这一进程某个侧面的记录，而不是关于这一进程的完整记录，至少从欧洲一体化突破重重国界障碍、建立欧洲联盟这一角度来看，它就是不完整的，而它有意无意忽略掉的那一部分却正好反映了边界问题的存在及其不可回避性。

（二）欧盟旅游合作的进程

边界问题的存在决定了欧盟一体化的发展进程必然是曲折的，而边界问题的存在又由欧盟本身的性质所决定。一方面，欧盟具有某些超越国家组织的功能，如部分让渡国家主权的超国家经营，特别是实行单一的货币制度和取消内部边境检查；另一方面，从根本上来说，欧盟目前还是一个由多个民族、多个国家组成的联合体，一旦涉及利益攸关的重要问题还是要由各成员国根据自己的切身利益做出决定。建立欧洲大家庭的呼吁最早出现在 1946 年 9 月 19 日英国首相威斯顿·丘吉尔的苏黎世演说中，他首次提出战后重建的问题应该通过一个欧洲的联盟来解决，经过长达 5 年的酝酿，直至 1951 年 4 月才最终签订《巴黎条约》。在关于吸纳英国加入欧盟的态度上各成员国最初并不一致，1963 年 1 月 14 日，法国总统戴高乐将军在记者招待会上宣布，法国反对英国加入欧洲经济共同体。1973 年 1 月及 1995 年 1 月，挪威曾两次全民公决反对加入欧盟。2005 年 5 月，法国全民公决否决了《欧盟宪法条约》，使该条约在成员国批准的进程中受到了重大挫折。所有这些无不表明各成员国之间围绕国家利益而发生的冲突，而克服边界阻碍在某种意义上也就成为了各成员国围绕国家利益协商并达成共识的妥协艺术。

（三）制度导向的一体化

目前，学界普遍认为欧盟的一体化是制度导向的一体化，正如表1-1所反映出来的，政府间通过制订法律文件或签署契约对所有的成员形成约束力量，从而推进一体化向前发展。制度导向的原动力有推动经济发展的需要，也有明确的政治需求，正如《欧洲煤钢共同体条约》的正文序言所说："决心以融合各国根本利益来代替彼此间的世代斗争；决心通过建立经济共同体来结束因互相流血残杀而造成人民长期对立的局面，并在人民中建立起一个更广泛和更牢固的共同体基础；决心为建成一个同舟共济、休戚与共的制度而奠定基础。"①在此基础上，欧盟形成了一套包括基本法与派生法的法律体系，创造了一种包括立法机构（理事会、欧洲议会）、司法机构（欧洲法院）和行政机构（欧洲委员会）的新颖、独特的组织体制，来保证一体化的正常运行。

获得独立的发展形态之后，欧盟旅游一体化就迅速步入了发展的快车道。1984年，欧洲法院裁定欧盟居民出国旅游属于服务接受者，随之旅游业的服务业性质得以确认。1987年，《单一欧洲文件》正式生效，其建立欧洲统一大市场的目标，为欧盟旅游一体化扫清了政府与市场两方面的障碍。1986年欧洲旅游咨询委员会成立，旅游业从此拥有了"超国界"的统一协调机构，为各国在旅游业领域的信息交流、咨询与合作提供了一个便利的交流平台。1990年，"欧洲旅游年"提出了"使欧洲人相互更紧密"的行动口号，随后第一个"欧洲区域旅游行动计划"诞生（1991年）。1995年3月，《申根协定》生效。协议规定取消人员边界检查，欧盟内部的所有合法公民可以在任何一个成员国迁徙、居住或就业。这一法律文件的生效，极大地促进了欧洲国家间游客的往来便利，国际游客只要取得《申根协定》任何一个成员国的入境签证，就可以在其他成员国之间开展旅游互动。2000年以来，欧盟旅游业跨入了以"注重特色与质量"为重点的新面貌发展阶段，将特色、质量和区域内部平衡作为欧盟旅游业的更高目标。

欧盟区域旅游合作虽然有一定的独立发展的空间，但它终究是存在于欧盟的体制之下，享受了很多欧洲一体化带来的成果，欧盟的机构行动能力为区域旅游合作提供着源源不断的动力支持。隶属于欧盟委员会指导的有关旅游的机构包括：常设性机构，如欧盟旅游咨询委员会、欧盟旅游产业研究中心；专项技术和行业小组，如旅游可持续发展小组（TSG）。在欧盟的行政管理序列中，旅游由企业总署旅游处负责，欧盟旅游咨询委员会主要负责旅游一体化事务，

① 欧共体官方出版局．欧共体基础法［M］．苏明忠译．北京：国际文化出版公司，1992.

直接为协调区域内国家之间的旅游合作提供服务，指导成员国在旅游领域实现信息交流、旅游合作和相关咨询。诸如此类的运作机制、专项举措使欧盟区域旅游合作有效地突破了各成员国之间固有的社会、经济与文化边界的束缚。

二、珠三角的跨社会制度边界

(一) 社会制度边界障碍

珠三角有大小之分。1994 年 10 月广东省提出了建设珠江三角洲经济区的动议，自此"珠三角"概念开始引起媒体与学术界的关注。小珠三角由珠江沿岸的广州、深圳、佛山、珠海等 9 座城市组成，大珠三角则由小珠三角拓展至香港和澳门，本书所说的珠三角是指大珠三角。从广东省提出建设珠江三角洲经济区的动议到大珠三角的概念为学界所认同，经历了一个概念外延的变迁过程，从最初的广东珠江沿岸 7 城市到 9 城市，再到粤港澳作为区域整体被纳入考虑，珠三角包含的范围逐步扩大，大珠三角跨越了两种社会制度，包含三个省级行政单位。

有研究者把这一经济区域的基本特点归纳为"一国、二制、三地（粤港澳）、四种文化（岭南文化、西方文化、都市文化、历史文化）交融、五大都市（香港、澳门、广州、深圳、珠海）荟萃"[①]。这一描述比较准确地概括了珠三角区域旅游合作中需要直面的种种边界障碍，这些边界障碍体现在政治、经济与文化等方面。珠三角区域旅游合作的特殊性在于它跨越了两种不同的社会制度。在政治层面上，香港与澳门均属中华人民共和国的特别行政区，按照"一国两制"的构想，中国对港澳地区行使主权后，仍保持港澳原有的资本主义制度和生活方式五十年不变。香港和澳门虽然同属于中国，但是在社会根本制度上却与广东存在本质上的不同，社会制度的不同导致政治体制与经济体制均存在明显差异，对港澳地区与广东的有效对接具有重要影响，珠三角区域旅游合作的边界障碍也主要由此产生。从关境的角度来看，香港和澳门都是中国的单独关税区，实行的是与内地不同的经济体制，港澳与内地虽然同属一个国家，双方的贸易往来却是在世界贸易组织协议下进行的，世界贸易组织规则要求自由贸易协议的参加方，在"一定时间内""取消关税和其他限制性措施"，但是这个时间并没有得到确定，也许还要经过很长时间才会有结果。因此，内

---

① 刘书安，黄耀丽，李凡等. 大珠三角区域旅游合作的演化探讨 [J]. 桂林旅游高等专科学校学报，2008（2）：190-194.

地与港澳之间难免会存在一些贸易、投资障碍。① 从文化的交往看，港澳地区与广东不仅地域相连，文化也同出一源，由于英国和葡萄牙的长期占据，港澳地区的文化具有一定的殖民主义色彩，目前虽然已回归祖国怀抱，在文化特色上仍具有较浓厚的英国与葡萄牙文化色彩，又由于在英国和葡萄牙占据期间，并没有严厉禁止中国传统文化，因而港澳地区在文化上更多地表现为中西合璧式的二元或多元特征。从根本上看，港澳地区与广东文化并无本质区别，一些具体文化细节上的差异并不对文化交流构成严重障碍，所以粤港澳文化边界表现并不鲜明。

除了不同社会制度所衍生的种种边界障碍之外，小珠三角地区各城市之间也存在着常见的边界问题：地方政府各自为政，各城市饱受无序开发甚至恶性竞争所带来的困扰；各城市的区域定位不明确，造成同一规模等级的城市之间竞争多于合作；各城市在缺乏统筹的情况下，盲目建设区域性的基础设施与公共服务设施，造成项目区域布局的不合理以及投资的浪费；一些城市为了自己的局部利益，拒绝布置区域性基础设施或者不愿与相邻城市的基础设施对接；等等。

（二）珠三角旅游合作进程

自 20 世纪 80 年代以来，珠三角区域旅游合作范围不断扩大，合作内容不断深化，如今珠三角已经成为最具活力的国际化旅游区，其区域旅游合作实践也作为成功范例屡屡被人提及。珠三角区域旅游合作大致经历了理念趋同、机制构建、制度变迁与模式转轨四个发展阶段②，具体内容如表 1-2 所示。

表 1-2　珠三角区域旅游合作进程一览表

发展阶段	1980~1988 年	1989~1996 年	1997~2000 年	2001 年以后
制度背景	社会主义/资本主义		一国两制、WTO、CEPA	
基本特征	理念趋同	机制构建	制度变迁	模式转轨
参与主体	民间分散性	政府紧密性	多元化整体性	
创新模式	"前店后厂"模式	分散探索模式	自由贸易区模式	区域一体化模式
标志事件	粤港澳大三角旅游区（1987 年）	珠三角旅游推广机构（1993 年）	珠三角旅游形象宣传网站（2000 年）	CEPA 协议正式启动（2004 年）

---

① 陈广汉. 港澳珠三角区域经济整合与制度创新 [M]. 北京：社会科学文献出版社，2008.
② 董观志. 粤港澳大旅游区发展模式创新研究 [J]. 旅游学刊，2004（4）：49-52.

1. 理念趋同阶段

1983 年、1984 年，广东省分别启动了"香港游""澳门游"，其主要运作方式为探亲游，尽管受到配额限制，但是粤港澳区域旅游合作却从此拉开了序幕。1984 年，澳门旅游司司长提出了澳门旅游业应以广东为后盾的观点。1987年，澳门社会科学学会理事会副会长撰写了《澳门旅游与澳穗港旅游大三角》一文，进一步探讨区域旅游合作问题。1987 年 5 月，广东省旅游局正式把建立"粤港澳大三角旅游区"作为广东旅游发展的战略重点。1988 年 7 月，粤港澳三地专家、学者、旅游界代表在中山市召开了"粤港澳大三角旅游战略研讨会"，以此为标志，"粤港澳大三角旅游区"战略成为粤港澳三地旅游合作与发展的共同理念。三地社会制度不同，经济体制、文化内涵、生活方式也存在着较大的差异，但是突破边界障碍、共建区域旅游合作机制却成为人们的共识。

2. 机制构建阶段

1989 年 12 月，粤港澳大三角旅游界联席会议讨论了联合推销和成立粤港澳大三角旅游协调机构等问题。从 1990 年开始，每年举行一次大规模的"联谊会"，商讨旅游合作与发展问题。1993 年香港旅游协会、澳门旅游司和广东省旅游局在香港联合成立了"珠江三角洲旅游推广机构"，粤港澳旅游合作进入实质性的机制构建阶段。1995 年，国务院对到香港、澳门的外国游客实施"72 小时便利签证"，香港—深圳、珠海—澳门因此成为短程旅游产品热线。1996 年，粤港澳旅游界在国际市场上共同推广"粤港澳大三角旅游区"，访港游客中有 30% 来到广东旅游，广东也因此成为香港最大的旅游客源市场。"珠江三角洲旅游推广机构"的成立从机制构建层面对区域旅游合作所面临的边界障碍发起了冲击。

3. 制度变迁阶段

1997 年、1999 年港澳主权相继回归，此后旅游限额逐步放松，便利签证则由深圳扩大到珠三角地区。2000 年国务院批准对外国游客通过香港组团进入深圳旅游实行"144 小时便利签证"。2000 年香港旅游协会、澳门特别行政区旅游局、广东省旅游局合作开发了全球首个介绍大珠江三角洲旅游资源的网站（www. pearriverdelta. org），合力搭建"活力广东"旅游信息平台，2007 年 3月，"活力广东动力 100"战略协议正式签署。"一国两制"从理论构想与具体实践两个方面解决了广东与港澳所推行的不同社会制度之间的障碍问题，从政权层面确立了社会主义与资本主义两种社会制度的和平共处、相互沟通。而三地共同开发的珠三角旅游资源宣传网站的开通则标志着区域旅游合作的边界从制度层面上得到解决。

4. 模式转轨阶段

2001 年 11 月 11 日，中国正式加入世界贸易组织（WTO），香港、澳门作为世贸中的非主权关税区。WTO 的框架为"一国两制"的粤港澳经济合作提供了"体制相近，规则统一"的制度性基础。2002 年，国务院对港澳旅游的配额限制彻底取消。2003 年 1 月 27 日，深圳皇岗口岸实行 24 小时通关，它是深港合作走向深入的历史性转折点。2003 年 CEPA 签署，中央批准个人港澳游政策在珠三角部分城市试行并推广，"粤港澳联席会议制"从"署长制"升级为"行政长官制"，并确立旅游合作是区域经济合作中的重点，区域合作组织的职能作用开始充分发挥。这一年，"大珠三角"这一概念正式出炉，在 CEPA 的合作框架下，港澳与"广深珠"达成联合，形成"一江珠水，三颗明珠"的国际旅游品牌形象，同时也构建了大珠三角区域旅游合作的基础格局。自 2003 年以来，粤港澳联合推广机构相继到澳大利亚、日本、德国和中国香港等地举行国际旅游展销会，推广"一江珠水，三颗明珠"的品牌形象。

2004 年 1 月 1 日，CEPA 协议正式启动，香港和澳门分别与内地建立了"更紧密经贸关系"；同时，内地居民个人赴港澳旅游的实施，大大提升了粤港澳大旅游区的影响力，也大大开拓了粤港澳旅游产业双向互动的运作空间。2006 年 6 月，《内地与香港关于建立更紧密经贸关系的安排·补充协议三》提出"允许在广东省的香港独资或合资旅行社，申请试点经营广东省居民（具有广东省正式户籍的居民）前往香港、澳门的团队旅游业务；粤港澳三地旅游主管部门建立专责小组，在质量监督、投诉处理、游客出入境安排展开合作"。2006 年，广东国际旅游文化节暨泛珠三角旅游推介大会，粤港澳三地联手打造"一国两制三地游"，吸引了国外 17 个旅游企业和部门参加，广东旅游吸引外资 16.25 亿美元。珠三角区域旅游合作存在政治、经济与文化等许多方面的边界障碍，即便问题从整体上得到解决，也难以避免一些经贸摩擦的出现，WTO 框架为解决区域旅游合作中可能出现的经贸摩擦做出了制度方面的规定，而 CEPA 及其附件的签署则从操作层面为粤港澳区域旅游合作制订了具体的实施准则。①

2015 年，广东省政府办公厅发布《珠江三角洲地区旅游一体化规划（2014—2020 年）》，体现了珠三角"大旅游"概念的再度升级，更为注重区域旅游合作。该规划以广州、深圳、佛山等九大珠三角城市为主体，纳入港澳合作内容，旨在推进珠三角旅游一体化进程，将珠三角打造成具有全球影响力

---

① 戴斌. 在更加开放的制度安排中促进区域旅游合作——解读 CEPA《补充协议四》[N]. 中国旅游报，2007-07-02.

的世界一流旅游目的地。与此同时，随着智慧旅游的逐步兴起，"网上珠三角"建设也在逐步推进，通过建立统一的珠三角旅游信息网站，推介珠三角旅游整体形象，提供旅游景区、线路、交通、住宿、气象、安全、医疗急救等信息和咨询服务，实现网上预订、旅游信息实时报送和更新。同时，珠三角的旅游合作未来将与粤港澳大湾区互为补充，双方强强联手，推出区域旅游合作的众多特色项目，带动地区经济的进一步腾飞。按照规划布局，珠江三角洲旅游一体化进程正在从"双芯驱动、三圈推进、三带突破"的内部合作向"两区携手、一环辐射、多层推进"的外部合作前行，以辐射带动粤东西北旅游加快发展，推进更高层次的区域旅游合作。

三、长三角的跨行政区边界

(一) 行政区边界的制约性

长江三角洲北起新通扬运河，南达杭州湾，西抵宁镇丘陵，面积约5万平方千米，"长江三角洲旅游城市合作组织"最初是指坐落于长三角地区的15个城市。2003年，安徽的黄山作为"15+1"中的"1"加入该组织；2004~2005年，又有8个城市（上饶、池州、金华、景德镇、宣城、滁州、泰州、台州）加入这一组织，从而扩展到24个城市。2007年，长三角地区旅游高层联席会议在上海召开，审议并通过了《关于全面推进长三角地区旅游合作的若干意见》。长三角区域旅游合作的范围从此扩大到江苏、浙江、上海两省一市，并辐射安徽、江西等省。长三角同样经历了不断扩容、突破边界的过程，但是与欧盟、珠三角地区不同，长三角区域旅游合作所面临的首要问题是跨越不同行政区边界。

探讨行政区边界必须面对行政区经济的制约性。有研究者指出："我国是长期实行计划经济体制的国家，社会经济活动渗透着强烈的地方政府行为，具有强烈的地方利益倾向；受行政区划的刚性约束，生产要素跨区域（行政区域）流动常常受到人为的限制与阻隔。在这种情况下，行政区经济的直接后果就是各地为本地利益，不惜掠夺资源、争夺资金和项目、争夺市场，各自为政，互筑壁垒，人为分割市场。"[①] 长三角区域旅游合作涉及我国长江下游多个省市，在省级行政区划的刚性约束之下，在行政区经济和部门条块分割的限制下，引进投资、资源分配、项目建设、市场拓展等方面均面临着不同行政区间

---

① 陈爱宣. 长三角区域旅游合作的障碍与对策 [J]. 经济纵横, 2007 (5): 35-37.

的激烈竞争，其结果必然是从资源占有、项目建设到客源市场开发的相互设限，全面争夺。

在行政区经济的主导之下，各行政区把自我的利益放在首位，因而当整个区域与地方利益发生冲突时，地方保护主义情绪的产生是不可避免的，地方政府往往倾向于选择对当地最有利的解决办法，政府对当地企业为保护本地行业所采取的某些不正当手段，一般会采取纵容的态度，有时地方政府甚至直接参与到这一恶性竞争中来。地方保护主义导致区域旅游合作中竞争大于合作，其直接后果是某些本来可以共享的旅游资源被控制与独占，以及旅游共同大市场的人为割裂。区域旅游合作要求旅游业从"行、游、住、吃、购、玩"等方面进行全方位的合作，因其政出多家而对地方政府及旅游主管部门提出的挑战也是全方位的，它要求地方政府及旅游主管部门必须具备一定的全局意识与战略眼光，但是在发展旅游经济的实践中，整个区域完全达成一致并不容易。各地政府及旅游主管部门推动发展旅游经济以保护本地利益为出发点，甚至为本地的既得利益而明争暗斗，这无疑增加了各行政区之间区域旅游合作的难度，使区域旅游业发展徒增了许多行政障碍。

（二）长三角旅游合作进程

长三角区域旅游合作经历了构建区域经济合作平台、政府主管部门寻求主动合作、创建无障碍旅游区三个阶段，通过一系列具体措施逐步打破行政区经济制约及地方保护主义的局限，在突破行政区边界障碍上取得了较为显著的成绩。

1. 构建区域经济合作平台

1982年，国务院在过去华东区的基本架构上组建成立了"上海经济区"；1992年，江浙沪借"江南六镇"申报世界文化遗产所产生的轰动效应，适时推出了"江浙沪游"的旅游合作概念，这是长三角地区政府职能部门较早进行的区域旅游一体化尝试。1997年，第一次基于上海经济区的平台提出了"长三角经济圈"的概念，并成立了"长江三角洲城市经济协调会"，长三角区域旅游合作由此开始。

2. 政府主管部门寻求主动合作

2000年11月，杭州市旅游局组织召开了江、浙、沪相关旅游部门参加的区域旅游合作研讨会，旨在寻求旅游合作的有效运行方式。2001年5月，"长江三角洲15城市旅游经济合作会议"在绍兴召开。2002年4～5月，江、浙、沪三地首次联合集中整治旅游市场（代号"曙光行动"），制定并实施《三地整顿规范旅游市场秩序区域联动实施计划》。2003年2月，江、浙、沪三地继续举办"苏浙沪旅游年"活动，并拟订以大型旅游节庆活动为载体，共同宣传，联合促销。这一时期政府主管部门表达了加强区域旅游合作、突破行政区经济制约的强烈意向，在对共同旅游市场的打造中，政府主管部门成为打破行政区边界的主角，长三角区域旅游合作进入实质性发展阶段。2003 年 7 月，杭州市人民政府、国家旅游局政策法规司、国家发改委国土开发与地区经济研究所共同主办，上海、浙江、江苏旅游局（委）支持，杭州市旅游委员会承办的"长江三角洲旅游城市15+1 高峰论坛"在杭州举行，并签署了《长江三角洲旅游城市合作（杭州）宣言》（以下简称《杭州宣言》）。同年 10 月起，上海、无锡两地公交公司，在全国率先推出"一卡两地刷"；紧接着，沪杭公交"一卡通"随之实行。《杭州宣言》以制度化的形式确立了"年度论坛式"的会商机制，为长三角区域旅游合作突破行政区边界提供了制度保障，是区域旅游合作机制的重要创新。

3. 创建无障碍旅游区

《杭州宣言》首次提出建立中国第一个"无障碍旅游区"的战略行动计划。2004 年 10 月，长三角旅游城市第二次高峰论坛在安徽省黄山市举办，论坛通过了《黄山共识》。11 月，第二届长三角旅游集散中心（企业）合作会议在杭州召开，会议正式启动旅游客运网络，要求各地旅游企业"资源共享、统一采购、联网售票"，出台了《长三角旅游景点道路交通指引标志设置细则》，计划用三年左右的时间，实现区域内主要旅游景点道路交通指引标志的一体化。新吸收了江西省上饶市、景德镇市，安徽省池州市，浙江省金华市 4 个城市，长三角区域旅游合作城市扩充到 20 个，区域旅游合作范围辐射到了安徽和江西两省。2005 年 9 月，长三角旅游城市再度在无锡举办了第三次高峰论坛，进一步推进"无障碍旅游区"行动、打造"中国长三角区域旅游"品牌，倡议建设"旅游强市"和"旅游强区"。"无锡论坛"进一步拓展了长三角无障碍旅游区的范围，参与无障碍旅游区行动的城市达到 24 个。2006 年，长三角旅游城市高峰论坛在浙江省金华市举办，论坛通过了《长三角旅游城市"十一五"合作与发展（金华）纲要》（以下简称《金华纲要》），将合作目标锁定为打造"长三角国际旅游圈"。至此，长三角旅游城市联盟扩大到 25 个。2007 年 5 月，长三角地区旅游高层联席会议在上海召开。会上审议并通过了《关于全面推进长三角地区旅游合作的若干意见》。自此，长三角区域旅游合作范围已经扩大到沪、浙、江两省一市，辐射安徽、江西两省，区域旅游一体化进入到一个全新的局面。同年 9 月，长三角旅游城市的代表再度云集江苏南京，召开了第四次长三角旅游城市高峰论坛，会议签署了《2007 长江三角洲旅游城市高峰论坛（南京）宣言》（以下简称《南京宣言》），就推进无障碍旅

游区展开了进一步的研讨。2008 年 8 月，国务院审议并通过了《进一步推进长江三角洲地区改革开放和经济社会发展的指导意见》，地域面积覆盖两省一市的"长三角一体化"被正式提升至国家战略层面，无障碍旅游区的建设将因此得到国家发展战略的支持。2016 年发布的《"十三五"旅游业发展规划》对长三角旅游城市群的发展提出了更高的要求。当前的长江三角洲区域旅游合作已经驶入"高铁+旅游"的时代，区域内高铁网络发达、交通便利、旅游资源丰富，坐高铁畅游长三角环保、经济、舒适和安全，高铁与景区实现真正意义上的无缝对接。与此同时，一体化旅游及双向旅游客源一体化都在长三角区域旅游合作中逐步推进。

无障碍旅游区的建设是对于行政区边界的全面突破，是在正视我国现行行政区划的基础上向行政区经济发出的全面挑战，它对区域旅游一体化提出了全方位的要求，包括"交通一体化""产业一体化""市场一体化""信息一体化""制度一体化""环境一体化"等方面。从更深刻的意义上说，长三角区域旅游合作要想走得更远，就必须解决区域旅游的合作平台和运作机制问题。正如《金华纲要》所指出的，只有有效地建立旅游城市合作组织的工作平台和工作机制，建立产品开发、宣传促销、信息发布、环境营造等方面的联动机制，才能改变区域旅游合作被动、迟缓与观望的局面，才能真正突破行政区边界为区域旅游合作带来的障碍。

第二节　区域旅游合作的边界

区域旅游合作是近几年来我国旅游业发展的一个热点话题，但是目前旅游学界对合作主体、空间范畴和运作机制等很多基本问题都还没有达成共识，对于这一新生事物的认知分歧在一定程度上妨碍了从理论层面为旅游业的发展寻求支持。欧盟、珠三角与长三角无不在克服重重边界障碍的过程中实现了区域旅游合作的进步，这说明边界现象的存在是无法回避的客观事实，是深化区域旅游合作必须面对的一个议题。从某种意义上来说，区域旅游合作的本质就是跨越形形色色的边界，通过区域之内各种旅游要素资源的有机整合，改善长期以来旅游业发展中对于资源、资金、管理、市场的分割状况；通过统一规划，规模发展创造更大的经济效益。鉴于边界在区域旅游合作研究中的重要意义，在广西旅游业区域合作研究中引入边界视角，对边界概念、边界的层级、类型及特性予以认真梳理是必要的。

一、边界与边界区域

(一) 何谓边界

人们对"边界"一词并不陌生，它既是生活中的一种寻常可见的现象，同时又是一个重要的学术范畴，涵盖自然与人文两大领域，涉及众多学科，内涵十分丰富。对于区域经济合作而言，区域经济学关注"边界"问题，科学划定区域经济合作的边界，有助于明确界定区域合作的地域范围，从而有效地整合区域之内的各种发展资源；反之，则不利于认知区域之内的各种发展资源，并妨碍有针对性地制订区域经济发展规划。关于区域经济学视域中的边界，李铁立认为："从普通的意义上讲，它是指事物间本质或现象发生变化的标志线或带。"政治边界对于区域边界的形成往往产生重要影响，因而会受到特别的关注。按照区域行政、政治实体的级别或层次，区域边界自上而下区分为国家边界、省际边界、地方边界。通常情况下区域边界的级别或层次越高，它的政治、经济职能也就越强；反之亦然。[①] 边界对区域经济活动可以发生关税和非关税贸易壁垒等的显性干预，也可以对经济交流活动的心理和行为造成影响，而后者主要与边界的经济、社会、文化、心理等因素有关，且这种影响可能持续的时间更长、更隐蔽。

作为一项特殊的经济活动，区域旅游合作需要面对合作边界的问题，而随着合作的不断深化，这一问题的重要性已经越来越突出。Matznetter（1979）特别重视旅游与边界的关联，尽管他没有对边界予以明确定义，却对两者之间三种类型的空间关系进行了研究：①边界线离旅游区很远；②旅游区紧靠边界线的一侧；③几个旅游区跨越边界线或在边界线聚集。他指出，在第一种情形下，边界是一种屏障，或者是单纯的中转界线，边界的影响力主要取决于它向外围的渗透程度。在第二种情形下，Matznetter 认为除了旅游者会被吸引到旅游地一侧外，也会有一些人被吸引到边界的非旅游目的地一侧，为当地提供迅速发展旅游业的机会。在第三种情形下，边界两侧可能会产生交流与合作，其自然与文化吸引物系统将作为一个整体来运作；或者正相反，边界完全成为两侧交流与合作的重大障碍[②]（见图1-1）。

---

① 李铁立. 边界效应与跨边界次区域经济合作研究 [M]. 北京：中国金融出版社，2005.

② Dallen J. Timothy. Tourism and Political Boundaries [M]. London：Routledge，2001.

（a）边界作为屏蔽　（b）边界作为中介　（c）边界成为吸引物

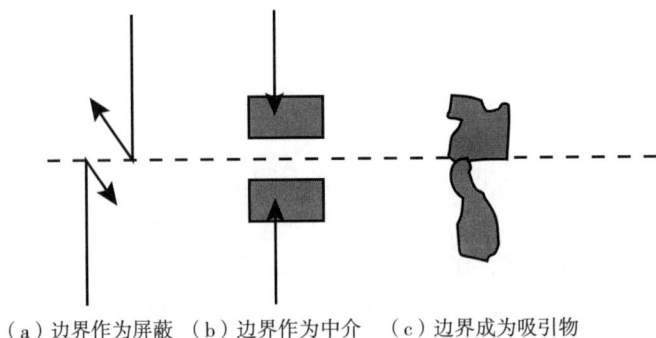

图 1-1　旅游与边界的关系

对于相邻地区旅游要素转移来说，边界既是障碍也是桥梁，如果我们承认跨越边界属于区域旅游合作的题中应有之义，那么从边界的双重特性的表现就可以窥见区域旅游合作的有限性与有效性。

边界以明确的标志把不同层级的政治实体区分开来，进而对相邻两侧的经济、文化交流施以影响。大多数情况下边界的影响将是负面的。在中国，"政府主导型"是旅游业发展的特色，也因此造就了各地旅游业发展的进步和辉煌。但是缺陷也是明显的，由各级政府主导的区域旅游发展规划大多以振兴地方旅游经济为目标。对地方利益最大化的追求和从区域合作中寻求获利机会的期待，是各级地方政府愿意主导并推动区域合作的内在动力，区域间的旅游经济互动与行政管理关系的交叉与重叠会导致整个区域旅游合作的无效率或低效率。如果区域旅游合作不充分考虑旅游资源基础、社会文化心理基础、旅游通达条件、经济社会发展水平与地缘因素等门槛限制，尽管声势浩大，但预期效果或实质性进展也不会尽如人意。一些具体实践表明，在边界广泛存在的情况下，区域旅游合作是有限的，并不具有无限的可能性。

但是，在适当条件下边界则完全有可能对区域旅游合作施加正面的影响，这与边界的复杂特征有关。边界远离政治实体的权力中心，处于权力辐射相对薄弱的边缘地带，有时甚至不排除是权力真空地带的可能，因其正处于从一个权力中心向另一个权力中心的过渡，也从另一种意义上造就了边界政治、经济与文化特色的丰富性。作为"相邻两个群落之间的交错区"①，边界区域内必然存在较高程度的合作环境异质性，成为两个或多个行政区各旅游要素的交汇、碰撞与融合之地，不但能够担负沟通边界两侧的重任，而且有望成为区域

---

① 李丽光，何兴元，李秀珍. 景观边界影响域研究进展 [J]. 应用生态，2006（5）：935-938.

旅游合作中更具号召力的地区。从这个意义上来说，虽然经常受到边界障碍的种种限制，但如果全面发掘边界的积极作用，区域旅游合作也完全可以有效地开展。欧盟、珠三角与长三角的旅游合作能够克服重重困难取得巨大进步就是这个道理。边界对区域旅游合作的影响与其开放程度有极大关系：开放的边界有利于边界两侧的社会经济交流，从而可以更好地发挥区际比较经济优势并产生规模经济效应；而完全封闭的边界只能使本区域的经济布局与发展处于不利的地理区位。但是实际上开放型是理想状态，而封闭型则是普遍现象，出于发展经济的需要边界会以适当的程度开放，出于巩固权力的需要边界则会趋于封闭，在开放与封闭的双向运动中，区域旅游合作所面对的边界会经常处于"半封闭"的状态。

（二）边界区域

在大多数情况下，对区域旅游合作形成实际影响的并不只是单纯的边界线，而是边界区域。边界区域（Borderlands）通常是指相邻地域间具有一定空间范围且直接受到边缘效应作用的过渡区，尤其是自然地理单元与行政地理单元的耦合地带。[1] 是以行政边界为起点向行政区内部横向延展一定宽度所构成的、沿边界纵向延伸的窄带型区域。区域的宽度与行政区的面积、级别、自然条件及与行政中心的传统社会经济联系等有关。[2] 边界区域处于两个或多个"核心地区"的"之间""交界"地带，依据核心地区的辐射强度，地理学和规划学对这一区域空间进行等级划分，并从中分解出中心和边缘。

旅游边界区域往往包含两个方面的特征：①边界线本身即是旅游吸引物；②旅游活动不仅集中在边界线，而且还向边界两侧的区域发展。边界是一种障碍，但是在一定条件下边界区域自然与人文景观也完全可能成为独特的旅游吸引物。利用边界的特殊条件发展旅游，使边界区域成为风格独特的旅游目的地，目前已经引起了旅游业界的注意。有些自然奇观位于边境地区，如界山、界河、界湖等，因其跨越两国或多国边境而成为相邻国家共同拥有的景观。例如，美国、加拿大边境的尼亚加拉大瀑布，赞比亚、津巴布韦、纳米比亚、博茨瓦纳边境的维多利亚大瀑布，巴西、巴拉圭、阿根廷边境的伊瓜苏大瀑布，这些都是世界驰名的旅游地。边界区域所特有的边境标识和富有代表性的建筑，因其独特的国界文化、边境的神秘色彩而成为旅游吸引物。例如，朝鲜和韩国之间的战争状态目前已大大淡化了，然而作为非军事分界线的"边界"依然保持着战时的威严，双方的军人仍然荷枪实弹分站两旁。虽然"三八线"两

---

① 郭荣朝. 省际边缘区城镇化研究 [M]. 北京：中国社会科学出版社，2006.

② 陈钊. 行政边界区域刍议 [J]. 人文地理，1996（4）：41-44.

侧和解的政治谈判相当艰难，但利用这个特殊的地点、特殊的氛围来发展旅游似乎得到了双方的共识，现在处于非军事区的板门店成了朝鲜和韩国共同利用的旅游吸引物。村落、住宅、商店、旅馆甚至剧院等建筑物，在许多地方可能属于寻常之物，但是在一些边境地区它们坐落在国界线上，并因此而成为边界区域一道独特的风景，吸引着成千上万好奇的旅游者。

还有一种情况是边界区域的人造景观。有些国家利用边境特殊的区位和氛围，在边境地区建造人工景观构成旅游吸引物。例如，美国的北达科他州和加拿大的马尼托巴省的交界处，建了一个举世闻名的国际和平公园，这个公园是一个以和平和国际合作为主题的植物园。公园的入门处用水泥柱标出了国境线，公园内有溪水、花圃和各种各样的树木，幽静而漂亮。但最吸引人的是设在公园内边境两边的纪念品商店，那里出售各种各样和边境有关的纪念品。在北欧的芬兰、挪威和瑞典三国交界处，有一座三点状的纪念塔，这个边界纪念塔须通过步行才可到达。于是，这个独特的纪念塔成为当地最吸引游人的景点。美国和墨西哥最西部的沿海边境上美国一方有个边境州立游乐园，它的吸引力在于这个游乐园靠近美墨边境的隔离栏杆，可以隔栏观望墨西哥，而且它距墨西哥最著名的蒂华纳"海滨斗牛场"只有几百米。①

现在可以对区域旅游合作的边界进行如下归纳：所谓区域旅游合作的边界是指在某一具有相对独立性的区域内存在的自然地理单元或行政地理单元之间的标志线或带，处于地区权力的边缘，是相邻地区权力的交接地带，通常具有一定空间范围，其具体形态可以是山脉、河流、湖泊、海洋等自然屏障和景观，也可以是在历史沿革中由边界两侧双方人为约定的界线，无论是自然边界还是人为边界，对于区域旅游合作的发展与深化均具有重要作用。

二、边界的层级与类型

(一) 边界的层级

区域旅游合作的边界存在不同的层级与类型。Dallen J. Timothy 认为，边界存在不同层级，且每一层级都有其独特的作用。国家边界属于政治控制的第一层级，它对自然环境、经济运行和社会—文化互动发展的方式产生特别明显的影响。亚国家边界，如州、省、区、县之间的边界属于第二层级的边界，这些边界对人类活动的影响深远，如教育水平与法律制度可能存在差异，因而其

---

① 张广瑞.中国边境旅游发展的战略选择 [M].北京：经济管理出版社，1997.

社会基础结构的运转也会不同。例如，在美国、加拿大边境，出口税、驾车年龄、喝酒年龄以及关于赌博的法律从一个州到另一个州、从一个省到另一个省的规定都会有所不同。第三层级的边界是国内行政区划，包括县、镇及直辖市，这种最低层级的边界对两侧人类活动的影响较小。尽管如此，其意义仍然很大，这些边界影响并决定其产权税率、立法程序及保险范围。①

结合我国区域旅游合作的进展，同时根据广西旅游业区域合作相关政治实体的具体情况，本书将广西旅游业区域合作的边界区分为国家边界、省际边界与市县边界三个层级。

国家是国际舞台上一国之内全体人民的主体，是政治权力、领土、人民三个要素的统一。作为国家的基本要素，政治权力体现为高高在上的制度性权力运作机构，以垄断合法的人身强制的方式推动其规则的实施；领土是供人们居住的一片土地，同时也构成了国家、民族的历史、文化、宗教记忆的一部分。在国际关系中，国家的概念比在国内政治中要宽泛一些，此时的国家是《国际法》的主体，是该国范围内整个社会的代表，是这个国家全体人民利益的代表。自 19 世纪以来，国家边界的神圣性逐渐得到了国际社会的广泛承认，成为了国家主权的载体。

省是国家结构最高层面的一种一般地域型建制。作为中国国家结构中占据主导地位的建制单位，省是一种具有相当规模的地域政治实体，其地域面积和人口甚至同世界上一些中等国家不相上下。毫无疑问，省在中国的政治结构中分担着中央的部分功能，是由中央行政分治单位发展而成的。在当代中国除少数职能，如外交、国防、金融、货币等需要由中央政府承担外，其他职能在统一领导、分级管理原则下，是由中央与省共同来承担的。在中国历史上，省是一种具有悠久历史的地域性政治实体，其存在的时间超过当今世界上的大多数国家。一个地域政治实体存在的时间越久，在其内部越易形成强有力的内聚意识，以及对于地域文化的浓厚的认同感，事实上，中国的多数省份都有持续不断地编修地方志书的传统，并大多发展成为有自身特色的文化传统。

在省级行政建制之下，是广泛分布的市、县级行政单位。县是中国历史上最早出现且持续至今的一般地域型建制单位。中国地域辽阔、民族众多，国土面积超过欧盟。地理条件、自然气候和历史因素的不同，导致各地在经济、社会、文化、政治诸多方面的发展呈现出一种不均衡的状态，县与县之间在发展水平上存在较大差异。市、镇是国家基于其维护政治统治和稳定社会秩序的政治考虑，因应城镇发展的社会需要而设置的。国家可以在城镇地区设置市或镇

---

① Dallen J. Timothy. Tourism and Political Boundaries [M]. London：Routledge，2001.

的建制，也可以不设市、镇，这取决于国家的意愿。①

从《国际法》的层面上讲，边界是国家领土主权范围的界线。国家领土由领陆、领海、领空以及领陆和领海的底土这几部分组成，因而国家边界可以分为陆地边界、水域边界、海上边界、空中边界和地下边界。在所确定的边界范围之内，国家有权行使其最高的、排他的主权，这就是国家边界在法律上的意义。侵犯国家的边界就是侵犯该国的主权和领土完整，是《国际法》禁止的国际不法行为。② 正如国家之间存在法定边界线一样，一国之内的省市县行政区之间也有法定边界线，尽管这两者之间存在区别，但是国家边界是一个国家的领土主权的象征，省市县边界也是一个行政区域管辖权力范围的标志，同样具有不可侵犯性。与国家边界线相似，行政区边界线有自然地理界线、人文界线：前者包括山脉、河流、湖泊、高原、沙漠、海岸、岛屿等；后者包括公路、铁路、建筑物、田埂、地块等。③

行政区与经济区功能定位不同，其边界也并非完全重合，主要表现在：行政区具有明确的和相对稳定的区域界定，并有法律效力；而经济区的界线在现实生活中具有模糊性和动态性的特点，没有法律效力。相邻的经济区边界不一定泾渭分明，往往形成一个过渡带。④ 至于行政区与旅游合作的区域划分就更是隔着一层，但是我国历史上行政中心与经济中心历来就有合二为一的传统，行政区边界与区域旅游合作边界的高度一致性也是显而易见的。在行政区划的制约下，旅游要素跨越边界的流通渠道往往不太畅通，各省份在旅游合作中的摩擦在边界地区体现得最为明显。

（二）边界的类型

区域旅游合作的边界从类型上应进行政治边界、经济边界与文化边界的划分。

现实社会中任何一级的政治实体都会对区域旅游合作产生影响，无论它是作为国家实体，还是中央政权控制之下的省、市或县。政治分区的空间表达即为边界的厘定。边界的厘定过程在理想状态下可分为三个阶段，即定界、划界和标界过程。定界过程即在两个政治单元之间确定边界位置，以协约形式加以法律意义上的规定；划界过程即在大比例尺地图上表示出边界；标界过程即用标志物（围墙、绳网、界柱等）在地面确定边界。政治边界中，一般来说，最有意义的是国界。在民族、国家出现之前，并无明确国界，相应的政治集团、

---

① 田穗生，罗辉，曾伟. 中国行政区划概论 [M]. 北京：北京大学出版社，2005.
② 邵沙平. 国际法 [M]. 北京：中国人民大学出版社，2007.
③④ 刘君德等. 中国政区地理 [M]. 北京：科学出版社，2007.

民族集团的边疆地区一直处于"政治真空"状态，人类活动与联系以自然界限为"准国界"。现代的国界一般在自然界限的基础上，结合军事、文化、历史、经济等原因形成。次级的省界、州界等的形成基础更多地与经济活动联系在一起，但也常以历史上诸多的小国国界为基础。如我国中原地带省界与诸侯国的国界有关，美国的一些州界亦然。边界实际上是一种空间障碍，边界的划定，对相邻政治实体的整个空间相互作用产生明显的阻断作用，空间距离并没有扩大，而空间相互作用的过程却延长了。①

行政区边界线既是一种政治边界，也是一种经济边界。既然有政治权力的地域划分，就有国际市场、国内市场与地区市场的区别，就有国家及各级行政区的经济边界，即无论政治权力介入国民经济的程度如何，政府职能的发挥和行政权力的行使都会形成一个清晰可辨的内外界线，即使是古典经济自由主义者也不得不承认局限于维持秩序与正义范围内的政府职能。在资本主义的发展史中，一旦遇到周期性的经济危机，民族国家往往以反危机寻求国家安全为由对经济生活进行干预，或者转嫁危机到别的国家。而在战时，国家被认为有责任保护民族共同体的经济不受损失。第二次世界大战后，西方"福利国家"的制度得到巨大的发展，建立了完整的民族国家范围内的社会安全保障网络（即福利国家），国家通过各种工具（如关税和非关税壁垒）保障民族企业有出入国际市场的通道，保护作为民族强大的经济支柱的民族产业的发展不受外国产业竞争的冲击。在关税和非关税"武器"日益成为国家间经济争端和摩擦的焦点以及国际多边谈判的对象的情况下，民族国家又发展出一系列维护国家经济安全的新手段（如加强教育与培训、建设高度发达的基础设施、重视国家在增强企业和产业国际竞争力中的作用）。② 这些司空见惯的经济安全或经济防务问题，如果换一个角度来理解就是经济边界。

在中国，由于政府行为在经济活动中长期扮演着更为积极的角色，行政区界线也就成为经济话语权力范围的直接标志。这一特色可以追溯到近代税收制度由按户征收转向按地籍征收，这一转变无疑强化了行政区域边界重要性，地方保护主义在经济活动中盛行。通过在行政区边界设关布卡，实现对区域间的经济包括文化联系的人为控制，并在大多数情况下演变成为区域发展的限制因素。

文化虽然具有地域化的属性特征，但是其边界的存在情形要复杂得多，并

① 王铮. 地理科学导论［M］. 北京：高等教育出版社，1993.

② 庞中英. 权力与财富：全球化下的经济民族主义与国际关系［M］. 济南：山东人民出版社，2002.

不能简单地等同于行政区边界。文化渗透于整个社会的各个方面，包括语言、知识、法律、宗教、饮食习惯、音乐、艺术、科技、工作方式、产品和其他使一个社会具有与众不同韵味的因素，因此我们很难从空间分布中界定文化的边界。文化边界主要是指从一个地域到另一个地域逐渐明显的文化个性差异，是不同地域的特定社会成员在生活中习得的信念、价值观和习俗的总和上所表现出来的不同。①

文化差异在具有不同文化背景的参与者之间所展开的社会互动中可能会产生问题。例如，语言与非语言交流的不同模式有可能产生严重错误，从而导致误解与混乱，并且影响到其他人的认识。如果接触的参与者不能适应相互之间的社会互动的文化模式与期望标准，而是认为他们在文化上是相同的或相似的，那么他们就可能会相互拒斥。Steward 以活动取向、社会关系取向、自我取向与世界取向四项主要因素来界定社会互动文化模式。人们如何看待行动，以及如何通过活动来表达自己？人们如何相互联系？人们如何看待自己？谁应当受到重视和尊敬？人们如何在与精神世界及自然世界的关系中来定位自己？②在对这些问题的澄清中，人际文化差异不断明晰，一方面社会互动由此得到实现，另一方面文化边界也逐步形成。

三、边界的特征与属性

对于区域旅游合作来说，边界的存在既是挑战也是机遇，这是由边界自身构成及其外在表现的复杂性所决定的。因而区域旅游合作的深入开展必须正视边界的存在，对边界的内在特性有一个全面、客观的了解。

（一）自然与人为

边界作为不同国家或地区的权力分界线，有自然与人为之分。自然边界是以自然要素作为划分的依据，大多是由自然屏障和景观构成，如山脉、河流、湖泊、海洋等。人为边界往往是由两国或行政区主管协商并达成协议，确立某一标志物（如经纬线），或者以民族、宗教信仰、语言、意识形态、心理、习俗等社会性因素作为依据划分的边界。李铁立认为，从边界形成过程的角度看待边界，它不但具有自然属性同时也具有人为属性。"自然属性"是指边界的形成是由于人类具有群体划分和领土空间划分的本能，在领土空间的划分过程

---

① 利昂·G. 希夫曼，莱斯利·L. 卡纽克. 消费者行为学［M］. 江林译. 北京：中国人民大学出版社，2007.

② ［澳］赖辛格，托纳. 旅游跨文化行为研究［M］. 朱路平译. 天津：南开大学出版社，2004.

中，人类实现群体的认同和排斥，以实现自我心理的满足。而在实现人类群体划分和领土空间划分过程中，人类有意识地设立边界，以在空间上区别于其他群体，这就是边界的"人为属性"。在边界的形成中，"自然"和"人为"的矛盾属性是交织在一起的。①

自然边界与人为边界在区域旅游合作中广泛存在，并产生着深刻的影响。区域旅游合作要求各地联合打造区域旅游的整体形象，实现资源与交通基础设施的共享，区域内部资源的重新整合，大型旅游企业进入旅游投资领域，并进行跨地域的资产重组，政府与企业需要重新理顺关系以实现区域联合等。实现这一目标要求对边界的自然与人为属性有更深入的认知。对社会群体的需要是人类内在心理的正常反映，而特定空间则是群体成员集合的地域。无论是自然边界还是人为边界所反映的都是人类在群体划分和领土空间划分所显现出来的本能。一般来说，人为边界线的形成过程复杂多样，而且其所产生的社会、经济效应也比自然边界线强。不过，在大多数情况下自然属性与人为属性存在相通性，甚至是合二为一的：承认自然边界，却要超越自然边界的屏障特征而赋予其某种人为属性；承认人为边界，却又认为其一旦确立则不可轻易变更，经常赋予它一种客观特性。

（二）障碍与沟通

边界虽然在不同国家和地区之间造成交流的障碍，但同时也发挥着沟通的作用。从边界的形成机理来看，相邻地区旅游要素的跨边界流动受到阻挡是必然的。当地政府制定的各项政策虽然大多数力求适应经济活动国际化的需要，但是地方保护主义思想却不可完全避免，政策的滞后性也需要予以考虑，乃至政府决策成为跨界经济交往的障碍且在一定时期内难以得到纠正。概括起来看，区域旅游障碍的产生主要与市场的统一性、信息的对称性、交通的顺畅性、服务的到位性，以及管理的协调性等方面的问题能否有效解决有关。

但是，国内外的实践经验证明有效的制度和组织形式也是区域旅游合作得以顺利开展的重要保证。区域旅游合作的制度和组织形式应该包括两个方面：一是区域内各成员认同和遵循的、用来规范和指导区域旅游合作的规则；二是实施规则的机构和组织形式。② 如不同国家或地区政府主管部门签署的经济合作协议，以及在此基础之上成立的各种合作论坛、投资峰会与专家战略对话平台等。区域旅游合作的障碍分为制度性方面与非制度性方面，推动边界障碍消除的因素同样有制度性因素和非制度性因素。文化差异旅游要素跨边界流动中

① 李铁立. 边界效应与跨边界次区域经济合作研究［M］. 北京：中国金融出版社，2005.
② 章远新. 大湄公河次区域经济合作与广西［M］. 成都：电子科技大学出版社，2006.

会成为交流的障碍，但是，作为独特的旅游吸引物也会成为促进边界交流的动力，其陌生与神秘会对其他地区的游客产生重要的吸引力。

（三）功能与情感

边界作为不同国家或行政区间政治、经济、文化的分界线，它对区域旅游合作有显性方面的影响，如对资本、客源、信息等旅游要素跨边界流动的阻碍作用，反映的是功能属性，它是一国或行政区为保护本地利益所设立的经济关卡或其他限制性措施；它对区域旅游合作还有隐性方面的影响，如对同一民族所具有的认同感和信任感，对另一国家和民族的排斥和不信任感，反映的是情感属性，它与群体成员对长期生存的领土空间及民族情感方面相联系。在跨界旅游合作中，边界的"功能和情感属性"总是伴生在一起，共同影响旅游行为主体跨边界的经济交往。边界功能属性大多易于为人感知，理解起来比较容易，传统边界的研究也主要集中于此。而对边界情感属性的认识较为复杂，因为它通常是隐性的，不容易被观察到，因此常被传统边界的研究所忽视。

人类形成群体意识并产生对领土空间的情感反映了一个民族的形成过程，人类空间活动带有明显的情感指向，领土空间的划分、边界的产生常常与情感联系在一起，因此可以说边界即是情感的空间界限。边界的情感属性常常是与民族和民族化联系在一起的，在此意义上甚至可以说边界的功能属性——某一国家或行政区对其经济权益保护是基于边界的情感属性之上的。

一切实体事物均须以一定的地理空间为载体，一个民族的形成和发展也离不开某一特定空间，这是对共同或相近生活、居住地产生的空间认同与归属感。种族间的团结与联合最初主要源于为抵抗来自其他种族，或者说来自外部空间的威胁，这种对内部空间的认同和对外部空间的排斥情感，要求民族内部的趋同和外部的分异；在空间上，则表现为不同空间领土占有的民族边界的产生。但是，由于民族边界常常是民族混杂居住区，因此民族边界常常是模糊的。在民族边界和国家边界领土空间内部，民族和国家群体成员逐渐形成了对于本民族和本国领土空间的认同感和归属感，在边界两侧形成了独立的空间情感单元。从此角度而言，民族和国家边界也就是"情感边界"。由此可见，"情感边界"的形成是一个对特定群体和特定空间形成认同感的过程。

在当前经济全球化和区域一体化的背景下，各国各地区经济联系的时空范围日趋缩小，为创造一个更有利于跨边界经济交流的条件，各国普遍弱化边界的"功能属性"。但是，其"功能属性"的弱化并不必然带来"情感属性"的降低。因为"情感属性"对经济、社会、文化的交往与互动的影响更深刻、更持久。也就是说，跨边界区域经济合作要克服"情感边界"并构建跨边界的区域认同感是一个长期的过程，并且在这个过程中还具有"路径依赖"的特征，即在历史上两国边境地区友好相处并具有较好的合作关系的边境区间更容易开展跨边界的旅游合作。①

第三节　边界效应对跨界旅游合作的影响

跨界合作是区域旅游发展的内在需求。从国家层面来看，当今世界经济联系日益紧密，完全依靠内部资源与市场已很难使一个国家的旅游产业获得更大的发展，追求一定区域空间之内资源要素整合与市场拓展是旅游产业发展的方向。从地方层面来看，边界地区在绝大多数情况下都远离国家权力控制的中心，也远离经济中心，出于自身经济发展的考虑，边界地区在利用跨界合作发展旅游产业上会表现得更为积极，在扩大市场规模的同时，也为广阔的内地构筑跨境旅游合作的桥头堡。从企业层面来看，跨界合作的进步必将极大地促进其市场范围的扩大和跨边界旅游要素的获取。综合各方面因素考虑，跨界合作是北部湾区域旅游发展必须认真解决的重要问题。

研究跨界区域旅游合作无法绕开边界效应问题，所谓边界效应，是指边界施加于跨边界旅游合作行为的作用，具体包括屏蔽效应、中介效应与集聚效应三个方面。关注边界效应旨在深入了解各个层级的边界在区域旅游合作中的功能、作用，充分认识边界对于区域旅游合作的阻碍与促进，为广西旅游业区域合作的跨边界交流走向深入提供理论支持。

一、边界屏蔽效应

边界对于跨边界经济行为的障碍作用可分为两个方面：在显性方面，国家为维持其经济自主和发展本地产业，往往以关税和非关税贸易壁垒等方式限制贸易和生产要素的流动；在隐性方面，它表现为一国或地区成员的地域民族文化认同感与信任感，包括人类认知遵循空间距离衰减律，会对边界两侧交流形成的阻碍。区域旅游合作是区域经济合作的一种特殊形式，是一种比一般的经济活动更复杂的合作行为，在合作的具体内容上，它往往要涉及旅游资源的重组与共享、旅游产品的更新与提升、区域旅游的功能分工、客源市场的共同开

---

① 李铁立. 边界效应与跨边界次区域经济合作研究 [M]. 北京：中国金融出版社，2005.

拓与互换，也包括联合促销、旅游企业之间的优化组合以及区域旅游形象的构建等。边界显性与隐性方面的障碍因素不但会对旅游合作行为产生负面影响，还会为旅游要素的跨界流动设置空间障碍，使两侧的空间相互作用产生明显的中断，甚至会在极大程度上左右整个旅游合作的进程，这就是边界的屏蔽效应，如图 1-2 所示。

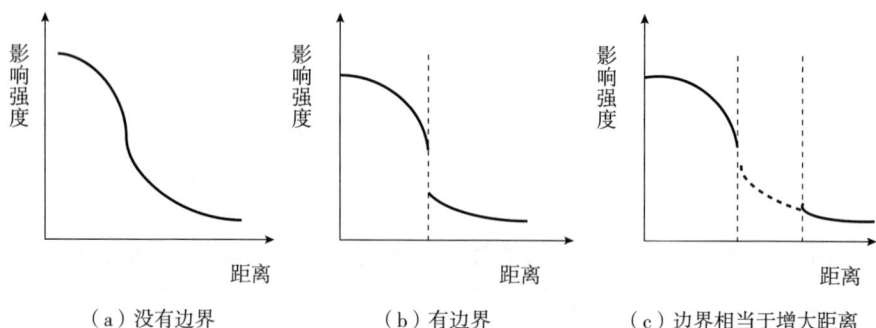

图 1-2　边界对作用强度的影响

资料来源：J. D. Nystuen（1967），有改动。

（一）边界阻碍经济交流

边界对于跨边界交往和空间相互作用的阻碍，可以从经济学的角度寻求原因。自亚当·斯密以来，经济学家们倾向于认为，专业化和劳动分工构成了经济生产率的基础，并且允许和鼓励新技术和更有效率的生产方式的发展。在新古典经济学家看来，市场是一个零交易成本的世界，但是罗纳德·科斯（Ronald H. Coase）却独辟蹊径，提出了著名的"科斯定理"，其主要贡献就在于指出市场的运行是有成本的——交易成本。

交易成本应包括由以下各项行为产生的成本支出：

第一，进行市场调查，获取关于商品和劳务的价格分布和质量的信息；寻求潜在的买者和卖者，获得与他们的行为有关的各种信息。

第二，当价格可以商议时，为确定买者和卖者的真实要价而进行的讨价还价过程。

第三，起草、讨论确定交易合同的过程。

第四，监视合同签署人，看其是否遵守合同上的各个条款。

第五，贯彻合同，并在一方未履行合同，并因此造成另一方损失时，后者提出起诉，要求赔偿。

第六，保护双方利益，防止第三方侵权，如防止剽窃、侵犯专利等。

　　边界固有的属性决定了它在一定程度上对跨边界经济交往活动形成屏蔽效应，具体地说就是提高跨边界经济活动的交易成本，使跨边界经济交往的频率降低。新制度经济学的另一个代表人物奥列弗·威廉姆森（Oliver E. Williamson）认为资产专用性、环境不确定性与交易的频率是影响交易费用高低的三个因素。其中与屏蔽效应提高交易成本有关的因素主要是环境的不确定性和交易的频率。他认为环境的不确定性来自经济行为体是"有限理性的"，经济行为体收集与决策有关的所有信息并做出理性选择是不可能的，而这主要是由于市场信息的不完善性。这正好说明了通常情况下经济交往中主体的数量越多，不确定性和信息的不完全性就越严重，交易的障碍和交易成本就越高。这也是在区域旅游合作中参与的主体越多，涉及边界的规模与层级越复杂，合作的难度就越大的一个原因。[①]

　　区域旅游合作并非单纯的经济交往，在合作的对象上既包括直接服务旅游业的要素，也包括对旅游业起间接促进作用的要素，涉及资源、市场、产品、设施、资金、信息、人才、技术、文化和政策经验等方方面面，通过旅游合作使这些旅游经济要素发生地区进行位移与重新组合，在各种要素的重新配置中实现增值的目的。因而对边界屏蔽效应的认知也要超越单纯的经济边界，从它作为不同语言、历史、文化、风俗、习惯的分隔线的意义上纳入更广阔的范围来考虑。边界具有认知属性，主体空间认知遵循距离衰减规律，即空间认知程度通常随着距主体的距离的增加而减弱。边界阻碍了经济行为体对另一方主观感知的获得，增加了信息的不完善性和不对称性。边界还具有情感属性，它使边界成为对特定空间和群体的情感边界，正是由于情感边界的存在，降低了彼此的认同感和信任感，增加了不安全感，从而相应地提高交易成本。

　　（二）地方保护主义

　　从上述意义上来说，我们可以充分理解区域旅游合作不得不面对的地区本位和地方保护主义。从地方保护的行为主体来分析其表现，可以分为地方政府的地方保护、地方职能部门的地方保护。从地方保护的动机来分析，有谋取个人私利的地方保护、谋取小集团利益的地方保护、谋取地方群体利益的地方保护、三者结合的地方保护。从地方保护涉及的领域来分析，可以分为经济领域中的地方保护、法制领域的地方保护，以及文化领域的地方保护。[②]

　　对于不同规模与层级的行政区域来说，地区本位与地方保护的具体运作方式可能不同，其实质则概莫能外，而其一致的结果则是市场分割局面的形成。

---

①　李铁立. 边界效应与跨边界次区域经济合作研究 ［M］. 北京：中国金融出版社，2005.

②　谢玉华. 市场化进程中的地方保护研究 ［M］. 长沙：湖南大学出版社，2006.

这是边界的屏蔽效应在区域旅游合作中的具体体现。在我国，地方政府需要实现地方经济发展目标和政绩目标，追求行政区域内的经济利益最大化是其必然选择，本位主义思想在其为推动地区经济发展所采取的政策措施中有鲜明体现，地方保护的结果往往是以邻为壑，高筑边界，阻止生产要素、产品、资金的自由流动，在一些特殊情况下甚至出现区域市场封锁。出入境旅游较多地涉及跨界问题，因而边界的屏蔽效应也往往表现得更具体、更深入（见表1-3）。

表1-3　东道国与本国旅游的限制

东道国的限制	本国的限制
●出境或入境持币的限制 ●入境签证、停留时间的限制 ●旅游者出行的限制 ●旅游者与当地居民交往的限制 ●交通车辆或船只通行的限制 ●关于汽车保险与驾驶证的限制 ●获取假日的限制 ●外来旅行者入境税	●对本国居民持币的限制 ●获取当地旅游信息的条件限制 ●限制出境旅游的限制 ●对外国居民的海关许可的限制 ●本国居民出境税

资料来源：Dallen J. Timothy. Tourism and Political Boundaries ［M］. London：Routledge，2001.

从整体上看，目前我国区域旅游合作中的地方保护主义主要有以下几种表现形式：

1. 资源要素限制

旅游资源是旅游业发展的基础，哪个地区拥有更具优势的资源要素，其旅游业发展的潜在竞争力和现实竞争力就更强。一些地方政府为了使本地利益最大化，大搞地方保护，往往把当地的旅游景点作为当地第二财政，直接干预旅游企业依据自身规律所进行的联合与扩张行动，在旅游景区的建设上各自为政，使本地旅游资源无法与相邻地区实现有效的整合。

2. 产品市场限制

随着竞争的加剧，扩大本地旅游产品的市场销路成为地方经济发展中必须考虑的重要任务之一。为了占领本地市场，地方政府往往设立或明或暗的行政壁垒，限制外地产品的进入。政府利用行政方法，采取一些带有强制性的措施，限制外地旅游产品和旅游活动进入本地旅游市场。

3. 旅游企业限制

一些地方政府出于发展本地旅游业的迫切愿望，在自己的地盘上关起门来搞开发，用种种行政措施，对本地旅游业进行保护。拒绝那些知名度高、实力强大的企业到本地来兼并、租赁、经营。事实上，如果说一般的产业地方保护还只是限制竞争、保护落后的话，旅游业的地方保护则无异于变相自杀。因为旅游资源需要互补，互补需要横向联合，只有在相互促进中才能获得共同发展。

4. 基础设施限制

基础设施建设一般投资大、回收期长，邻近地区之间本应做好协调，但是我国近年来在机场、港口、高速公路等领域内，不顾市场容量和经济回报盲目投资、攀比建设的现象十分突出；而相邻地区的基础设施又缺少统筹规划，同类功能的设施重复建设进而造成巨大浪费，边界区域不能实现有效的对接，造成区际难以共享。[①]

二、边界中介效应

区域旅游合作是一种特殊的经济合作关系，它以区域优势互补为基础，以解决资源不可移动性与旅游者选择性之间的矛盾为目的。以资源、市场和地区经济发展水平等的差异性为出发点，通过对区域旅游系统内部各要素的有效整合追求各要素之间的共生效应与互补效应。在这一整合过程中，边界也完全可能成为彼此接触和交流的空间中介。边界具有开放属性，这一属性决定了它是不同地区间经济、社会、文化等交流的中介，是接触和交往最频繁的地带。需要指出的是，边界作为不同地区间交往的中介具有一定的"过滤功能"，即对于有利于本地区经济、社会发展的物质、信息的流动是开放的，而对于损害其社会、经济发展的物质、信息的流动则是封闭的。这就是边界的中介效应。

（一）中介效应的发生

边界的中介效应的发生机理可以从地理环境的连续性、地理邻近和梯度势能，以及腹地优势和过境需求三个维度来探讨[②]：

边界两侧多数情况下具有地理环境上的相似性和连续性，这一特征无论在自然环境还是人文环境方面均有体现。边界是人类地域政治、经济与文化竞争与妥协的产物，一些共享的河流、湖泊或者山脉等成为边界是相邻地域人为约定的结果，而在自然环境的形成中边界两侧的地质、地形和地貌特征往往是自然过渡的一个整体，因此，边境区间具有大致相同的气候、土壤、植被等自然

---

① 冯云廷. 区域经济学 [M]. 大连：东北财经大学出版社，2006.
② 李铁立. 边界效应与跨边界次区域经济合作研究 [M]. 北京：中国金融出版社，2005.

地理环境。这种具有大致相同的自然地理环境的特点的边界区间往往同属一个自然地理单元。另外，更重要的是自然地理的连续性往往使跨境而居的民族在语言、文字、文化习俗上具有很大的相似性，其中甚至有许多属同一族系，具有边界无法阻隔的血缘联系，这彼此之间天然的开放性，可以为经济合作提供便利条件，大大降低双方合作的交易成本。

地理空间相互作用理论认为，区域间的相互作用遵循距离衰减规律，这一规律告诉我们经济互补性是随着空间距离的变化而变化的。相邻区域随着空间距离的增大，相互作用的强度将变小，从另外的角度来看，由于具有地理邻近性的优势，相邻区域间相互作用的强度往往较大。在经济互补性上，表现为资源要素禀赋差异大、经济发展水平差异大的区域间相互联系的频率高，即区域间作用的强度随着区域间资源要素、经济发展水平的梯度增大而增强。边界地区的地理邻近性使得它们相互作用的强度较大，彼此间具有经济合作的基础。此外，在资源要素、经济发展水平上，边界两侧往往具有梯度差异，使两个区域间具有经济上的互补性，生产要素的跨边界流动因此成为可能。

边界区域一般都会形成两地经贸活动的集散地甚至重要口岸，边界两侧的经济文化联系通常要通过边界具体实现。在当前各个国家与地区经济文化联系日益紧密的情况下，对边界区域的过境需求比以往明显增大，而过境需求的增大为边界区域的经济发展带来空前活跃的要素流动，将促进边界区域的经济发展。过境需求主要来自边境口岸的腹地区域，因此边境区腹地范围的大小、边境口岸与腹地经济联系的强度及其经济发展水平对边境口岸的过境需求的影响巨大。

（二）中介效应的激活

在区域旅游合作的现实开展中，区域之内的参与各方要想在一体化进程中实现互赢，达到各方互为旅游目的地、互为旅游市场的目标，就必须重视并充分发掘边界的中介效应，有效地克服地方本位思想与形形色色的贸易保护主义的掣肘，促使资金、资源、产品、信息、人才、技术等旅游要素在区域之内尽可能自由地流通。在我国，现代市场经济目前还不发达，与欧美成熟的市场经济体制相比还有很大的差距，汲取发达国家在这方面的成功经验是十分必要的。而国外克服边界障碍，发挥边界的中介效应的成功经验主要集中在构建市场主体、实施政府干预与强化法律保障三个方面。

市场主体实力的强大、市场经济的发展成熟是治理区域旅游市场分割的根本。西方发达市场经济国家的市场分割现象产生在其市场经济的形成过程中。市场分割本身就是区域经济联系不强、市场不发达的结果。当旅游产业规模扩大，产品丰富，需要突破本地市场进行产品销售和资源要素配置时，地方市场分割的状况就受到挑战；这时，原来对地方旅游企业与地方市场予以保护的条款就成为一种障碍，成为对日益壮大的旅游产业经济的一种压制。经济联系的加强、旅游企业规模的扩大自然会打破市场分割的各种阻碍。世界经济发展史表明，强大的工商业实体是促进一国乃至世界市场走向统一的因素。欧洲行会的解体及美国国内统一市场的形成都主要依靠市场自身的力量。美国历史上工商企业的壮大，自然导致了打破州的界限、扩大其生产和经营现象的出现。跨州企业的增多使全国经济联系加强，市场分割明显降低了效率，因而被陆续废除。自由经济、民主观念、强大的旅游企业势力对政府干预和地区封锁行为是重要的制约力量，一切阻碍市场经济发展的落后势力都被涤荡。

　　政府是区域旅游业市场走向统一的重要推动力量。市场封锁也好，地方保护也好，都可以视为一种市场垄断。市场垄断是在一个超市场力量组织的作用下形成的，这个超市场力量要么是垄断企业，要么是政府，要么是行会等民间或半官方组织。美国在统一市场形成前，州政府及垄断公司是实施市场封锁的主体；日本的市场封锁基本上是地方政府所为；欧洲是由行会及封建领主实施市场保护和分割。在各国打破市场封锁、形成统一市场的过程中，政府发挥了重要的作用。美国的反垄断法律及联邦法院是遏制州际贸易封锁的重要力量，美国反垄断是世界上最严厉的。美国市场经济早期，削除地方经济保护是反垄断的主要任务，但市场经济发展成熟后，行政干预造成的垄断不再是反垄断的主要任务。垄断行为主要是大工商企业所为，足见美国企业在社会中的影响，他们的实力能与政府抗衡。当然，政府的反垄断力量也很强大，各种垄断行为才得以制约。日本政府在明治维新后推行了一系列促进市场统一的改革，政府的强力推动缩短了日本市场经济形成过程，封建势力导致的市场割据得以迅速瓦解。日本狭小的岛国环境、相互联系渗透的经济使地方利益的互利多于冲突，中央集权统治也不允许地方利益过多释放，日本中央政府的地区开发政策促进了地区间的交流合作，其政治体制也提供了许多协调中央与地方、地方与地方之间关系的渠道。因此，现代以来，日本的地区利益冲突并不突出，由地方政府行政干预导致的地方市场分割现象更为罕见。英国及欧洲国家的资产阶级革命更从政治上扫除了商品经济发展的壁垒，政府积极的对外扩张政策促进了国内经济的繁荣和市场的统一、成熟。所有这一切从更广泛的意义上证明了政府干预对建立统一的区域旅游大市场的重要性。

　　法制是区域旅游业市场规范运作的保障。在区域旅游业实现整合的过程中，地方利益冲突是难免的，关键是要有一个很好的协调机制。加强法制建设是协调地方矛盾、保证市场规范运作的条件，是现代市场经济的制度基础，美

国的历史很好地证明了这一点。1890 年通过的《谢尔曼反托拉斯法》（Sherman Anti-Trust Act）被称为美国的"经济宪法"，它制订了全国统一的市场规则。《谢尔曼反托拉斯法》的第一款和第二款是该法案的重点，全文如下：

第一款　本法律特此宣布：凡以限制州际贸易或国外贸易为目的而签订的合同、组织的托拉斯等联合企业或两人以上的共同策划均属非法。凡签订这种合同、从事组织这种联合企业或参与该种共谋者均属不法行为。法院可斟酌情况，判处交付不超过 5000 美元的罚款，或判处为期不超过 1 年的徒刑；或同时予以罚款和监禁两种惩处。

第二款　凡垄断或企图垄断、组织或企图组织联合企业，或同他人共谋垄断州际贸易或国外贸易者均属不法行为。法院可斟酌情况，判处交付不超过 5000 美元的罚款，或判处为期不超过 1 年的徒刑；或同时予以罚款和监禁两种惩处。

除刑事诉讼外，《谢尔曼反托拉斯法》也允许政府提出衡平法诉讼或民事诉讼，以防止或抑制违反本法律的情况发生。而且，任何人如因这条法律所宣布的非法事项而受到损害时，也可向法院起诉，要求偿还 3 倍于损失额的赔款。①

美国的州际贸易冲突是用法制协调的。美国是个宪政国家，美国的缔造者认为，要保证公民的自由和民主权利，就必须限制政府的权利，因此要求政府的一切行为都要有法律基础。美国在处理中央与地方关系及州与州之间矛盾时，始终遵循法制原则，在宪法的范围内调解冲突、通过法律手段来协调矛盾。日本的中央集权既促进了国内统一市场的形成，同时也带来很多弊病，成为其经济萧条的重要原因。所以，日本自 20 世纪末就不断进行地方分权的改革，由于有成熟的市场经济体系和法制基础，所以其分权改革没有带来混乱和地方利益冲突。欧美各国市场经济发展的历史基本上就是现代法制建立的历史，这一事实也完全有必要作为区域旅游一体化顺利开展的借鉴。②

三、边界集聚效应

在跨界区域旅游合作与交流中，边界具有空间中介效应，同时也具有集聚效应。那么，何谓集聚效应？一般地，区域的空间集聚是指经济和人口空间分布的动态变化趋向，表现为由分散的广域空间向相对狭小的地域空间集中和聚合。从广泛的意义上来看，在地区经济发展中，在一定的地点（称为增长极）

---

① ［美］吉尔伯特·菲特，古姆·里斯. 美国经济史 ［M］. 司徒淳译. 沈阳：辽宁人民出版社，1981.
② 谢玉华. 市场化进程中的地方保护研究 ［M］. 长沙：湖南大学出版社，2006.

上，首先由于主导产业发展的衍生作用，对周围地区产生了一种吸引力，周围地区的资金、劳动力、农副产品、原材料等生产要素被吸引到增长极上来；之后，随着增长极经济实力的加强，其吸引力也增大，增长极便对更远地区的生产要素产生吸引力，这两种吸引作用使增长极的经济规模与人口数量大大得到扩大和增加，这一现象被称为集聚效应。[①] 具体到跨界旅游合作上来说，由于区域旅游合作更强调一种资源互补或优势突出的旅游区之间的合作，因此必然通过发挥边界区域独特的区位特征与集聚各种旅游要素的天然优势，实现旅游区的联动开发，形成旅游区的集聚，压缩内部竞争，提升外部竞争，从而形成边界区域中心化的局面。

（一）集聚效应的产生

正如一些研究者已经指出的：由于社会发展阶段不同，人类改造自然的能力不断提高，区域发展主导要素的改变也促使"中心"和"边缘"的空间结构在不断地调整和变化。如今的边缘地区只要抓住机遇，深入挖掘自身的比较优势，找到促进经济发展的突破口，也有逐步缩小与发达地区差距，甚至发展为新的区域中心或次中心的可能，并能进一步通过中心的辐射和扩散作用带动周边区域共同发展。简言之，边缘地区"中心化"就是指边缘地区在新的适宜发展模式的带动下，社会和经济发展水平提高、发展速度加快、居民福利增加、生态系统趋于平衡、与区域中心差距逐渐缩小乃至成为新的区域中心或次中心的过程或现象。这也是研究边缘地区问题的意义和基本目标。此处所论虽然并非单纯的跨界旅游，但是其中的道理则是相通的。

边界集聚效应的产生也可以从生态学关于边界效应的描述中得到印证：由于交错区生态环境条件的特殊性、异质性和不稳定性，使毗邻群落的生物可能聚集在这一交错区域中，不但增强了交错区中物种的多样性和种群密度，而且增强了某些生物物种的活力和生产力。一些城市景观研究者受此启发则从景观心理学的角度论证了边界的独特效应，如心理学家德克·德·琼治（Derk de Jonge）在对人的景观偏好的研究中提出了颇有特色的边界效应理论。在对荷兰住宅区中人们喜爱的逗留区域进行的一项研究中指出，森林、海滩、树丛、林中空地等的边缘都是人们喜爱的逗留区域，而开敞的旷野或滩涂则无人光顾，除非边界区已人满为患。边界区域之所以受到青睐，是因为处于空间的边缘为观察空间提供了最佳的条件，人站在森林边缘或建筑物四周，比站在外面的空间中暴露得要少一些，并且不会影响任何人或物的通行。既可以看清一切，自

---

① 李忠尚. 软科学大辞典 [M]. 沈阳：辽宁人民出版社，1989.

己又暴露得不多，个人领域减少至前半区域，当人的后背受到保护时，他人只能从面前走过，观察与反应就容易多了。人们往往喜欢在一个空间与另一空间的过渡区逗留，因为在那里同时可以看到两个空间的活动情形。这些空间也为人的多种活动提供了行为支持。对两个空间的过渡区域的喜好是人的内在心理需求，目前这一理论已在城市景观建设中得到了广泛运用。所有这些研究都从一个相对微观的角度为跨界旅游合作中边界集聚效应的必然性提供了理论佐证。

（二）集聚效应的影响因素

旅游产业集聚形成源于旅游业具有鲜明的空间集聚特性。影响旅游产业跨边界集聚的因素很多，包括资源优势、区位优势、制度因素、市场调节等。①旅游产业在边界区域的集聚效应的产生是一个过程，一般情况下，初期主要是自发集聚，资源优势和交通区位的邻近发挥较大的作用，在集聚发展到一定水平以后，政策制度的推动作用开始显现，产业市场自身也开始发挥调节作用。影响旅游业跨边界集聚的因素主要包括以下几个方面：

1. 资源优势

自然优势聚集力是产业地理集中的基本作用力之一，早期的旅游产业集聚也不例外。由于大多数旅游资源是不可移动的，自然资源禀赋的差异造成了不同的吸引力，拥有全国甚至世界吸引力的核心资源就会吸引相关的旅游产业围绕建设，形成集聚现象。边界区域之所以成为不同行政区的分界线往往与区域内的河流、湖泊、山脉等自然屏障有关，这些山河湖泊一方面构成了交通障碍，另一方面也因其地形和地貌的奇特而成为重要的旅游吸引物。一些人为的行政区边界，尽管没有自然的旅游吸引物可资依凭，但是那些成为行政区边界的人为边界线也大多具有丰富的人文历史蕴含，具有较高的旅游开发价值。因此，边界区域的资源优势在跨边界旅游合作中产生集聚效应。

2. 区位优势

交通区位指从客源地到旅游区的空间距离及可达程度。交通区位优势主要指旅游产业倾向于围绕交通便利的地区聚集。旅游产品不能迁移，旅游产品的价值只有旅游者抵达旅游目的地才能实现，因此，旅游目的地的可进入性成为影响旅游产业集聚的又一重要因素。边界区域存在交通障碍，如断头路的存在、基础设施的极不完备，从而导致地区经济运行费用相对增加。但是，这些终究不是起决定作用的因素，它们只属于表面现象。边界区域在跨界旅游中的

---

① 邓冰，俞曦，吴必虎. 旅游产业的集聚及其影响因素初探［J］. 桂林旅游高等专科学校学报，2004（6）：53-57.

交通区位优势是潜在的，主要是因为边界处于不同行政区的交界处，从边界到相邻的各个地区具有空间距离较短的天然便利，一旦边界的人为障碍从制度层面解决，比如相邻的地区政府决定加强双边联系，那些自然障碍将不复存在，人为障碍也会很快消除，边界区域甚至可能由此成为新的交通区位中心。

3. 制度因素

制度因素是约束旅游要素资源自由流动的主要考虑。主要包括各地旅游业的经济导向、产业定位、政策倾向、税收环境等政策变化对旅游区位选择的影响。政府的支持包括投资的行政配置，在生产、销售、进出口、税收、土地供给等方面实行种种优惠政策，以及当地政府出台的人才、技术、设备等引进政策，都有利于通过降低企业成本而吸引集聚。其中，政府在旅游基础设施建设中所起的作用是不可替代的。发展旅游业最基础的旅游通道，往往就是由政府部门组织财力进行建设。此外，除了旅游通道，景区主体投入，地区性的旅游集散中心、游客咨询中心等旅游基础设施一般由政府组织和运营。

4. 市场调节

市场调节就是各类旅游要素在价值规律的作用下为实现较好的经济机会（报酬）自发地在空间上流动，从而造成旅游业空间集聚和扩散的形成。市场在资源配置和要素组合中的基础性作用，是促进区域旅游业空间集聚的重要推动力。在市场机制影响下，追求利润最大化的旅游企业为扩大经营规模、降低运作成本，将彼此形成专业化的分工，开展业务上的协作；为实现优势互补或优势叠加，将不断强化资金、技术、人才和品牌等方面的相互置换与合作；为获取潜在的旅游收益，将共同利用旅游资源和开拓旅游市场等。换言之，市场调节的作用和利润最大化的动机，将驱使旅游企业突破行政区划界限而开展相互合作，以横向的联合和纵向的兼并来整合区域内的生产要素，提高专业化的分工协作水平，优化旅游产业的组织结构，形成更有效的区域资源配置格局。

第二章
广西旅游业跨界合作问题的产生

第一节 广西区域旅游跨界合作概述

广西地处中国华南地区，与广东、湖南、贵州、云南四省相邻，并与海南隔海相望，南临北部湾、面向东南亚，西南与越南毗邻。广西独特的地理位置体现在区域旅游合作上，表现为三层次内容：①以广西北部湾经济区为代表的区内旅游合作，包括南宁、北海、钦州、防城港、玉林、崇左六市。②以黔桂粤共同打造生态旅游产业带，共推高铁旅游为代表的相邻省级行政区域旅游合作，该层次还有黔桂滇边旅游协作、湘桂粤旅游一体化等区域旅游合作。与此同时，2017 年 3 月 5 日提出的粤港澳大湾区建设战略更是为广西区域旅游合作带来了新的发展机遇。③以中越旅游合作为代表的跨境区域旅游合作。

在跨界区域旅游合作中，合作边界效应对于跨界区域旅游合作的影响是客观存在的，这一问题能否妥善解决在极大程度上决定着区域旅游合作是走向深入还是流于形式。广西区域旅游合作的良性发展不能回避边界效应，其中作为合作核心区的广西北部湾经济区尤其需要充分考虑边界的因素，对自身进行明确的定位。广西是西南地区最便捷的出海通道，在中国与东南亚的经济交往中占有重要地位，那么就需要在多重边界的语境之下予以重新解读。它处于周边不同经济区之间，既是各经济区的边界，又是作为边界的区域中心，因为广西区域旅游面临着发展的重任。广西区域旅游合作不但广泛地存在着跨界交流，并且所涉及的边界层级多样、规模不等、性质复杂，说边界效应对广西区域旅游发展具有重大的影响并不为过。本书研究边界效应对广西区域旅游合作的影响将从关注这一地区的历史与现状开始。

一、多维视角下的广西区域旅游合作

(一) 广西区域旅游合作现状

2007 年 6 月,广西北部湾经济区 "4+2" 城市旅游联盟体第一次联席会议在南宁召开。南宁、北海、钦州、防城港、玉林、崇左六市签署了第一次联席会议备忘录,相约加大旅游市场开发力度,联手开展宣传促销工作,建立旅游联合发展机制。自 2007 年首届会议起,由轮值城市每季度召集联席会议,商议相关旅游合作事宜。2008 年 1 月 16 日,国家正式批准实施《广西北部湾经济区发展规划》,将该区域的发展提升到国家战略高度。随着北部湾经济区的进一步开发,区内六个城市的旅游合作也日益加强。2005 年 3 月,桂黔双方旅游主管部门签订了《关于加强两省区旅游合作的协议》,明确规定在旅游宣传促销、市场管理、人才培训、合作保障机制等七个方面全面加强合作。贵广、南广高铁开通后,2016 年 12 月,粤桂黔三省(区)13 个市(州)旅游部门携手在广东佛山召开粤桂黔高铁经济带旅游产业联盟工作会议暨三省(区)旅游资源推介会。13 市(州)高铁经济带旅游产业联盟正式成立,联手打造 "粤桂黔高铁旅游带" 区域旅游品牌。

1994 年,中越两国签署了《中越旅游合作协议》,奠定了中越旅游合作的基础。2000 年 10 月,签署了《中国公民自费赴越旅游备忘录》和《旅游合作会谈备忘录》。2007 年 6 月 7 日,越南高平省人民委员会和我国广西百色市人民政府签订全面合作的框架协议,促进从广西那坡百南河到越南保乐锦河的老虎跳跨国大峡谷漂流探险项目的开发。2007 年 8 月 29 日,广西旅游局与越南广宁省旅游厅在南宁达成了 2007 ~ 2008 年的旅游合作协议。2007 年,广西与胡志明市签订旅游合作伙伴备忘录。2007 年 9 月 24 日,广西防城港与越南广宁签订《边境旅游合作备忘录》。自 2009 年广西提出 "依托崇左大新跨国瀑布景区和凭祥友谊关景区设立中越国际旅游合作区" 以来,广西一直多方位与越南进行合作交流,以加快推进跨国旅游区的建设。2009 年 5 月,越南高平、谅山、广宁各省与广西壮族自治区联合工作委员会决定双方统一研究开发在界河和跨界河流上的新的旅游产品。2016 年 10 月,中国东兴—越南芒街的跨国自驾游开通。通过这些良性互动,广西与越南建立了良好的旅游协调合作关系。近年来,越南和广西的旅游业加速发展,越南已成为广西居民出国旅游最重要的目的地,也是广西的第一大入境客源市场。

（二）广西区域旅游合作范围

1. 广西区域经济合作

如同许多成功的旅游合作所显示的，广西区域旅游合作应遵循区域相邻与接近性、旅游资源与社会经济相对一致性和差异互补性、线路贯穿与畅通性等原则，它要求参与合作的各方共同编制旅游规划，建设旅游基础设施，进行旅游产品的开发与客源市场的开拓，进行旅游产品的宣传与促销，营造旅游形象和旅游环境，以及旅游企业联合经营管理等，以实现区域旅游业可持续发展的目的。事实上，北部湾经济圈的发育将为区域旅游合作的顺利开展提供强大的支持，北部湾经济圈之内的合作需要考虑各方参与者的行政区面积、人口数量、产业状况等，同时也要把比较合理、相对对等、可操作性等因素纳入考虑范围。从战略性的发展格局来看，北部湾区域经济合作区包括下述六维区域合作的概念。

（1）第一个概念是"4"，即广西北部湾经济区，由南宁、北海、钦州、防城港四市所辖行政区域组成，陆地面积4.25万平方千米，2008年底总人口约1300万，生产总值约2220亿元，分别占广西的26%和31%。广西北部湾经济区位于华南经济圈、西南经济圈和东盟经济圈的接合部，是我国西部唯一既沿海又沿边的区域，是西南地区出海大通道，是我国走向东盟、走向世界的重要门户，是促进中国与东盟全面合作的重要桥梁和战略枢纽。

（2）第二个概念是"4+2"，包括广西南宁、北海、钦州、防城港四个城市，以及玉林和崇左。考虑到区域发展的需要，把临海的玉林、崇左两市的交通和物流也纳入广西北部湾经济区规划建设中统筹考虑，这样腹地增加约3万平方千米，人口总数超过了2100万。

（3）第三个概念是"2+4"，即两国四方。两国为中国与越南，四方为中国的广西沿海、广东雷州半岛、海南琼州海峡和越南的北部，据此构造一个环北部湾经济圈。该区海域面积12.9万平方千米，南北长约500千米，东西宽约390千米，人口约6000万人。

（4）第四个概念是"6+3"，指泛北部湾（或环北部湾），环北部湾地处中国—东盟自由贸易区的中心位置，内含中国三省份（广西、广东与海南）；外环东盟六国，即越南、泰国、马来西亚、新加坡、印度尼西亚和菲律宾。该区域面积大、人口多。其中，陆地面积332.36平方千米，海洋面积350万平方千米。2005 年，区域总人口为 5944 万。^① 该区域内各地社会经济水平差异明显，资源结构、产业结构、市场结构互补性强，经济发展富有活力。

（5）第五个概念是"10+1"，是指中国—东盟自由贸易区的建立，是中国作为一个经济大国发展所必需的。东盟十国加上中国，人口总数超过 18 亿，为世界上涉及人口最多的自贸区。从经济规模上看，中国—东盟自由贸易区将仅次于北美自贸区和欧盟，成为世界第三大自由贸易区。

（6）第六个概念是"10+3"，即中国、日本、韩国加东盟十国，或者三个"10+1"。之所以形成这样的发展格局，是因为日本、韩国不愿意接受被边缘化的现实，中国和东盟"10+1"、日本和东盟"10+1"、韩国和东盟也是"10+1"。三个"10+1"再进一步发展，最终就不仅是一个中国—东盟自由贸易区，而且是一个东亚自由贸易区的格局。如果"10+3"的局面最终形成，中国将是中国—东盟自由贸易区的核心，这是从国家层面来考虑的。

广西区内"4"和"4+2"区域经济合作为广西内部区域经济社会一体化有序发展搭起了框架，实现了区内部分要素自由流动，为广西融入粤港澳经济圈提供了内部力量和前提准备；"2+4""6+3""10+1""10+3"经济共融圈则为桂粤港旅游一体化发展提供了巨大的潜在客源市场，发展前景广阔。

2. 广西旅游合作区域的扩展性

与此相适应，广西区域旅游合作的范围也包括以上六个概念。广西旅游合作是跨国、跨省、跨市县边界的区域合作，作为广西经济区合作的重要内容和先导领域，优化广西旅游合作各方的空间布局，是实现区域合作的突破口和首要任务。根据目前广西旅游合作的基础条件和发展水平，可以用旅游圈来优化广西旅游合作各方的空间布局。广西区域旅游合作分为三个圈层（见图 2-1）：广西北部湾旅游圈、环北部湾旅游圈和泛北部湾旅游圈。三个圈层依次扩大，后者涵盖前者。^②

（1）广西北部湾核心旅游圈。该圈层由广西南宁、北海、钦州、防城港、崇左与玉林六个城市构成。北部湾旅游圈是中国唯一与东盟海陆相连的区域，是中国实现以东带西和东中西共同发展新格局的重要连接点，是促进中国与东盟全面合作的重要桥梁和战略枢纽。北部湾旅游圈以南宁为中心，以北海、钦州、防城港、崇左和玉林为外部边缘，形成一个旅游空间系统。

（2）桂粤港澳大湾旅游圈。该圈层涵盖的旅游圈区内旅游资源丰富，连

---

① 古小松. 泛北部湾合作发展报告（2007）[M]. 北京：社会科学文献出版社，2007.

② 梁继超，阳国亮. 泛北部湾旅游合作的整体战略构想 [J]. 广西经济管理干部学院学报，2008（1）：26-32.

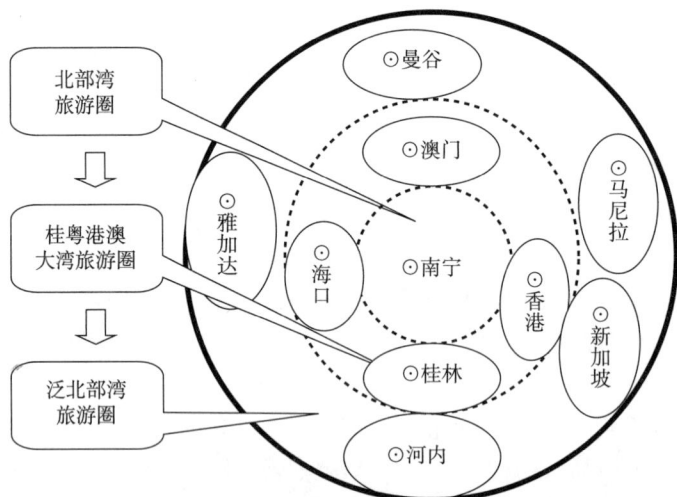

图 2-1　广西旅游业跨界合作的圈层结构

"边、海、山"为一体，融自然风光和民俗风情于一炉，有一批驰名海内外的旅游景点，如桂林山水、香港维多利亚港、湛江白沙湾、北海银滩、德天瀑布等。桂粤港澳旅游合作以"两广"（广西、广东）开展线路最成熟、业务最宽泛，两广35市无障碍旅游区已经有了相当知名度，假以时日，桂粤港澳大湾旅游圈必将成为区域旅游合作的重要品牌。

（3）泛北部湾旅游圈。该圈层由中国"两广一南"（广东、广西、海南）和中南半岛的马来西亚、新加坡、印度尼西亚、文莱、菲律宾、越南及与其旅游市场密不可分的泰国、柬埔寨等国构成。泛北部湾旅游圈处于太平洋西岸，是东北亚经济圈、粤港澳经济圈和东南亚经济圈等亚洲三大经济圈的重要交汇区域。泛北部湾旅游圈各国海陆相连，旅游资源丰富，可以联合开发自然山水等旅游产品。

由此可以更清晰地看到北部湾区域旅游合作多层级的特性，而对这一合作格局的谋划是包含着相当长远的战略眼光的。

二、作为区域旅游合作的边界

（一）政治特征：变化中的多层级边界

从行政权力归属来看，广西区域旅游合作包括两国四方，涵盖了中国和越南的湛江、北海、钦州、防城港、海口、三亚、河内、海防8个城市，其经济交往需要跨越的有国家边界、省际边界与地市级边界。事实上，这些边界的形成经历了一个不断变化的过程。首先，"两广"边界历史上屡次调整，边界地区的行政归属曾几经变更。600 年前广西沿海地区隶属广东，新中国成立前广西沿海的环钦州地区归属广东管辖；新中国成立后，1951 年属于广西，1955 年拨回给广东，1965 年后又回归广西。15 年内北部湾三次易主，也因此错过了许多发展机遇。各方面条件十分相似的相邻地区，时至今日一个是经济开放程度最高地区，另一个却是经济开放程度最低地区。其次，南宁与崇左，撤地建市，把原来南宁地区的横县、扶绥等县并入南宁市，使南宁市作为首府城市在 2006 年达到了较大城市的规模，人口约 600 万。另外，越南行政区划的调整也比较大，1975 年，越南南北统一以后设 36 个省和 3 个中央直辖市，此后又经过数次行政区划的重大调整，截至 2004 年底，共划分为 59 个省和 5 个中央直辖市。越南是近 30 年中行政区划变动最大和最频繁的国家之一。

在广西北部湾经济区发展规划中，把崇左和玉林加进来也是为了整合资源的需要。从行政区划来看，它们虽然没有特别的联系，但是从经济联动发展来看，南宁是北部湾经济圈最重要的依托城市，是广西的政治经济文化中心，是中国与东南亚大陆的交通枢纽，距北部湾海边仅 100 多千米，有高速公路和铁路直通北部湾沿海各市，车程只有 1 个多小时，特别是中国—东盟博览会永久落户南宁，极大地提升了南宁作为区域中心城市的地位。玉林市离北部湾边较近，是连接北部湾与发达的珠三角的纽带，而且玉林市有发达的制造业。崇左是边境城市，这是一条通往东南亚最便捷的经济通道。只有玉林与崇左的加入，广西北部湾才有实力和地位在北部湾经济圈中起主导作用。从旅游的角度来看，钦州、北海和防城港充其量只是区域性的旅游城市，短期内难以成为区域的中心旅游城市。而依靠南宁首府城市的集聚与扩散功能，充分发挥区域内各城市的联动效应，才能带动周边地区旅游业的发展。

在国家间的交往方面，中越两国曾经是同志加兄弟的关系，后来一度交恶并形成了严重的军事对峙局面。1991 年 11 月 1 日，中越两国关系恢复正常化，为了促进边境地区经济的恢复和发展，双方共同签署了《中国边境临时协定》，同意在两国边境一线的乡（镇）开设互市点以开展边贸活动。自 1991 年以来，中越边界区域的口岸与边境市场已经发生了很大变化，广西与越南边境地区的口岸与边境市场情况如表 2-1 所示。

表 2-1　1991 年《中越边境临时协定》开放的陆地入境口岸对应情况

中国口岸名称/属地	越南口岸名称/属地	口岸类型（至 2007 年时）
东兴/广西防城港	芒街/广宁省	国家一类
峒中/广西防城港	横模/广宁省	边民通道（现为国家二类）
爱店/广西宁明	峙马/谅山省	边民通道（现为国家二类）
友谊关/广西凭祥	友谊关/谅山省	国家一类
凭祥/广西凭祥	同登（铁路）/谅山省	国家一类
平而/广西凭祥	平而/谅山省	边民通道（现为国家二类）
水口/广西龙州	驮隆/高平省	准国家一类（现为国家一类）
科甲/广西龙州	河谅/高平省	边民通道（现为国家二类）
硕龙/广西大新	里板/高平省	边民通道（现为国家二类）
岳圩/广西靖西	坡标/高平省	边民通道（现为国家二类）
龙邦/广西靖西	茶岭/高平省	边民通道（现为国家一类）
平孟/广西那坡	朔江/高平省	边民通道（现为国家二类）

资料来源：李红. 边境经济：中国与东盟区域合作的切入点［M］. 澳门：澳门学者同盟，2008.

在漫长的中越边境线上，凭祥是一个重要口岸，承担了大量的中越物资与人员流动，凭祥段及其周边口岸的国际对应情况如表 2-2 所示。

表 2-2　凭祥段及其周边口岸的国际对应情况

中国方面	越南方面
广西·龙州·科甲	高平·下琅·秘河/河谅
广西·龙州·水口	高平·广和·驮隆
广西·龙州·布局	高平·石安·国庆
广西·龙州·平而	谅山·长定·平而
广西·凭祥·浦寨	谅山·文朗·新清
广西·凭祥·弄怀	谅山·文朗·新美/谷南
广西·凭祥·友谊关	谅山·高禄·友谊关
广西·凭祥·凭祥（铁路）	谅山·高禄·同登（铁路）
广西·凭祥·油隘	谅山·高禄·保林
广西·宁明·北口	谅山·高禄·高楼
广西·宁明·爱店	谅山·高禄·峙马
广西·宁明·板烂	谅山·禄平·三家

资料来源：李红. 边境经济：中国与东盟区域合作的切入点［M］. 澳门：澳门学者同盟，2008.

（二）经济特征：多边环抱的"旅游金三角"

从边界的角度来看，广西具有突出的二重性：一方面它是多边合作的边界，处于中国与东盟以及国内东西部合作的边界位置；另一方面它也是一个相对独立的经济区域，其自身的发展也需要突破多种层级与规模的边界障碍。广西南临北部湾、面向东南亚，西南与越南毗邻。从中国的近海海域看，渤海基本上已经变成了一个死海，每年赤潮泛滥，臭不可闻；黄海属于名副其实的"黄海"，渔业资源比较丰富，但真正可以开发的旅游资源却相对贫乏；东海海域近年来污染的情况也越来越不乐观。广西沿海城市的开发程度比较低，但是蓝天碧海的纯净反而形成了一个独特的优势，一个其他海域无法比拟的优势。

广西与越南不仅"山连山，江连江"，而且海路相通，广西北部湾的沿海港口与东南亚各国主要港口联系密切，有多条公路通往越南，湘桂铁路与越南铁路可直达河内市。海南省西临北部湾与越南相对，东临南海与台湾省相望，东南和南面在南海中与菲律宾、文莱和马来西亚为邻，是中国仅次于台湾的第二大岛，环岛海岸线长 1528 千米，有大小港湾 68 个。广东在珠江三角洲东西两侧分别与香港和澳门接壤，大陆海岸线长 3368.1 千米。湛江有部分地区与北部湾接壤，与广西南部、海南西部以及越南北部沿海地区共同成为环北部湾经济圈的有机组成部分。

广西区域旅游合作既涉及国家边界，又有省级边界，还有最基层的地市级边界。从行政区边界来看，边界两侧经济与文化存在较大的差异。省级边界的广东与广西，它们分别代表中国经济最发达地区与欠发达地区；而与中国有边界连接的东南亚国家，既有经济发达的国家也有经济欠发达的国家，尤其中国与越南都处于经济转型时期，但经济发展体制差异明显。广西区域旅游合作涉及多维行政区边界的区域旅游合作，由于政治、经济体制差异及历史文化的不同，多维边界表现出较强的边界效应。如中越边境地区，国家边界的屏蔽作用就相当明显，既有通关规则、旅游政策与价格等方面的限制，也有国家认同感和民族归属感方面的不同取向，这为中越两国的跨边界合作增加了难度。

（三）文化特征：多民族比邻而居

广西是一个多民族聚居的地区，不同的民族有各自独特的民俗文化，同时又相互影响，异中有同。以广西人数最多的壮族、汉族为例，广西 12 个民族长期以来友好相处，壮族与汉族经过两千年的民族融合与文化交往，如今已经形成了"你中有我，我中有你"的局面。再以中越边境地区的民族关系为例，在中越边境地区，依中越两国认定民族的标准，可划分成十多个少数民族，但在许多民族内部，还存在一些在语言、习俗、信仰等方面有一定差异的亚群

体，如壮族内部有布偏、布傣、布依、布央、布衣等，汉族有客家人、广府人等，瑶族有大板瑶、细板瑶、花头瑶等，甚至在某些群体内部，还可以分生出亚支系，如壮族的依人中，有依雷、依板卡之分。差异是存在的，但共性也不容忽视，越南与中国虽然民族认定标准不同，但就亚群体而言，两国边民中不少亚群体在称谓、语言、文化上有许多共性。因此，北部湾地区各种旅游要素的流通需要应对民族文化的边界问题，民族关系改善与否影响着旅游合作通道的畅通性，以及两侧旅游需求量的变化。①

自1991年中越两国关系正常化以来，双方的边界线既是国家主权控制的分界线，也是一条经济合作、文化交流的纽带，是两国经济、文化交流的重要门户。边境地区的城市如东兴、凭祥已发展成为中国优秀旅游城市，芒街成为重要的边贸旅游集散地。边界也逐渐成为旅游目的地，边境的界标，"国门"建筑，工作人员的仪表、工作方式和各式各样的标识物、纪念物、告示牌等成为旅游吸引物。

中越边界的德天瀑布是世界第四、亚洲第一大跨国瀑布，因其拥有的特殊地位，吸引了众多游客。中越边界现在已经发展成为业务繁忙的旅游通道，20世纪90年代以来，已经接待游客50多万人，为当地带来旅游收入5000多万元。中国已经成为越南的最大国际客源市场，而越南也是广西最大的海外市场。近年来，随着双方边界旅游的开展，中越两国正致力于在边境地区构建一个中越德天—板约跨境旅游合作区。

三、广西区域旅游跨界合作的意义

广西北部湾经济区是我国沿海开发程度最低的地区，南宁虽然是广西的政治经济与文化中心，但它大体上只是处于从工业化的中期到后期的发展阶段，其他地方基本上都在从工业化的早期向中期发展，和我国其他沿海地区相比，这里要落后一到两个阶段。判断一个地区的工业化发展阶段主要是看产业结构的比例，如北京现在第一产业占2%，第二产业占25%，第三产业占73%，属于典型的后工业化社会，上海大体上也是如此，基本上进入了工业化的后期。沿海地区的许多城市，现在也已经进入了后工业化时期，但是广西北部湾经济区的几个主要城市大体上还处在工业化发展的早期，或者正在向工业化发展的中期过渡，其中的主要问题是城乡二元结构的矛盾还比较突出。

---

① 张有隽．中越边境边民的族群结构——以龙州金龙峒壮族边民群体为例［J］//徐杰舜．族群与族群文化［M］．哈尔滨：黑龙江人民出版社，2006．

　　从所具有的战略地位来看，广西的优势也相当明显。广西北部湾经济区发展势头迅猛，速度很快，随着沿海港口吞吐能力的扩大和功能的不断完善，广西北部湾经济区必将成为我国发展临海工业不可多得的重点地区。广西是中国国际区域合作的前沿阵地和热点地区，处于"一轴两翼"战略的中心点，具有强大的发展动力；拥有丰富的、富有南国特色的海洋旅游资源，是我国最纯净的一片海域；是我国唯一的沿海跨国、山海互动、国际合作顺畅的旅游区；是中原文化延伸、少数民族文化弘扬，并与海洋民族文化实现对接的交汇之地。广西旅游业区域合作如果能够克服边界障碍，必将成为"财富湾""动力湾""风情湾""生态湾""国际湾"与"和谐湾"，其重要意义将是多方面的。

　　（一）打破行政条块分割，促进地缘政治稳定

　　以广西北部湾经济区为核心的北部湾地区是包括环绕北部湾北部、东部和西部的一个广大区域，是中国沿海地区除长江三角洲、珠江三角洲和环渤海湾三大经济圈之外的一个跨国界、跨省区的新的经济圈。广西北部湾与东盟各国陆海相连，其区域旅游的跨界合作如果能够成功进行，一方面将为打破行政区边界的束缚、有效提高区域治理水平积累经验。在长期的计划经济体制下，行政权力的运作通过各级政府实施，不同行政区间边界高筑，壁垒分明。由于条块分割，无视生产要素的优化配置已不能适应世界经济一体化的要求。广西北部湾区域旅游合作可以探索广西与广东、广西与海南，包括广西相关地市之间基于市场机制的区域旅游一体化的发展模式，寻求加强关联的解决途径，是突破行政区政治边界束缚的一种有益尝试。另一方面广西北部湾区域旅游合作必将极大地丰富我国"与邻为善、以邻为伴"的周边外交政策的内涵，促进我国"睦邻、富邻、安邻"的周边外交策略的实施。广西北部湾地区以得天独厚的地理位置，在中国参与世界旅游合作，特别是东南亚旅游合作中具有其他地区不可替代的作用，该地区是我国东、中、西三大地带在南方的接合部，在全国区域旅游发展战略中具有承东启西、吸纳腹地的功能和作用，而且也是我国与东南亚各国联系距离最短、最便捷的出海通道。广西北部湾旅游业的发展有助于面向东盟海上通道的开拓，保障国家经济安全；深化利用海洋资源，强化中国在领海的地位，促进地缘政治稳定；推进对外开放，建设新型国家窗口，是国家形象的新体现。加强北部湾旅游合作，推动泛北部湾区域合作，对推进与东盟各国的友好关系、营造长期稳定的周边环境具有深远的意义。

　　（二）优化地区产业关联，形成新的消费亮点

　　广西北部湾经济区及其外延是经济全球化和区域一体化双向运动的必然结果，广西北部湾经济区肩负着带动广西乃至中国西部地区经济发展和对外开放

的重任，中国—东盟自由贸易区建设对于中国—东盟全面合作的深化，我国对外开放合作水平的提升具有重要意义。旅游合作是北部湾区域经济合作的重要内容，它将跨越泛北部湾地区不同国家与行政区划的限制，广泛推动该地区旅游部门、行业组织、旅游企业以及旅游城市之间开展务实合作，充分发挥区域旅游的整体优势，不断完善区域旅游合作机制，从而打造区域联动、协调发展的新格局。通过跨国跨区域旅游合作，来提高北部湾地区各城市的城市化程度、经济发展水平、旅游产业的经济实力、旅游市场的发育程度。20 世纪 90 年代以来，东南亚国家凭借美丽的自然风光、悠久的历史文化、良好的旅游设施和服务质量，成为了亚洲旅游业发展最快的地区，并有力地推动着国际旅游业的重心东移。随着国际旅游业的重心东移，加快了环北部湾地区旅游业的合作步伐，不仅有利于区内各地，而且对带动我国其他地区旅游业的发展、发挥我国在东南亚区域旅游中的作用和影响力具有重要的战略意义。

把旅游业培育成广西国民经济的支柱产业，这一战略性的产业定位充分肯定了旅游在国民经济中的地位，也意味着一系列政策可以循此展开。发挥广西的后发优势，就是要大力推进旅游产业结构从观光型向休闲型的战略转变，使旅游这一新兴产业转化成新型产业，把开发新兴旅游休闲产品、提升国民生活品质提高到产业战略的高度，这就为旅游产业下一步的发展开拓了一个广阔空间。因此，广西跨界旅游合作的深化将有助于优化产业结构，形成新的消费亮点，全面促进区域内所有国家和地区的经济发展，使它们步入良性循环。

（三）促进民族跨界交流，加快文化产业发展

广西是一个多民族聚居地，每个民族都拥有独特的个性文化与生活习俗，民俗文化旅游开发是广西区域旅游合作的重要内容，跨越各不相同的民族文化的边界是广西区域旅游发展的关键一环。加强广西区域旅游合作是旅游业发展的需要，对不同民族文化的沟通也起到促进作用。广西区域旅游合作中一项十分重要的工作就是激活周边相关各方共同的文化元素，广西拥有丰富、独特的非物质文化遗产资源，广西相关各方应借中国—东盟自由贸易区建成的机遇，研究和运用自由贸易区的政策，加强对本地区非物质文化遗产资源的保护，同时规划开展各地非物质文化遗产旅游开发中的交流与合作。

广西北部湾区域旅游合作的目标是构建广西北部湾文化产业圈。这一举措有助于整合本地区分散的民族文化旅游资源，形成各民族跨文化交流的良好态势，构建具有国际影响力的高品位的文化旅游目的地。同时也将推动广西丰富的民族文化资源转化成旅游商品，使民族文化旅游更具有国际性和知名度，吸引更多的国内外的游客，促进旅游业的发展。旅游业的发展又使人们更加认识

到保护和集成民族文化旅游资源的重要性，并自觉保护、挖掘和利用民族文化遗产，对民族文化的传承和发展起到积极的作用。文化产业是 21 世纪蓬勃发展、前景广阔的产业，在北部湾文化产业圈的建设中，广西的文化产业从规模到质量都有了极大的提升。"八桂大歌"、"印象·刘三姐"、"漓江画派"、南宁国际民歌艺术节等已经成为颇具影响力的文化产业品牌，在丰富群众生活、优化产业结构、创造就业机会、促进国民经济增长等方面发挥着越来越重要的作用。

第二节 广西区域旅游跨界合作的进展

在核心—延伸的张力之间，广西区域旅游开发形成了核心区、主体区与联动区三个圈层，正是这一圈层结构赋予了广西区域旅游开发一种整体优势。区内可供开发利用的旅游资源丰富多样、品位高、组合度高、特色明显，且各地旅游开发已具备一定规模，为下一步旅游业的协同发展提供了良好的资源保证和开发基础。但是，我们必须清醒地认识到广西区域旅游业整体上主要是以初级产品进入发育中的市场，如投资环境不完善、产品的品位不高、精品化程度不够、品牌影响力较小、经营方式单一等，都是产品仍处于初级阶段的具体体现。而另一个不容忽视的事实是，随着广西北部湾成为我国西部大开发和面向东盟开放合作的重点地区，广西区域旅游获得了一个转变思路，实现了跨越式发展的契机。相对较低的起点与相当光明的前景，评价广西区域旅游合作的进展应围绕这一基本判断进行。

一、广西区域旅游跨界合作的基础

广西区域旅游合作与经济合作既相辅相成，又具有各自的独立性。旅游合作以经济合作为基础，同时也要体现旅游自身的特点，遵循旅游产业扩张的一般规律。广西区域旅游合作的每一进步都与区内旅游资源的特点、客源市场的特点、交通网络的完善等方面密切相关。

（一）资源要素

广西北部湾地区包括六个旅游城市，旅游资源分布广泛，丰富多样，既有现代国际旅游所追求的"绿色、阳光、海水、沙滩、气候"五大自然要素，又有热门的"港口、岛屿、河流、温泉、山峰、岩洞、森林、田园、风情、动

物"十大景观要素，且每个子区域的旅游资源也大体能够做到与众不同。按照国家《旅游资源分类、调查与评价》标准，广西拥有 8 个主类，32 个亚类，133 个基本类型。其中，自然类旅游资源有 351 种，约占北部湾旅游资源种类的 23.7%；人文类旅游资源有 1132 种，约占 76.3%。

在广西北部湾经济区，北海以南亚热带海洋系列景观和滨海海滩旅游资源为代表，有"天下第一滩"美名的北海银滩，还有涠洲岛、斜阳岛和合浦星岛湖；钦州有"南国蓬莱"之称的"七十二泾"、麻兰岛；防城港有十万大山、江山半岛、金滩；东兴有与越南芒街的边贸互市、京族文化。崇左有中越跨境旅游合作区、凭祥自贸区及宁明花山岩画世界文化遗产。广西旅游"上山下海又出国"的基本思路正是在此基础上形成的。

雷州半岛有清澈的海水、洁白的沙滩，有中国内地最完善的逾 2000 平方千米的浅海珊瑚礁、世界仅有的两个玛珥湖之一的湖光岩景观，还有独特的雷州古文化、南亚热带现代农业景观。海南有自然风光、人文景观、民族风情、珍稀动物、热带海滨沙滩，著名的旅游景点有三亚的天涯海角、亚龙湾、鹿回头、崖州古城和琼中五指山。

在越南东北部，旅游资源同样丰富，首都河内是越南主要的旅游城市，不仅有"万花"之称，名胜古迹也位居越南之冠；海防市是越南北方最大的港口城市，有著名的涂山旅游区，被称为"海上桂林"的下龙湾堪称海上奇迹，联合国教科文组织已将其列入"世界自然文化遗产"。

（二）客源市场

广西的旅游客源市场主要由三部分构成：一是国内游客，主要是西南、西北和中部地区的游客；二是欧美地区的游客；三是东南亚国家的游客，随着中国与东盟国家关系的改善，中国—东盟已发展成为重要的双向旅游目的地。但是，广西旅游市场无论国内还是国际方面都还处于起步阶段。2019 年，广西接待旅游总人数 8.76 亿人次，实现旅游总消费 10241.44 亿元，占全国旅游收入（6.63 万亿元）的 15%。区域内市场冷热分布不均衡，存在一定差异，如 2019 年，广西北部湾地区接待入境过夜游客 17.78 万人次，占全区接待入境过夜游客总量的 28.5%；南宁、防城港旅游发展较快，北海、崇左次之，钦州、玉林等城市发展比较缓慢。

（三）交通条件

广西区域内基础设施建设的一体化趋势日渐明显。作为传统意义上的中国陆上交通的末梢，广西正在逐步转变为一个区域性的国际交通枢纽，这一转变将有助于广西区域旅游的可进入性，使线路的连接日益便利。

广西海岸线长，可供开发的港口有 3 个，万吨级以上的泊位已建成 1 个，海上交通比较便利。近年来，环北部湾经济圈交通发展较快，陆上交通正在逐步完善。现有黎湛、南（宁）防（城港）、凭（祥）河（内）、河（内）海（防）铁路，以及用火车、轮渡连接的广（东）海（南）、海南岛内铁路等，此外还有目前正在修建的洛（阳）湛（江）铁路等。公路方面，有纵贯广西南北的桂（林）北（海）高速公路、成都至北海的西南公路出海通道、桂林—南宁—防城港的高速公路、南宁—友谊关的高速公路。广（州）湛（江）高速公路、海南环岛高速公路以及目前正在修建的广西沿海高等级公路，把珠江三角洲与环北部湾经济圈进一步紧密地结合起来，把中国的香港、澳门、广东、海南、广西同越南的广宁、海防等沿海地区连接了起来，成为环北部湾的主要沿海通道。航空方面有北海、海口、湛江、三亚、南宁、河内等航空港，航空线可达东南亚的很多国家和中国国内的各大中城市。①

（四）产业延伸

本区域日益成为接受世界各地经济辐射和产业倾斜的重点领域。近年来，一批重大产业项目相继落户经济区，在建和拟建的重大产业项目总投资达 3000 亿元，其中投资超过 10 亿元的重大产业项目达到 32 个。石化、钢铁、能源、林浆纸、电子信息、轻工食品等产业布局正加快形成，两年多来共完成投资 400 多亿元。同时，为推动产业聚集，提出加快钦州保税港区、钦州港工业区、防城港企沙工业区、铁山港工业区、凭祥综合保税区、北海电子产业园、龙潭产业园和南宁国际物流基地"五区两园一基地"建设。② 港口工业、临海工业等产业的壮大必将带动港口旅游、工业旅游、滨海旅游等新兴产业的兴起，并推动区内旅游合作的进一步发展。

二、广西区域旅游跨界合作的进程

广西区域旅游合作是一个逐渐推进的过程。这一进程始自 20 世纪 90 年代，具体可以划分为三个阶段：起步阶段（20 世纪 90 年代）、发展阶段（2000~2004 年）、全面推进阶段（2005 年至今）。在这一进程中，区域旅游合作的边界障碍逐步被削弱，合作范围不断扩大：从广西北部与南部、东部与西部的资源整合，到两广无障碍旅游区的建设，再到中越跨国界合作的稳步推

---

① 王雪芳，廖国一. 环北部湾经济圈的区域旅游合作研究 [J]. 改革与战略，2007（5）：29-31.

② 产业基础仍然薄弱，广西北部湾经济区体制机制有待创新 [EB/OL]. 新华网·广西频道，2009-02-19.

进。合作内容也在不断深化：旅游线路的开辟、客源市场的互送、共同的市场促销以及区域旅游合作信息平台的逐步搭建等。

(一) 起步阶段 (20 世纪 90 年代)

1. 广西内部旅游资源的整合

进入 20 世纪 90 年代后，广西旅游业发展步伐加快，主要是进行广西旅游资源的内部整合。根据《广西旅游产业总体规划》确定广西旅游产业的总体布局是"四区一带一龙头"：以桂林为龙头，以桂林—柳州—南宁—北海/防城港旅游带为重点，逐步建成桂北、桂南、桂东和桂西四大旅游经济区，其中桂南旅游经济区是指以南宁、北海、钦州、防城港为中心的北部湾经济区。经过 10 多年的建设，广西旅游业初步实现了南北对接、东西互联共同发展的格局。①

2. 中越广西边境旅游起步

1992 年春，邓小平在南方谈话中，强调要进一步克服闭关自守的思想观念，加快对外开放。1992 年 5 月 13 日，国务院批准广西壮族自治区开展中越边境旅游业务；同年 5 月 29 日，国家旅游局下发了《关于广西壮族自治区开展中越边境旅游业务的复函》；6 月 9 日国务院决定进一步开放南宁、昆明及凭祥等五个边境城市；6 月 16 日中共中央、国务院做出了《关于加快发展第三产业的决定》；7 月 16 日国家旅游局下发关于扩大边境旅游、促进边疆繁荣的意见；9 月 16 日广西旅游局颁布《关于开展中越边境旅游业务的暂行管理办法》；1997 年广西区党委、政府做出《关于加快旅游业发展，建设旅游大省的决定》；1999 年广西区政府颁布了《关于进一步加快广西旅游业发展的实施方案》，将旅游业作为支柱产业来抓。在这些政策的指导下，1992～1996 年中越两国边境地区旅行社联手，开发旅游线路，并以合同书的形式规范双方的旅游业务活动。越南为中国的游客开辟了经凭祥到谅山、宁平、广宁、河内、西贡等地的一日游到七日游的线路；中国为越南的游客开辟了经凭祥到南宁、柳州、北海、广州、深圳以及上海、江浙地区、川贵地区甚至到北京等地的一日游到七日游的线路。1996 年，由旅行社组织的中国公民出境旅游在广西达 12.06 万人次，仅次于广东、云南，位居全国第 3 名。1997 年，经东兴口岸出境的游客达 257 万人次，其中纯边境旅游的达 40 多万人次；经凭祥出境的中国公民 126 万人次，入境的越南公民 200 多万人次，纯旅游的达 30 多万人次。1998 年，开通了北海到下龙湾中越海上旅游航线。②

---

① 陈听正.跨世纪的形象产业 [Z].广西旅游局 (内部出版物)，1999.

② 陈沧.中越边境旅游的互动研究 [J].产业与科技论坛，2008 (4)：74-76.

（二）发展阶段（2000~2004年）

如果说20世纪90年代是广西内部旅游资源整合阶段的话，进入21世纪后，广西北部湾的区域旅游合作已经进入跨省跨国旅游合作的发展阶段。这一阶段具有重要意义的事件是两广建立无障碍旅游区与中国—东盟博览会在南宁的举办。

根据《泛珠三角区域合作框架协议》和《两广旅游交流与合作协议书》，随着"两广六市"无障碍旅游区的启动和"两广九市"打造无障碍旅游区宣言的签署，作为区域旅游合作层面上的两广无障碍旅游区正式建成。两广无障碍旅游合作在由点成线、由线及面的状态中逐步展开。2004年6月，两广签订《两广旅游交流与合作协议书》，以及"两广六市"（广州、佛山、肇庆、桂林、梧州、贺州）无障碍旅游合作区的建立，再后来是"两广九市"（茂名、湛江、云浮、阳江、北海、防城港、玉林、钦州、贵港，后增加来宾，应为十市）无障碍旅游圈成立；2015年，根据"两广十市"区域旅游合作（云浮）联席会议倡议，"两广十市"扩大到"两广三十五市"，并将组织名称定为"两广城市旅游合作联席会议"。

2004年首届中国—东盟博览会在广西南宁的成功举办，大大提升了南宁的知名度，南宁市旅游投资市场对东盟国家的客商吸引力也随之增强。如马来西亚著名旅游企业绿野仙踪集团计划在南宁青秀山投资建设大型绿野仙踪旅游主题项目，新加坡金龙旅游集团董事长蓝德珉先生也多次带领新加坡旅游团专程到南宁寻求旅游合作。

与此相照应的是边境旅游迅速发展的势头。2003年广西防城港至越南下龙湾的海上航线开通；2004年2月15~19日，广西还成功开展了凭祥—谅山—河内—下龙湾越南自驾游活动；经公安部批准，崇左市公安局在2004年中国—东盟博览会前一个月，在友谊关口岸临时设立签证办公室，为持有与博览会有关邀请函的外国人办理口岸签证。友谊关口岸正式开办落地签证，大大简便了通关办证手续，有利于崇左市和凭祥市的经济发展。而越南国家旅游总局也对从公路、铁路和水路进入越南的中国游客实行免签证待遇，游客凭一个特别通行证即可经越南北部的广宁、谅山、河江、高平、老街和莱州六省的国际口岸入境，到越南全境观光旅游。但如果游客乘飞机到越南，还是需要办理相关签证的。2016年10月，广西和越南开通了中国东兴—越南芒街的跨国自驾游。通过这些良性互动，中国与越南建立了良好的旅游协调合作关系。

中越边境旅游已由开始的一日游或两日游逐步发展成为多日游；旅游活动空间也从最初只限于对应的边境口岸如凭祥、友谊关、东兴、水口、同登、谅

山、芒街、驮隆等向内地延伸直至河内、海防、胡志明市等，此外各口岸的旅游项目、交通状况也不断改善，旅游流量逐年增加。①

（三）全面推进阶段（2005年至今）

这一阶段是众多产业参与、主体多元化、综合机制协调下的全方位旅游业区域合作。这时的区域旅游合作已不仅仅是旅游业的合作，而是与旅游业相关的众多行业之间的合作，区域主体呈现多元化，包括企业、民间组织、政府等，沟通与整合的过程促使政府的地位和作用不断凸显。

1. 交通是区域旅游合作发展的引擎

2005年，南宁—友谊关高速公路通车。南友高速的开通大大缩短了南宁至凭祥、崇左等地的行程，仅南宁至凭祥的路程就缩短到了179千米，行车时间也由原来的5小时缩短到2.5小时。另外，南宁到崇左缩短90多千米，由原来的3.5小时缩短至1.5小时。南宁到大新、南宁到宁明花山、南宁到龙州的距离缩短了2~3小时。同时，南宁—友谊关高速公路与越南1号公路对接，之后可转道到达缅甸、柬埔寨、泰国、马来西亚、新加坡等东盟各国，这是正在建设中的陆上跨国自驾旅游线路。贵广高铁2008年10月13日开工建设，工程投资900多亿元，2014年12月20日全线验收，于2014年12月26日正式通车运行，贵阳至广州的列车运行时间由20小时缩至4~5小时。目前从贵州到广州最快的车次只需运行4小时11分钟，贵州到桂林只需2.5小时。南广快速铁路跨桂、粤两省区，始于南宁市的南宁东站，经过广西宾阳、贵港、梧州，广东云浮、肇庆、佛山至广州的广州南站，线路全长577.1千米，其中广西境内349.8千米，广东境内227.3千米。南广快速铁路于2008年11月9日正式开工，2014年4月18日广西段通车，2014年12月26日全线正式开通运营，将粤桂之间陆路交通时间由原来的20多个小时缩短至2~3小时。

海运方面，中国北海至越南下龙湾海上旅游航线于1997年12月开通。迄今为止，北海市先后吸引北部湾八号、新上海号、明辉公主号、海洋公主号及茗花女王号等多艘邮轮参与该条跨国旅游航线的营运。2006年7月28日首条北海至越南下龙湾海上航线开通。截至2007年4月，北海至越南海上旅游航线累计接待游客近30万人次。

另外国内多个城市有直达越南首都河内和胡志明市的航班，从北京、广州、南宁等城市几乎每天都有航班直达越南河内和胡志明市。而国内还有多座城市即将开通直飞越南的国际航班。海、陆、空交通运输的发展和扩大预示着

---

① 陈沧. 中越边境旅游的互动研究 [J]. 产业与科技论坛，2008（4）：74-76.

中越两国相互往来将更加快捷和便利。

2. 广西"4+2"旅游城市联盟成立

2007年6月21日，北部湾经济区的南宁、北海、钦州、防城港、玉林、崇左六个城市签署合作协议，组成北部湾经济区"4+2"城市旅游联盟。本着资源共享、线路共建、市场共拓、客源互送、信息互通、互利互惠、相互带动、多方共赢的原则，六市建立城市旅游联盟，共同打造广西北部湾经济区旅游产品。

3. 两广合作硕果累累

经过10多年的努力，两广旅游合作取得了许多成效：2006年两广旅游合作会上签下26个经贸合作项目和《"十一五"广东广西扶贫协作计划纲要》，总投资67.7亿元，涉及"工业、农林牧渔业、矿产开发与加工、交通运输、物流仓储、房地产开发、能源、旅游开发、基础设施、高科技以及贸易合作"等领域，加大了对广西的投资力度。据统计，"十二五"以来，广东无偿援助财政扶贫资金1.75亿元，对口帮扶广西百色、河池115个贫困村，推进扶贫开发示范村建设。通过帮扶示范村建设，45个帮扶示范村摘下了贫困村"帽子"。两广旅游合作及无障碍旅游区的逐步启动，进一步带旺了广东省自驾车旅游者进入广西的旅游市场，也推动了广西和周边各省区游客的互动。粤桂通过两广城市旅游联席会议、东盟旅游博览会、广东国际旅游文化节、广东国际旅游产业博览会等平台，共同推进国民旅游休闲计划，大力宣传两省区旅游资源，支持两地旅游企业深入对接，推动客源互送、线路共享，有力地促进了两地旅游经济蓬勃发展。据统计，2016年两地旅游交流人数达到3329.6万人次，两广互为主要客源地和旅游目的地。

2016年10月，两省区签订了《广东广西旅游扶贫帮扶合作框架协议》，制定了《广东广西旅游扶贫协作工作方案》，主要负责的深圳市研究制定了《广东第二扶贫协作工作组关于与广西百色、河池地区旅游合作的工作设想(2016—2017)》。在此指引下，各项工作有序推进。广东是全国旅游综合改革示范区和重要的客源市场。2016年全年完成旅游总收入1.156万亿元，同比增长11.5%；全年接待过夜游客3.9亿人次，同比增长13%，其中入境过夜游客数3455万人次，同比增长8%；主要旅游指标稳居全国第一。目前广东省正在积极打造"活力广东，心悦之旅"旅游品牌形象，丰富和拓展"岭南文化，活力商都""黄金海岸""美食天堂"等旅游产品体系。其中，广州、深圳、珠海等地的主题公园，佛山、东莞、肇庆等地的岭南文化旅游产品都深受广西游客的青睐。

4. 泛北部湾经济区合作论坛的成功举办与常态化

自泛北部湾区域经济合作构想提出以来，得到了国家和地区领导人的广泛认可。2007 年 7 月广西南宁举办了"泛北经济合作首届论坛"，一致确认泛北部湾区域经济合作要从共识走向实践。旅游合作是泛北部湾区域经济合作的重要内容，它将跨越泛北部湾地区不同国家的行政区划限制，广泛推动该地区旅游部门、行业组织、旅游企业以及旅游城市之间开展务实合作，充分发挥区域旅游的整体优势，强化旅游合作机制的功能，从而实现区域联动，不断完善区域协调发展的新格局。因此，泛北部湾区域旅游合作将全面促进区域内所有国家和地区的旅游业发展步入良性循环。

5. 跨国旅游合作进展顺利

2005 年，中国广西加入大湄公河次区域合作网络；2009 年初，南宁至河内的国际列车通车。为了应对国际金融危机，越南旅游政策开始出现宽松趋势，持边境通行证赴越南的中国游客，不仅可以走河内—下龙—谅山的传统线路，还可以到顺化、胡志明等中部、南部城市旅游；当天持边境通行证可在越南全国旅游；越南对到中部、南部旅游的持护照的国际游客实行免签证费用的优惠政策。2016 年以来，中越跨国瀑布联盟、跨国自驾车旅游的谈判由此进入实质性阶段。

三、广西区域旅游跨界合作的现实困境

（一）区域旅游合作基础脆弱，协调机制还没有形成

1. 合作形式单一，内容深度有限

从广西区域旅游合作的现状来看，目前合作的形式比较单一，基本还停留在浅层次的广告宣传、旅游促销和一些旅游线路层面，深层次的双边或多边旅游合作还有待深入，而恰恰是这一点在相当程度上限制了广西区域旅游跨界合作的有效推进。从合作的范围来看，还不够广泛，尤其是广西与珠三角、东盟的旅游合作空间还有待拓展。区内虽然已经建立中国—东盟博览会和泛北部湾经济合作论坛两大旅游合作平台，但是旅游项目合作开发在中国—东盟博览会中占的比重不高；泛北部湾经济合作论坛举办了十届，其影响越来越大，尽管在每一届论坛期间，旅游合作都可以作为其中的一个议题，但所占内容分量仍然偏低。

2. 区域旅游合作的机制尚未形成

区域旅游合作就具体内容而言主要集中在旅游基础设施和生态环境，旅游

产品的生产和销售，相关制度、政策和行业规范的制定等领域。现实的情况是北部湾不同合作主体的有效活动领域往往存在差异，如地方政府更易于在旅游基础设施建设，生态环境维护，制度、政策、法规建设合作等方面发挥作用；旅游企业的有效合作集中于旅游资源开发、旅游产品供给与客源市场的开拓方面。区域旅游合作是利益相关的多方主体的合作，涉及方面多、关系复杂，具体内容如图2-2所示。区域旅游合作各方的协调推进必须依托相应的推进机制。

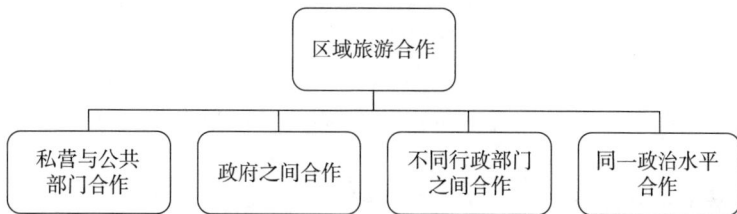

图 2-2 旅游合作伙伴的类型

资料来源：Timothy D. J. （1999）。

广西北部湾经济区成立的时间不长，因而其区域旅游合作依靠的主要还是一种运行相当粗放的非制度性合作协调机制，从对区域内发生的利益冲突问题的协调来看，合作各方的协调机制还没有真正建成，甚至还没有形成协调机制所必需的制度框架。目前，广西北部湾区域旅游合作的核心问题就在于缺乏一个真正反映广西北部湾区域旅游合作现实的制度框架，以制度化的议事和决策机制来改变组织形式相对松散的现实。从当前区域旅游合作的实践可以看到，非制度化的合作协调机制多表现为联席会议、论坛等形式，对各方的代表一般不会做出级别方面的硬性规定，随意性和流动性比较大，召开的年度会议往往采取轮流坐庄的形式，参与的工作人员也多是兼职轮值。这类协调机构的地位比较游离、模糊，整个工作缺乏连续性和稳定性，合作中的协调、规划、指导、服务功能表现得比较脆弱，对经济、法律等手段的运用也缺乏权威，在编制整体开发规划、协调项目实施、提供资金保障、提供法律保障等方面均有不足，缺乏必需的工作手段和组织方式，由此阻碍旅游合作的深入发展。此外，合作协议缺乏各方在合作关系中应遵守的规则、违反区域旅游合作条款后应承担的责任、对违反区域合作规则所造成的经济和其他方面损失应做的经济赔偿等规定，尚停留在纸面上。

（二）旅游资源开发分散，要素资源短缺，发展活力不足

1. 旅游资源分散，旅游产品谱单一，重观光、轻休闲

广西拥有丰富的旅游资源，如滨海观光、休闲度假、边关风情、跨国体

验、山水生态、民俗风情、历史文化、会展商务等，由此形成的旅游产品现在已基本形成体系，但是还不成熟，尤其是缺乏精品，需要进一步提升，特别是国际化层面的提升。旅游产品谱单一，重观光、轻休闲。除了少数景区（如北海银滩）进行了多层次开发外，其他景区仍过分依赖于自然风光（如山口红树林保护区），多以娱乐型、观光型旅游产品为主，而疗养型、商务型等旅游产品相对较少。另外，各景区的开发均未能对人文旅游、文化旅游给予足够的重视，文化内涵不高，因而没有持久的吸引力；有些景点景区存在重复建设的现象，没有突出自身的独特性和个性魅力。与东南亚的一些国家如泰国普吉岛相比，虽然普吉岛总体经济并不是很发达，但是他们有很好的酒店等配套设施，因此形成了国际一流的度假区，而北部湾现在还没有达到这个层面。

2. 要素资源短缺，发展活力不足

所谓要素资源就是土地、资金、信息、技术、管理、产权等一系列发展要素，而不是旅游的行、游、住、食、购、娱六要素，这是一套发展要素，这一套发展要素的短缺制约和影响了发展的活力。例如，人力资源匮乏已经成为制约广西北部湾经济区发展的重要因素。如何吸引人才并留住优秀人才是摆在决策者面前的一道难题。此外，北部湾经济区至今仍没有一个较专业的本地金融机构，现代市场体系不健全，民间资本不活跃，创业氛围不浓的问题也在一定程度上制约了区域旅游业发展的速度。

（三）交通仍然成为区域旅游合作的瓶颈

1. 区域性交通网络尚未完全建立

广西的旅游交通与区外尤其是邻省的交通网络需要进一步完善。旅游产业必须联动开发，形成网络，才能产生效益。首先，广西与云南、贵州、四川、重庆的旅游交通没有形成对接，影响北海经南宁、重庆、成都至九寨沟等旅游线路的开发。其次，与广东相接的高速公路出口，有的现在才做规划前期工作，严重影响了与珠三角的旅游联合开发，成为制约珠三角游客向广西大规模转移的瓶颈。最后，广西通往东盟的综合交通体系尚未形成，区域综合运输网络中各种运输方式彼此不协调、不匹配、不衔接。

2. 地缘优势还未变成市场优势和产品优势

广西是连接华南、西南和中南的交通枢纽，但是这种地缘优势没有变成旅游发展的产品优势。广西处于中国陆上交通末梢的现状目前并没有实质性的改变，滞后的交通影响了北部湾旅游产业的联动发展。国内外不少游客到桂林后，虽知广西"无处不桂林"，可想到山高路远、费时劳累，只好远走异省他国，致使广西各地尤其是北部湾的旅游景点及宾馆长期闲置，人财物没能充分得到利用。北部湾区域内的旅游交通与国内外没有形成网络，仅靠北部湾内几个城市自我发展，很难形成一定规模的旅游产业，从而影响旅游效益。如宁明花山、大新德天瀑布世界闻名，但从南宁到两地的旅游交通不便，影响了两县旅游支柱产业的形成。

广西只有南宁、北海两个国际机场，国际航线太少，落后的国际航线在一定程度上影响了北部湾对外旅游业的拓展。近年来的中越边境跨国旅游虽有一定进展，但双方的旅游交通均属于低层次，发展空间有限，特别是从越南过境到广西的外国游客人数还有待于进一步扩大。目前，越南利用亚洲开发银行投资修建的一级公路即将通至友谊关（一号公路），而我国南宁到友谊关的公路等级目前仅为四级公路，无法形成便捷的旅游交通网络，两国公路等级相差之大，势必影响国际旅游开拓。作为中国—东盟各国最重要的国家通道，南宁—凭祥—河内—胡志明市—金边—曼谷—吉隆坡—新加坡铁路尚未全线贯通，河内—万象—曼谷—吉隆坡—新加坡便捷通道的新安—万象段还未建设，已经建成的跨国铁路南宁—河内铁路，由于技术等级低，中越两国铁路轨距不同，过境物资需要换装，影响了通道能力的发挥。

从整体上看，广西的旅游交通还不适应国际旅游业发展的需要，这在一定程度上影响了区域旅游一体化的发展。区域旅游合作要求各成员之间的旅游交通畅通，这就要求有快速、便捷、成网络的区域旅游交通体系。

(四) 极具发展潜力的都市支撑还未形成现实优势

区域旅游产业的发展要求有一个中心极，如环渤海的北京、长三角的上海、珠三角的广州和深圳，以其集聚和扩散作用带动区域内旅游业的全面发展。作为中心极的旅游城市因其首位城市的特殊地位对区域内其他旅游城市的拉动作用是相当明显的。一个完善的中心旅游城市，大体上包括七个系统：第一是吸引系统，以现有旅游区（点）为核心，包括城市的文化、民俗、历史、风情，构成城市独有的文化内涵和特色。第二是服务系统，就是旅游业的六大基本构成要素。第三是交通系统，它的完备与否，不仅在于顺畅便捷，更在于交通系统本身对整个城市风貌的形成构成一种元素。第四是标志系统，它是一个城市国际化的重要组成部分，在创建中国优秀旅游城市的标准里面，对城市标志系统也提出了比较高的要求。第五是质量系统，它是一个质量保证体系，在各个方面努力形成精品概念。第六是支持系统，它也是一个拉动系统，就是各行各业都有支持城市成为一个目的地的义务。第七是保险

系统。①

对应上述系统检视广西的旅游城市，就会发现在首位城市建设方面广西还存在着相当大的差距。广西北部湾经济区六大城市规模小、集聚差。南宁作为广西的首府城市，理应成为广西与东盟国家旅游集散中心，但是由于历史、地理、经济以及文化的原因，长期以来，南宁对外界几乎没有形成一个完整的旅游印象。虽然近年来，南宁大力打造"东盟""民歌""绿城"等品牌，获得了一定的知名度，但其国内、国际的影响力仍然很弱，还不能充分吸纳和利用首位城市本身及周边地区、国内外的各种资源要素等各种积极因素来增强城市旅游的实力和发展潜力，特别是对旅游产业和人才的集聚程度还比较低，更谈不上通过扩散将城市旅游的各种优势辐射到周边地区，带动周边地区旅游业的发展。

（五）整体形象不鲜明，知名度有待提高

作为后发地区，广西北部湾经济区整体经济实力不强，所以该区域在国内外的知名度较低，在外缺乏响亮的品牌效应。广西北部湾经济区内各个城市出于旅游宣传的需要，先后提出过许多旅游形象宣传口号（见表2-3）。

表2-3 广西北部湾六城市旅游形象宣传口号

城市名称	感知要素	旅游形象宣传口号
南宁	铜鼓、青秀山、东博会、民歌节	南疆明珠，多彩南宁
北海	银滩、涠洲岛、南珠	丝路古镇，休闲北海
钦州	海豚之乡、坭兴陶都、刘冯故居	寻梦山海，心安钦州
防城港	边城、十万大山、京族、港口	山海边关情，海丝防城港
玉林	侨乡、真武阁、岭南风情	千年岭南都会，魅力商旅玉林
崇左	德天瀑布、友谊关、花山	山水崇左，风情边关

然而，这些旅游形象宣传口号主要着眼于目前各地的旅游发展阶段和发展态势，较少针对区域内外不同客源市场进行变动，多数属于各城市的旅游营销形象和营销口号，少数属于定位口号。广西在品牌景区建设上还有很长的路要走。广西北部湾的海洋旅游资源与美国的夏威夷、泰国的普吉岛等有很多相似之处；在人文旅游资源方面，北部湾拥有壮族、瑶族、京族、黎族、苗族、回

---

① 魏小安. 旅游目的地发展实证分析 [M]. 北京：中国旅游出版社，2002.

族与越南的越族等，民族风情多种多样，中越边关历史文化风情更是其他地区所没有的。然而，目前除了北海银滩以及越南的下龙湾等有一定的知名度外，其他景区的知名度不高，旅游资源的品牌效应也不显著。[①] 作为旅游产业链上重要环节的娱乐和购物等发展均不理想，价廉物美、让游客满意的旅游商品的开发严重滞后。没有品牌就吸引不了人才、吸引不了项目、吸引不了投资，同时也形成不了经济区发展的凝聚力和顶端竞争力。广西在树立强势品牌、解放思想观念、参与市场竞争、延伸产业链等方面还需要多下功夫，旅游产业化水平还有待于进一步提高。

（六）广西旅游发展过程中面临的威胁和挑战

1. 强势产业抢占资源

现在沿海城市都在努力发展大港口，发展临港工业园，如果把旅游的发展和这些产业简单放在一起，旅游的发展空间势必被挤压。所以要协调配置好两者之间的关系，使工业发展和旅游发展相协调，最好有相应的分区设施，实行分区设置，在此基础上实现相互支撑。但是现在看来，这个问题并没有解决好，甚至构成了对旅游合作的一种挑战。

2. 周边同类旅游产品的激烈竞争

广西周边各个城市均以海滨为主，资源的同质化程度比较高，同类旅游产品出现激烈竞争是毫无疑问的。广西北部湾的滨海旅游与东南亚的泰国、印度尼西亚相比差距甚大，这种将长期存在的竞争态势是北部湾所应该面对的现实。

3. 脆弱的生态环境的威胁

随着工业化发展，广西的生态环境受到了极大影响，而良好的生态环境正是广西旅游发展的优势，失去了环境也就失去了旅游产业赖以发展的基础，这也是不可忽略的一个方面。

4. 复杂、敏感的地缘政治和经济关系的不利影响

广西地跨国家边界、民族边界，当涉及国家利益、民族利益的时候，必然会产生一些矛盾，中国与东盟诸国虽然合作与发展是主流，但在友好的表象下也时常有不和谐的"暗流"涌动，政治和经济关系随时会发生变化，类似这样的不可预知的问题也构成了一种挑战。

---

① 王雪芳. 环北部湾经济圈的区域旅游合作研究［J］. 改革与战略，2007（5）：29-31.

第三节　广西旅游业跨界合作的屏蔽效应

区域旅游合作是一项复杂的系统工程，广西区域旅游开发涉及许多方面，引入边界视角的目的在于从矛盾丛生中找出主要矛盾，使影响合作深化的关键问题易于把握。广西区域旅游合作目前面临着协调机制不健全、资源开发不连续、交通网络不完善、整体形象不鲜明、旅游发展过程中有多重威胁和挑战等问题，但是纷繁的现象并不能掩盖这些问题的实质，归根结底还是因为跨界合作所无法回避的边界的存在。边界以政治、经济与文化的形式遍布于旅游合作的每一个区域、每一个环节，并在许多情况下形成屏蔽效应，对各种旅游要素跨界流动造成阻碍与限制。在全面推进广西区域旅游合作的进程中，出于推动边界效应在合适的时机以适当的方式向跨界合作有利方面转化的考虑，对边界的屏蔽效应保持高度的警惕并从理论高度予以理性认知是十分必要的。

一、区域政策限制

（一）各方政府间的博弈

广西区域旅游合作是跨国界、跨国内行政区界的多边旅游合作，涉及多重政治边界。中国与东盟诸国政治体制的差异形成了不同的社会制度，与越南虽然同属社会主义阵营，不同的主权国家也形成了不同的法律制度和社会文化。国内相关的行政区划之间虽然社会制度相同，却存在着地区政治利益诉求的对立，这种对立有时候甚至相当尖锐。区域旅游合作实质上是不同旅游开发主体之间反复博弈的一个过程。在政府主导型发展战略的指导下，政府经常扮演着倡导者、组织者和推动者的角色，在区域旅游合作中处于核心地位，并因此成为最主要的参与者。尽管政府在旅游合作中只是作为主导力量，但它作为国家或行政区政治主体的角色是不会发生改变的，而追求地区利益包括政治利益的最大化往往会成为其主导跨界旅游合作的主要目的。政府之间达成合作机制实质上是在满足地区利益前提下达成区域共同利益最大化的制度安排。① 那么，广西区域旅游合作中的政府博弈是如何形成的呢？

---

① 朱静．我国区域旅游合作中的政府间博弈 [J]．经济管理，2007（13）：62-66.

　　在广西跨界旅游合作中，由于地缘关系，广西与越南的合作十分重要。一方面，广西需要进一步的推动力来推进泛北部湾经济合作的项目；另一方面，越南作为该经济合作计划中的倡导者和执行者之一，起着重要的战略作用。然而，对于双边合作越南并没有广西那么热心。2006 年，越南吸引外商直接投资为 100 亿美元，其中 80 亿美元来自中国台湾，中国大陆仅投资约 10 亿美元。在此情形下，就不难解释为什么越南对泛北部湾经济合作较为犹豫。

　　广东作为中国最发达的省份之一，在泛珠三角经济区"9+2"（即广东、福建、江西、湖南、广西、四川、云南、贵州、海南以及香港和澳门，九省加两特别行政区）当中处于领导地位。广西和越南都需要广东的资金、技术及经验的支持，但是广东省却有着自己更大的雄心。广东希望进一步加强和香港以及澳门的紧密合作来实现泛珠三角经济的融合；同时，广东希望南方九省紧密合作以便形成一个更大的经济合作区域。泛北部湾合作只是广东省的几个经济合作项目之一。因此，广东的情况和广西不同，广西不得不利用它所有的资源和优势去吸引外来投资，而广东却不需要这样做，因为广东的经济已经非常强大，达到了很高的发展水平，但是泛北部湾经济合作的成功却非常需要广东的参与合作。①

　　海南的经济发展水平比广西要低一些，它与越南有更多的相似之处。两者都拥有丰富的海洋资源。海南是中国的热带天堂，拥有美丽的沙滩，是度假胜地。20 世纪 90 年代海南错过了发展工业的机会，现在已经把重点放在了旅游业上。在泛北部湾项目合作上，海南省是积极地参与还是消极地参与仍需观望，或者它自己也在寻找独自的经济发展之路。例如，海南正在加快推进国际海洋旅游岛的建设，这一目标已经上升到国家发展战略的层面。

　　具体到跨界旅游合作来说，广西周边地区虽然共有一片海域，但是广西只有北部湾，而广东、海南及越南在海岸的发展上有很大的余地，雷州半岛东南西三面环海，北部湾一侧的发展对雷州半岛影响不大。海南岛四面环海，长期以来旅游业已形成"重东轻西"的格局，在北部湾一侧的洋浦开发区进展缓慢无碍大局，因为海南岛东侧有一个博鳌亚洲论坛。越南有漫长的海岸线，越南北方的海防市发展快慢也无须着急，因为还有南方的胡志明市。现实情形是只有广西对跨界旅游开发最急迫。从旅游业发展的实践来看，资源配置的区域范围越大，其实现最优配置的可能性就越强，通过各方政府间的跨界合作，资源将不再受到地理或行政区划的限制，可以在一个更为广泛的空间范围内得到优化配置，而这种范围越广，优化选择的可能性就越大，其优化程度也就越高。

---

　　①　古小松，龙裕伟 . 泛北部湾合作发展报告（2008）[M]. 北京：社会科学文献出版社，2008.

北部湾区域旅游合作需要高超智慧来平衡各方利益，激发各方积极参与的热情，从而扩大旅游资源配置区域空间，增加资源配置的优化选择的可能性。

区域旅游合作是相关各方政府间的合作博弈，当地政府的合作态度和意向对于区域旅游合作有着不可忽视的影响。在合作过程中，政府追求区域利益最大化的行为动机会促使利益各方约束自身行为，产生合作意向，但前提是利益分配上的协调。为了实现利益的最大化，政府在合作中要积极主动地推进合作进程，完善合作机制。

（二）制度设置的冲突

1. 中越两国的矛盾

政府的诞生依赖于特定的社会文化背景，不同的社会制度又决定了相应的法律基础。中越两国不同的社会文化就形成了不同的法律基础和政策特色，这一差异在过境规则、签证制度和对公民的旅游限制、旅游价格的确定等方面均有体现。

中越两国在1991年实现关系正常化以后，曾经划定了一条狭长的边界区域作为禁区，区内几乎没有居民定居，更没有发展任何产业，并且对出入禁区的人员实行严格的管制。1992年中越两国建成友谊大桥以后，这片禁区仍然被保留并一直执行对出入禁区人员的管制政策。对战争的疑虑直接导致了中越边界两侧的不同发展态势和两地在跨境旅游合作方面的严重滞后，也大大提高了中越两国旅游合作的交易成本。在旅游签证方面，越南是较早实行签证制度的国家，但是目前仍没有实行落地签证和互免签证制度，更谈不上第三国过境。

在旅游产品开发方面，越南实行不同于社会主义国家的一些政策。走私、贩毒、赌博和嫖娼等边境地区的衍生品在中越边境出现，虽然赌博在越南属于违法行动，但越南在边境地区（如芒街等）开办赌场，其目标定位就是中国游客。这种利用制度差异在边境地区开办赌场的事例，不仅影响了边界旅游市场的管理，还损害了中国游客的利益。[①]

在市场营销方面，越南参与市场竞争的手段之一是打"价格战"。一条新马泰10日游报价仅2950元，而同期的越南3晚5日游，报价却高达3880～3980元，比新马泰10日游要高出1000元，而泰国7日豪华游报价也不过2850元，这让许多游客望而却步，改选较便宜的旅游线路。此外，越南还采取价格歧视，即设定外国人价和本国人价，而且外国人价要远高于本国人价，这也让

---

① 苏波涛. 中越边境旅游的驱动力与限制因素分析 [J] //保继刚，徐红罡，Alan A. Lew. 社区旅游与边境旅游 [M]. 北京：中国旅游出版社，2006.

许多中国游客感到不适应。

2. 中国境内三省区的矛盾

中国境内的三省区，由于行政区划的存在，在执行国家政策的同时都有各自的地域性政治与经济发展战略。首先，在国家层面上，由于历史的原因，北部湾开发长期没有被列入发展战略规划，而东部沿海地区是改革开放以来国家经济发展的重点区域，环渤海、长三角与珠三角经济区在国家"五年计划"和中长期发展计划中均占有重要位置。三大经济区有天然的地理优势：环渤海经济区具有"大政治题材"，因为首都北京是全国的政治中心，拥有中国最大的政治龙头优势；长三角经济区具有"大经济题材"，因为上海是中国最大的经济中心和国际大都会，拥有中国最大的经济龙头优势；珠三角经济区具有"大统战题材"，拥有中国政治、经济综合实验区的优势，香港、澳门回归祖国后要保持稳定、保证"一国两制"的顺利实施，以促进台湾的和平统一。①

旅游方面也是如此。珠三角、长三角、环渤海这三个地区基本上是国内主要的旅游接待地区，也是国内主要的客源输出地区，这三个地区中的任何一个都堪称国际上的旅游发达地区，三个地区大体上占了全国旅游总量的80%。

20世纪80年代，广东与海南作为东部沿海开发的地区之一，享受东部沿海开放的政策，广西勉强挤进了东部沿海开放城市之列；2000年又被划入西部大开发的省份，但是遗憾的是无论作为沿海还是内陆省份都没有受到重视，没有得到应有的发展。国家战略的制度安排速率不一致，造成了各地经济不能同步发展。现在广东有《粤港澳协议》《泛珠三角经济合作》，并主导泛珠三角经济合作，因此它在泛北部湾经济合作中的地位削弱。从外部需求看，广东更加希望加强与港澳地区及内地的合作，走一条开放型的道路；海南正在加快推进国际海洋岛的建设，因此三省区的旅游发展战略也不一致。

3. 广西内部的矛盾

广西区域内部的制度设置也缺少统筹考虑。比如，为了整合北部湾三大港经营性资源的需要，成立了北部湾国际港务集团。但与港口经营相关的各种许可，包括港口装卸作业、执行价格政策等，由于管辖权限由北海、钦州、防城港三市分别负责，因此各市在政策制订过程中受地方保护主义的影响，有利可图的事项各地方争相在政策中设定管辖，无利可图的事项各地方又不闻不问甚至相互推诿，最后造成了这些港口发展目标难以统一、各港之间的功能定位难以实现、岸线资源管理各自为政等诸多问题。有人认为，正是因为政策雷同，冲突明显，才导致了目前广西三大港口之间的内部竞争，不能形成特色鲜明的

---

① 陈杰. 解读广西：错位经济现象的反思与求解 [M]. 北京：中华工商联合出版社，2003.

产业分工，从而造成三大港口的发展低迷。

二、经济发展水平错位

广西及其所辐射周边的区域之内，不同地区之间存在着经济发展水平的明显错位。在广西北部湾经济核心区，南宁因其作为广西首府的独特地位而获得了优先发展，而北海、钦州、防城港，包括崇左和玉林则没有如此幸运，尚缺少大量工业化积累。在大的合作圈层中，新加坡、文莱、中国香港和中国澳门等属于经济发达的国家和地区，马来西亚、泰国等国家和我国的广东省可纳入经济较发达之列，此外也有经济发展水平一般的印度尼西亚、越南等国家，更有经济欠发达的缅甸、老挝、柬埔寨等国家。这种经济发展水平之间的"代沟"对区域之内旅游合作的深化是有影响的。

（一）经济发展水平比较

1. 广西与广东、海南经济发展水平比较

广西与广东、海南三省区经济发展水平差异明显，这决定了三省区的经济合作必然是一种强弱型合作。以 2018 年为例，广东的国内生产总值最高，而广西、海南仅及广东的 20.9%、4.9%，人均生产总值广东是广西、海南的2.08 倍和 1.67 倍。从三产结构来看，三省区产业结构也存在较大差异。广西分别是 21.39%、42.39%、37.4%；海南分别是 20.7%、22.7%、56.6%；广东分别是 4.0%、41.8%、54.2%。以工业、建筑业为主的第二产业对广东的生产总值贡献最高，其次是以服务业为主的第三产业，而以农业为主的第一产业贡献最小，在该省生产总值构成中不到 5%。广西、海南则不同，第二产业对生产总值的贡献并不突出，而第一产业仍在两省区的生产总值中占据重要地位。

2. 中越两国经济发展水平比较

越南自 1986 年进行革新运动以后，经济发展迅速。从 2012 年开始，越南国内生产总值增长率连续 6 年达到了 7% 以上。2017 年增长达 8.5%，第一、第二、第三产业结构进一步优化为 20.0∶41.8∶38.2，越南事实上已成为亚洲经济增长排在中国（11.4%）、印度（9%）之后第三快的国家，在东南亚地区名列前茅，大大高于其他东盟国家。

总之，广西周边地区各合作方的经济实力及发展水平存在较大差异是事实，这一事实将使区域合作呈现明显的两重性。一方面，经济实力和发展水平的过大差异有可能使合作双方在经济成长空间、合作领域、利益驱动、价值取向、政策措施等方面难以完全协调一致，从而导致合作难度加大，为合作的深化设置重重障碍。另一方面，从经济互补性看，经济发展水平的差异也可能使双方或多方在发展中产生合作愿望，为进一步的合作提供前提和基础。

（二）旅游业发展水平比较

1. 旅游总量与结构差异

旅游业发展到一定阶段，地区之间即产生加强产业合作的需求。区域旅游合作推进的程度与区域内旅游目的地的成熟度有某种程度的正相关关系，从地方旅游业总接待量、国际旅游接待量、地方旅游业总收入、旅游外汇收入等指标可以初步判断区域旅游业的发展水平。

根据总旅游接待量、国际旅游接待量、旅游业总收入与旅游创汇的综合排序，可以将北部湾区域内的八大城市按旅游业发展程度分为四级：一级旅游城市包括南宁、三亚；二级旅游城市包括北海、湛江；三级旅游城市包括海口、崇左；四级旅游城市包括玉林、钦州、防城港。从表2-4中的数据可以看到，经济区内主要城市旅游业发展水平差距明显，这种现象直接影响到区域内的旅游合作进程。从更广泛的范围看，北部湾区域内的城市旅游业发展存在首位度不足的问题，南宁作为这一地区的首位城市，旅游业发展虽然领先于其他城市，但是相差不是很大，与海口、三亚相比更是在伯仲之间，因此南宁要确立在本区域的首位城市地位可谓任重道远。

表2-4 2018年北部湾地区旅游业发展数据

项目类别 ＼ 城市	南宁	北海	钦州	防城港	崇左	玉林	湛江	海口	三亚
总旅游接待（万人次）	15278.7	5296.54	4996.4	3671.44	4772.27	6987.51	6022.5	2820.4	2396.3
国际旅游接待（万人次）	68.99	17.68	8.36	19.75	45.81	17.26	54.2	29.1	90.63
国内旅游总消费（万元）	1725.24	700.27	521.83	335.01	483.99	809.83	592.5	320.6	577.1
国际旅游（外汇）消费（万美元）	37955.76	8149.32	3790.77	8129.92	18259.85	8534.29	12521.1	10002.3	81075

资料来源：根据《中国统计年鉴》《广西统计年鉴》整理而成。

2. 旅游城市发展差异

广西北部湾六个城市虽然建立了旅游城市联盟，但是城市之间各具优势，差异明显。南宁作为全区政治、经济、交通、文化、科技、金融、信息中心，处于北部湾城市群的领导地位。北海是国务院首批开放的沿海城市之一，城区三面临海，近年来不断加强基础设施建设，改善城市环境，为旅游投资创造了一个较好的平台。钦州是广西三个沿海城市中人口最少的城市，历史悠久，拥有丰富的滨海旅游资源，但旅游竞争力还很弱。防城港是一个老港口城市，由于其特殊的区位优势，与钦州一样具有发掘的潜力。崇左市属边境地区、少数民族地区和革命老区，是泛北部湾区域交汇的关键地带，发展潜力巨大，但是旅游开发才刚刚起步。玉林由于诸多原因经济社会发展较慢，但它毗邻广东、背靠大西南，是西南地区东向出海和粤港澳进入西部的重要通道之一。

表 2-5 是对 2018 年广西北部湾南宁、北海、钦州、防城港、崇左、玉林六大城市旅游接待人数及饭店、旅行社、AAAA 级旅游景区数量的整理，由此可以看出六个城市旅游整体发展水平的不平衡。如果把范围扩大到环北部湾地区，旅游城市的发展同样有先有后。

表 2-5　2018 年广西北部湾六大城市旅游业发展主要指标

城市 \ 类别	国内游客 （万人次）	入境游客 （万人次）	星级饭店 （个）	旅行社 （个）	AAAA 级旅游景区 （个）
南宁	10394.6	64.43	50	145	28
北海	3935.24	26.06	33	66	10
钦州	3641.7	7.6	16	13	9
防城港	2746.71	18.66	24	32	6
崇左	3612.36	43.11	47	46	21
玉林	5243.63	15.45	25	36	11

资料来源：根据《广西统计年鉴》整理而成。

3. 旅游交通的畅通性

旅游实质上是旅游者在客源地和目的地之间的空间移动过程，这种空间移动受制于交通的便捷程度，区域旅游合作是旅游基础设施对接发展到一定阶段的产物，它的产生和发展很大程度上会受到区域交通的影响。交通要素使一个区域在谋求旅游合作对象时，会出现舍近求远的现象，舍弃周边交通不便的地区，而去选择和自己有便捷交通的地区，从而使合作的双方在共享旅游资源和客源市场上占有时间优势。例如，由于"两广"的交通阻碍，使广西与广东跨省旅游合作低于广西内部的城市合作。又如，以中越交通网络的连通为例，由于越南的经济相对不发达，基础设施的建设一直没有跟上去。从芒街到下龙湾，道路十分狭窄，宽仅6米，两边的路肩不足1米，路况较差，甚至不及中国的三级公路，而且弯道特别多，在长达190千米的行程中，游客需要花费5个小时才能到达目的地，这与其他国家的高等级公路相比的确差距较大。另外，越南的旅游业刚刚起步，酒店餐馆等设施无论在数量上还是在服务质量上，和一些老牌的竞争对手相比都有一定的差距。这也是北部湾区域旅游合作发展难以深入的一个重要原因。

三、民族文化多元分化突出

(一) 多民族跨界而居

广西是一个多民族聚集的区域。广西北部湾经济区分布有壮族、瑶族、苗族等10多个世居少数民族，防城港的东兴以京族为主，海南的海口有黎族、苗族等少数民族，北部湾的中越边界更是多民族跨境而居之地。中越两国划分民族的标准不同，如果按照中国方面确定的民族成分来计算，有12个民族：壮、傣、布依、苗、瑶、汉、彝、哈尼、拉祜、仡佬、京、回。如果按照越南方面确定的民族成分来计算，则有21个民族：京、岱、侬、傣、布依、热依、苗、瑶、巴天、拉基、布标、哈尼、拉姑、汉、艾、仡佬、莽、贡、西拉、克木、山由。在中越边境地区，多个民族共同生活在一个边境县、边境村，多元民族文化并存现象普遍存在。[①] 跨境而居的现象对于旅游开发与合作既是有利因素，也会带来不利的影响。

广西地区各民族之间的整合与分化一直在发生，从越南民族的来源看，有的从印度来，有的从柬埔寨来，也有的从中国来。越南的岱族和侬族是与中国的壮族有密切亲缘关系的族群，现在已经逐渐分化并拥有不同方言。比如，岱族和侬族主要居住在与中国接壤的高平、谅山、广宁等省的平坦丘陵地带，岱族迁入越南的时间较早，受越族的影响较深，侬族进入越南的时间较晚，只有二三百年历史，与中国壮族的共性更多一些。又如越南的瑶族，他们沿越中、越老边界一直延伸到北部沿海的一些省份，主要是从中国广东、广西、贵州、云南进入。越南瑶族根据服饰特点又分为红瑶、白裤瑶、

---

① 周建新. 中越中老跨境民族及其族群关系 [M]. 北京：民族出版社，2002.

蓝靛瑶等支系，其语言、风俗习惯与中国瑶族大体一致。① 这种现象在中国境内也同样存在，正是在长期的整合与分化中形成了各民族不同的文化认同与政治认同。

（二）民族文化认同的差异

1. 海洋与内陆

广西是内陆与海洋的交接处，内陆与海洋相互过渡的特殊区位使这一地区带上了海洋与内陆的双重文化色彩，同时也产生了海陆之间的文化差异。根据受海洋文化辐射程度的不同，有研究者将南（宁）—北（海）—钦（州）—防（城港）—环北部湾文化区划分为"内环文化区"和"外环文化区"两大部分。② 北海市、钦州市、防城港市等邻近海洋的大部分地区属于环北部湾"内环文化区"。作为"内环文化区"依托的上思、宁明、凭祥、龙州、崇左、灵山、浦北、博白等县，可称为环北部湾"外环文化区"。"内环文化区"受到海洋文化生态环境的直接制约，港口航运、海洋捕捞和水产养殖是当地的支柱产业，人们的生活来源主要依靠海洋水产业。"外环文化区"离海岸还有一段距离，陆地农耕是主要的生产方式。

"内环文化区"与海洋亲近，思维方式的建立以海洋为中心，北海市的命名即是一例，北海市如果从地理位置上看正处于中国大地的南部边缘，按理说应该叫南海，但它却以北海命名，说明古代为这个地方命名时不是以陆地而是以海洋为中心——北海位于北部湾的北部，因此而得名。但是从过去南宁、北海、钦州、防城港的城市发展来看，即便是"内环文化区"的城市在过去相当长的一段时间内也都相对忽略了海洋的发展，主要以一种陆地人的方式来生存。海洋意识与内陆意识相互干扰在此得到了鲜明的表现，正是在海洋与内陆之间的游移不定模糊了广西经济区的区位特征，形成了新中国成立后广西不海不陆、不东不西的地缘现象，也造成了海陆边界在广西的政治经济文化中地位不高的结果。

2. 习俗与禁忌

广西北部湾地区民族众多，如果从泛北部湾旅游圈的地域范围来看民族组成则更为复杂，在宗教、礼仪、习俗、禁忌、语言等生活文化方面的差异也更突出。例如，柬埔寨人以佛教为国教，认为黄牛和水牛是神圣不可侵犯的，认为星期六不吉利。老挝人多信佛，见面多行合十礼，从别人身旁经过时，一定

---

① 李红. 边境经济：中国与东盟区域合作的切入点 [M]. 澳门：澳门学者同盟，2008.

② 覃乃昌等. 广西环北部湾文化考察与研究 [J] //潘琦. 环北部湾文化研究 [M]. 南宁：广西民族出版社，2002.

要微微躬腰，切忌大摇大摆。老挝人不挂白色蚊帐，不盖白色被子。越南的主要宗教为佛教，年初、月初时言谈举止十分谨慎，忌说可能带来坏运气的词，忌发脾气，忌说粗话，忌穿白色、蓝靛色衣服。缅甸人信奉佛教，有崇拜乌鸦之俗，视其为神鸟；无论做什么事都讲究"右为大，左为小"；星期天禁忌送东西。泰国人多信仰佛教，喜爱红色、黄色，但忌用红笔签名；习惯用颜色表示不同日期；不能轻易摸人的头部，尊重和尚、佛祖和国王。新加坡忌说"恭喜发财"，忌双手叉腰，用食指指人，他们最讨厌"7"这个数字。禁止在商品包装上使用如来佛的图像，也忌讳猪、乌龟的图案。马来西亚以伊斯兰教为国教，禁食猪肉和动物血液，拜访别人之前先致电对方以示礼貌。文莱禁酒、禁赌、禁"黄"；印度尼西亚人主要信奉伊斯兰教，一般不主动与异性握手；在正式场合忌跷二郎腿或两脚交叉。菲律宾人在社交场合与客人相见时，一般都行握手礼。菲律宾人不喜欢"13"这个数字，茶色和红色被视为吉祥之色。

(三) 跨界交流中的"文化震惊"

广西区域旅游合作需要跨越边界，尤其是文化边界。这种跨界的旅游交流有其两重性：一是新奇或陌生所具有的吸引力，足以令游客产生"远方崇拜"的一系列想象；二是新奇或陌生对旅游跨文化交往也会造成一定的障碍，这种障碍就是文化震惊。[1] 文化震惊是指某人进入一个新的文化环境时所经历的情感落差或创伤性经历。当人们离开自己所熟悉的环境时往往会产生焦虑和不安，托夫勒描述道：文化震惊是某人发现自己所处的环境中，"是"的意思变成了"否"，"固定的公价"变成可以讨价还价。[2] 跨境交流产生的文化震惊有许多心理表现，如焦虑、恐惧、食欲不振、不明原因的身体不适等。经过边界使人心跳加快、头痛、颤抖等现象；经过海关检查时，紧张、焦虑；由于语言障碍、怕迷路等原因，产生惧怕出游的心理现象[3]。文化震惊的产生与个人文化身份的认同密切相关。

广西与越南拥有漫长的边界线，跨界交流存在于边民生活和旅游的方方面面，文化震惊现象在跨界交往中是普遍存在的，也是不能回避的。

---

① 韦复生. 旅游跨文化交流行为的分析方法 [M]. 北京：中国经济出版社，2005.
② 卿志军. 旅游文化传播学 [M]. 成都：四川大学出版社，2009.
③ Dallen J. Timothy. Tourism and Political Boundaries [M]. London：Routledge，2001.

第三章 广西与粤港澳大湾区 跨界旅游合作

第一节 粤桂边界中介效应与区域旅游合作拓展

　　粤港澳大湾区指的是由广州、佛山等广东九市和香港、澳门两个特别行政区形成的城市群，是继美国纽约湾区、旧金山湾区和日本东京湾区之后，世界第四大湾区。粤港澳全方位、多层次、跨空间的区域融合发展，将成为在经济、文化、生态等多方面引领国家参与全球竞争的重要空间载体。到目前为止，粤港澳三地已在多项合作上达成协议，就旅游业而言，广东省政府在贯彻落实国家《"十三五"旅游业发展规划》实施方案中提出，"十三五"期间，广东要建成具有世界影响力的旅游目的地和海上丝绸之路旅游核心门户，联手打造粤港澳大湾区世界级旅游区。

　　我国经济最发达地区——长三角的发展经验告诉我们，要实现后发展地区经济的迅速发展，就必须加强区域合作。在区域合作中，后发展地区必须主动融入发达地区，通过中心城市的辐射带动，逐步发展自身经济。广西的地理位置决定了其在谋求区域合作时，以广州为中心辐射城市，主动融入粤港澳大湾区，构建经济一体化发展格局。广西旅游业经过 20 多年的快速发展，已从资源禀赋得天独厚的旅游资源大省迈入旅游强省建设阶段，并已取得了重要阶段性成果。2019 年，广西全区接待旅游总人数 8.76 亿人次，同比增长 28.2%，实现旅游总消费 10241.44 亿元，同比增长 34.4%。因此，实现桂粤港澳旅游业一体化共同发展，整合双边四区内旅游资源，打造差异化互补性旅游产品，在双边交通、旅游业相关经营税费、产业政策等方面规范化、标准化发展，形成区域内独特的旅游模式，打造面向国际市场的旅游集聚区。不论是对粤港澳大湾区世界级旅游目的地的形成，还是对广西旅游业强省的建设都是十分必要的。

一、粤桂边界中介效应和旅游合作拓展

边界的功能是复杂的。通俗地讲，从对旅游业发展的影响来看，边界对跨界区域旅游合作产生负向影响则称为边界的屏蔽效应，边界对跨界区域旅游合作产生正向影响则称作边界的中介效应。同时，边界区域往往山同脉、水同源、人同种、话同语，如果这些条件能够顺利激活，则可以促进边界两侧发生空间互动，使其成为两侧接触和交往最频繁的地带。粤桂同饮珠江水，文化同宗同源，双边行政区边界完全开放，目前双边 35 市已达成共识，将共同深化两广无障碍旅游区建设。因此，在粤桂跨界旅游合作上，边界显示出中介效应。

（一）粤桂双边人文地理的相似性

广信是古代两汉时期的交州首府，现位于广西梧州与广东封开一带，是岭南文化和粤语的最早发祥地。到了宋朝，朝廷为了管理上的方便，以广信县为界，广信县以东称为广南东路，广信县以西则称为广南西路。广东、广西与广州之名由此得来。虽然至宋以后在行政区划分上，粤桂分属于不同的省级行政区域，但在自然地理上两省仍可看作同一个区域，同时双边自然地理的连续性带来了粤桂人文地理的相似性。从大范围看，整个"泛北部湾地域习俗相似、文化相通"。具体到粤桂沿北部湾城市群，该地区语言相通，风俗习惯一致或相近，人文归属感极强。首先表现在语言上，在广西，粤方言和西南官话是广西区内两大主要的方言，北海、钦州亦通行当地人称为"广西白话"的粤语。同时在广东流行的粤、客、闽方言，也同样在广西流行，只不过在湛江北与北海市等边界地区，客家话以方言岛等的形式存在。粤桂沿北部湾城市地缘相近，有相同的民间信仰和民风民俗。例如，八桂壮乡文化基本上不涵盖桂南的近海地区，该地常常被划属到岭南文化最具代表性的广府文化中。北海、钦州、防城港、湛江、茂名的居民也主要来源于广府民系以及少量的客家民系等，并以汉族为主体。其民风民俗在地域性差异极大的岭南地区却比较接近，如都有妈祖信仰、对伏波将军也都比较崇敬、传统戏剧都以粤剧为主。

粤桂文化同宗同源，不存在跨区域文化水土不服的问题。岭南文化作为原生性文化，是中华文化的重要组成部分，粤桂以跨界区域为平台共同发展旅游业，是蕴含深厚文化底蕴的、双方主体具有共同文化传承自豪感与使命感的旅游业发展，是可以有大发展、大作为的区域联合。

（二）粤桂双边梯度差异形成发展型边界

香港中文大学的薛凤旋根据边界两侧的政治、经济、社会和地理状况对跨境合作的影响，将边界分为四种类型：第一种为对抗/分隔型，边界两边由于呈军事/政治对垒或是由于自然条件恶劣、缺少发展，甚至是无人区，成为分隔型边界。第二种为自由型，边界两边政治及经济相似，两边政府对关税、边检的限制较少，交通设施优良，地理条件适宜，人口、货物、资金可以自由流动①。第三种为贸易型，两边政治、经济存在明确的关税及进出口限制，这种边界地区一般缺少发展，双边贸易集中在有利的地理点上，形成点状的发展区，这些边贸点主要功能是沟通双方边界以外地区的经济。第四种为发展型，边界一边的经济发展明显落后于另一边，但两边资源互补，有经济合作条件，经济不发达一边的政府在边界营造近似于发达一方的部分政策，以吸引资金流入（主要是较发达一边的资金，也包括其他资金），成为有规划、界限明确的发展区。

自 1996 年党中央、国务院做出东西部扶贫协作的重大战略部署后，广东与广西由此开启了扶贫协作的大幕。据不完全统计，仅"十二五"时期，广东就累计向广西提供无偿资金及捐物折款达 2.3 亿多元，双边实施经贸合作项目8125 个，到位资金 9930.8 亿元。2014 年 7 月《国务院关于珠江—西江经济带发展规划的批复》发布以来，珠江—西江经济带上升为国家战略，这为促进流域合作发展和两广经济一体化提供了重大机遇。

粤桂山水相连、地缘相近，经济互补性强。广东有产业、技术、人才、资金和管理等方面的优势，广西有资源、土地、劳动力等方面的优势，同时在旅游资源禀赋上，广西有些资源在全国甚至世界范围内都具有代表性和垄断性，如北海银滩、少数民族风情、花山崖画、德天瀑布、十万大山、钦州三娘湾、东兴与凭祥的边关文化等，广东旅游资源则主要有广州白云山、珠海长隆海洋王国、惠州西湖、肇庆七星岩、西樵山风景区、韶关丹霞山、惠州罗浮山等，广西旅游资源储藏丰富，且与粤港澳湾区之间能够形成互补，这不仅迎合了旅游者多样化、个性化的需求，同时也激发了区域旅游发展对跨界旅游资源的需求，推动不同旅游区空间相互作用的加强。同时，广西作为后发展地区在交通、政策制定等方面与广州保持趋同，实现一体化区域旅游发展，将形成发展型边界。

---

① 叶舜赞. 一国两制模式的区域一体化研究 [M]. 北京：科学出版社，1999.

二、粤桂边界功能转化力量的累积

(一) 空间生长力量

广西与粤港澳区域旅游合作是一个顺应经济发展的过程，其合作的产生和发展与区域空间基础条件的成熟度密切相关。这种基础因素主要包括区位条件、地缘条件、人文资源等。正是这些基础因素的复合作用，构成了空间生长力的累积，促使广西与粤港澳区域旅游合作的边界空间演化加速。

(二) 市场整合力量

区域旅游合作是相关地区社会经济发展到一定阶段的产物，因而研究市场驱动力，对社会经济分析很有必要。市场驱动力的产生，其本质原因是各类市场要素的分布存在区域差异。广西北部湾区域旅游合作的市场驱动力主要体现在区域旅游市场驱动力。① 从广西北部湾经济区的旅游市场层面来看，广西北部湾的旅游市场优势是海洋旅游，海洋旅游是 21 世纪旅游发展的主流：一方面，大范围"走马观花式"的观光旅游活动逐渐减少，中小区域的滨海休闲度假旅游逐渐时兴；另一方面，郊区游的范围逐渐向外拓展，也向中小区域的休闲度假旅游发展。

(三) 政策导向力量

政策驱动是区域旅游合作不断演化和升级的主要动力，一般是通过政府制定相应的政策直接作用于区域旅游合作。在旅游开发实践中，自发的区域旅游合作在得到政府的支持后往往加快了发展的规模和速度，提升了合作的层次。旅游业是国家西部大开发中鼓励外商投资发展的特色经济产业。广西区位独特，既面向东南亚，又背靠云贵川、邻近港澳台，具有全国唯一的沿海、沿江、沿边优势，与东盟各国距离最近，经贸交往最活跃，既能享受东部沿海、沿边对外开放政策，又能享受西部开发优惠政策和民族区域自治特殊政策，还可享受泛珠三角经济区和中国—东盟自由贸易区等一系列招商引资和投资特殊区域、特定行业的优惠政策。

广西区党委、政府一直以来都高度重视旅游业的发展，始终把旅游业作为广西国民经济的增长点和重要支柱产业来加以培育和发展。在"十五"期间，广西就针对旅游业出台了一系列的优惠政策：对在广西投资经营的旅游企业

---

① 靳诚，徐菁，陆玉麒. 长三角区域旅游合作演化动力机制探讨 [J]. 旅游学刊，2006（12）：34–39.

2001~2010 年按 15% 的税率征收企业所得税；对促进生态环境保护的生态旅游、农业观光旅游项目 10 年内免征农业特产税；外商投资的旅游项目，在投资总额内进口自用的先进技术设备，除国家规定不予免税的商品外，免征关税和进口环节增值税。

(四) 诸要素协同作用

广西北部湾区域旅游合作的转化机制包括动力机制与协调机制：动力机制涉及广西跨界旅游合作的内外部环境，协调机制则关乎内外部因素如何相互作用以促进协调。边界的存在使广西与粤港澳区域旅游合作面临许多障碍，但是，由于边界区域内外力的交合作用，外部动力和内部动力的共同作用有可能使原本独立、分散的各旅游区域单元向中心发展、实现联合、形成内聚力，并在这种内聚力的推动下共同发展。来自不同方向的内外力交互作用于合作边界，以解决广西与粤港澳区域旅游合作中由边界带来的繁杂问题。

1. 省级边界问题

粤港澳大湾区经济合作将为广西北部湾区域旅游提供赖以生存和源源不断的市场保障。西班牙之所以成为世界上第二大旅游目的地，除了阳光和沙滩外，英国、法国和德国等欧洲主要客源市场是最重要的因素。深入与粤港澳合作，加强两广无障碍旅游区的建设，共同打造两广的交通、基础设施的建设，使两广的旅游合作不仅是在客源对接上，还在旅游信息平台的构建等方面。

2. 城市边界问题

广西北部湾经济区作为区域核心需要先把自己的事情做好，只有先把内部的合作关系理顺才谈得上与友邻合作，也才有资格成为北部湾区域旅游合作的核心区。"4+2"城市旅游联盟的成立是深化北部湾经济区旅游合作的良好开端，区内六城市建立旅游联合发展机制，共同开拓旅游市场，共同开辟旅游线路，共同推介旅游产品，共同推动无障碍旅游。如果能够落实资源共享、线路共建、市场共拓、客源互送、信息互通、互利互惠、相互带动、多方共赢，将有助于改变城市之间互设障碍、各自为政的局面。

三、粤桂边界功能转化的切入路径

边界效应转化的直接动力主要来自中央政府、地方政府和企业三部分。从中国旅游业发展的历史与现实来看，政府调控是广西区域旅游合作必不可少的和最活跃的动力。

（一）中央政府的积极推动

在北部湾区域旅游合作建设初期，中央政府的协调作用不可或缺。广西北部湾经济区属于经济欠发达地区，一些必要的基础设施建设须在北部湾经济区发展框架下借助中央政府的行政力量来推进，在政府的协调之下，进行合理的项目宏观规划布局。但是行政调节最终只能发挥补充的作用，过度干预则会影响双边旅游业的正常发展。中央政府的协调机制应该以市场为导向，逐步减少直接干预，让市场和企业发挥更大的作用。

中国中央政府主管机构——国家文化和旅游部正谋划做好以下几个方面的工作：

（1）以北部湾旅游发展为指导，实施"大空间整合，大品牌打造，大区域联动"的战略，加快北部湾区域旅游开发开放，大力推动泛北部湾旅游合作，全力打造全域性国际旅游目的地和旅游促进中心。

（2）支持广西北部湾经济区、中越国际旅游合作区、北海涠洲岛旅游经济区等一批重点旅游区域的重点旅游项目的建设，并在规划、政策、资金、技术等方面给予支持、指导和协调。

（3）推进构建便捷的泛北部湾旅游海陆空大通道，重点加快建设广西南宁陆路旅游大通道，深入环北部湾区域沿海城市和区域港口的合作，加快建设海上旅游大通道，加快建设泛北部湾区域主要城市之间的空中旅游航线。

（4）推动构建泛北部湾区域特色旅游产品和旅游线路，继续联合泛北部湾各国和地区共同打造、推出环北部湾海上国际旅游线、中越边关探秘游、滨海跨国休闲度假游、北部湾民俗风情游、北部湾商务会展游等一系列主题，积极推动开通中越跨国自驾车旅游线路。

（5）推进泛北部湾国际旅游和企业的联动与合作，共同塑造泛北部湾国际旅游目的地品牌形象，积极开展旅游部门、行业组织、旅游城市和旅游企业之间的务实性合作，完善多领域交流、多层次往来的旅游联合营销机制和体系。

（6）推进泛北部湾无障碍旅游区域的建设，推动泛北部湾各国和地区旅游市场的相互开放，共同建立良好的旅游合作便利化机制。

（7）支持把广西建设成为中国面向东盟的区域性国际旅游集散地和主要目的地，支持增加落地签证城市，扩大中越边境通行证使用范围。

（二）省级政府的积极响应

边界的障碍与地方政府各自为政密切相关，必须由粤桂两边当地政府来协商解除。通过政府间的协调，使彼此间基础设施的规划建设相互配套，打造共享的信息交流平台，降低合作的交易成本，为跨行政区界区域旅游合作提供一个良好环境。

（三）市县级政府的积极介入

边境地区的市、县等地方政府的协调任务首先应落实中央、省市政府协调的成果，并为边境旅游开发与管理创造条件，推进边境地区经济交流与合作。其次进行地方合作项目的规划、沟通与协调，避免重复建设，促进优势互补，实现合作共赢。最后提供服务，优化边境旅游环境。

从更广泛的意义上来看，广西与粤港澳旅游合作不仅是旅游主管部门的问题，更需要形成一个政府主导、部门支持、市场主体、企业运作、社会参与、利益协调、和谐发展的合作机制。

第二节　广西边界区域旅游集聚效应与旅游合作

所谓集聚效应，其理想结果是位于边界区域的旅游目的地通过各种旅游要素的集聚实现产业竞争力的提升，具体来说，就是通过产业集聚使边界区域旅游中心化，通过各种旅游要素的重组形成新的区域旅游中心。广西北部湾经济区属于相当典型的地区权力边缘地带以及不同权力中心的接触地带，在凸显边界功能的同时，它也在发挥着作为一个具有相对独立性的经济区域的作用。这一地区因其独特的区位特征而被赋予了集聚各种旅游要素的天然优势，通过各种旅游要素的沟通与整合形成新的边界区域中心是完全可能的。当然，跨行政边界区域旅游合作是一项系统工程，广西北部湾经济区能否实现既定发展目标需要充分考虑经济因素、社会因素、环境因素以及各因素之间的协调程度等。

一、边界区域旅游产业中心化

（一）旅游产业集聚

产业集聚理论深受区位理论和增长极理论的启发。[①] 关于产业集聚的形成机理，迈克·波特指出，生产要素、需求条件、关联与支持性产业、企业竞争与战略四大因素的密切配合，以及政府对这四大因素的综合影响，对于产业集

---

① 姜鑫，罗佳. 从区位理论到增长极和产业集群理论的演进研究 [J]. 山东经济，2009（1）：19-25.

群的成长具有重要的推动作用。① 对于产业集聚的效应分析，学界一般倾向于认为通过产业集聚可以获取规模经济，提高企业核心竞争力；各种产业要素的集聚可以促使区域经济增长，催生"中心—边缘"的经济结构模式，包括促进城市化和区域经济一体化的进程。旅游产业集聚同样与追求规模经济有关，如饭店产业规模经济的两种表现：一是特大型的独立饭店，客房数量越多，或者饭店构成的综合体越齐全，饭店的整体经济效益越好；二是饭店群，俗话说"店多成市"，饭店在一个地区形成集聚，其整体的效果既出现竞争，也产生共赢。

　　研究旅游产业的集聚终究不能脱离其自身的产业特性。有研究者从四个方面归纳了旅游产业的特性：其一，旅游产品的生产过程呈现垂直分离。尽管旅游产品的消费是"一揽子"性质的，需要各旅游行业同时提供，旅游产品的生产本身却是可以垂直分离的，由生产工艺和流程完全不同的行业提供。其二，旅游核心产品具有不可移动性。旅游产品的核心是满足旅游者需求的旅游吸引物，而旅游吸引物具有不可移动性，旅游者只有移动到吸引物所在地，旅游消费才能实现，这决定了旅游产业的大部分行业只能在旅游地出现。其三，旅游产品的消费时间存在有限性。旅游者的旅游时间是有限的，在有限的时间里，旅游产品的边际效用决定着消费者对该产品的接收程度和消费量。如果旅游者在旅游地消费完整的旅游产品需要太长的时间和精力，则旅游地对于旅游者的边际效用就会降低，旅游者就会取消消费活动，这也就决定了旅游产业各行业必须集中分布来节省旅游者的消费时间，以便能出售产品。其四，旅游产品具有不可存储性。大多数旅游产品都要受到具体的时空限制，这决定了企业必须在旅游者集中消费的时间和地点为旅游者提供旅游产品，必须接近旅游者集聚的消费市场，这个消费市场也就是能满足旅游者各种需求的旅游产业的集聚地。②

　　旅游产业的上述特性决定了旅游产业不能简单地套用标准的产业分类体系，其产业集聚也与一般产业集聚存在根本不同。作为一个联结旅游主体（旅游者）和旅游客体（旅游对象）的产业，旅游产业涉及众多的行业和部门，包括旅游资源的开发产业和旅游要素产业，即行、游、住、食、购、娱等直接为旅游者提供产品和服务的行业，以及旨在营造良好的旅游社会、自然环境的其他关联产业。这些相关联的行业、部门倾向于在同一地理区域范围内集聚，并因彼此间的横向、纵向联系围绕旅游资源产业形成聚群。正是因为有了旅游资源产业的存在，才使旅游业有了旅游客体、旅游对象，有了旅游吸引物，才使

　　①　［美］迈克·波特. 国家竞争优势［M］. 北京：华夏出版社，2002.
　　②　冯卫红. 旅游产业集聚的动因分析［J］. 经济问题，2009（7）：114-116.

一些区域或地点成为了旅游目的地。在其外围聚集着旅行社、饭店、餐馆、旅游区域交通、商品零售、娱乐设施等服务性产业，它们服务于相似的顾客群体，是旅游者在异地空间聚集的必要条件。在这些服务性产业外围还集中着一批补充性产业，如银行、邮电通信、海关、公安、卫生保健、保险、建筑、房地产、媒体、园林、绿化、环保等。旅游业各构成行业、部门是一个统一的整合体，在空间地域上表现为各部门、各行业的分工与协作。旅游者的满意度不仅取决于景观的引人入胜，还有赖于互补性的服务，即旅馆、饭店、商店和交通设施的质量和效率。旅游产业各相关行业、部门不仅在地理上靠近，而且集体协作，利益攸关，具有明显的产业集聚优势。①

（二）边界区域中心化

旅游产业的集聚效应的结果是区域旅游产业中心的产生。旅游产业集聚区包括以下五个方面，如图3-1所示。

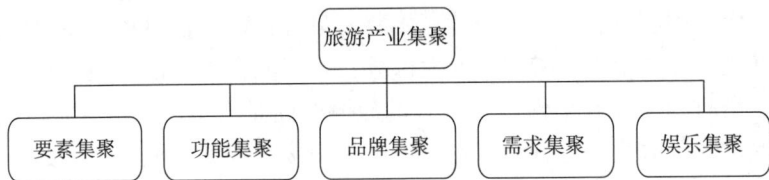

图3-1　旅游产业集聚因素分析框架

第一，要素集聚，不仅包括行、游、住、食、购、娱等服务要素和经营要素，还包括产业发展要素，如资本集聚、土地集聚、人才集聚、管理集聚，相关联的各种运营要素都会集中到一起来。只有形成要素集聚的格局，才可能创造出更大的效益。第二，功能集聚，在这一集聚区里，客人出游所产生的各种需求都会得到满足。第三，品牌集聚，在这样的集聚区里，应该集聚各种品牌，比如说有一批品牌性的酒店进入，而且不光是服务品牌，还应该包括很多商业的品牌店，构造一个品牌集群。第四，需求集聚，把各种各样的需求集聚到一起来，而且这种需求集聚不仅是生活性的需求集聚，也包括一些生产性的需求集聚。旅游是为生活服务的，也是为生产服务的。仅仅把旅游理解成生活服务是相当狭隘的，商务酒店就是为生产服务的。所以，这种需求集聚可以说是把各类的需求集聚到了一起，如此一来面对的需求就是无限广阔的。第五，娱乐集聚，这是旅游产业集聚区的一个非常重要的因素，现在一些地方旅游产

---

① 袁莉，田定湘，刘艳. 旅游产业的聚集效应分析［J］. 湖南社会科学，2003（3）：117-118.

业发展不足，主要的原因是娱乐要素集聚不足，具体到国内，这一现状可能和我国的文化传统有关，但是下一步的发展必然是培育出这样的集聚模式。

从上述对各集聚的一般性归纳中可以得到旅游产业集聚区的描述性定义：依托相应资源，以旅游设施集聚为主体所形成的规模性区域。其中有几个特点：第一是大旅游的概念，这个概念不仅超出了观光旅游，也超出了传统所说的行、游、住、食、购、娱六要素，这是一个更大的概念。第二是大产业的概念，只有从大旅游出发，才可能构造出大产业。这里需要项目的聚合，要求集中一批项目，包括一些大项目，只有在此基础之上才能形成集约经营的格局。第三是大发展的概念，从产业发展的角度来说，旅游经营效益是一个必须认真考虑的问题，如果经营效益不理想，所谓旅游产业集聚、建设区域旅游中心也就无从谈起。旅游产业集聚要求改变过去的分散性经营，扭转由分散经营带来的集约化程度低、效益水平低的颓势。大旅游产业联动发展模式旨在对区域自然、经济与社会文化资源进行重新配置，同时根据旅游业与其他产业的内在关联带动相关产业发展，从而推动整个地区经济走上新台阶。

多年以来，描述旅游企业常常用到"小、散、弱、差"的说法，严格地说，"小"不是问题，任何国家的产业发展中小企业都是主体，但是"散、弱、差"是问题，一些地区的旅游产业在产业关联上长期处于边缘位置，究其原因与其处于远离政治、经济、文化中心的边缘地带有关，在这些地区边界的屏蔽效应往往频繁显现。因此，正视区域旅游合作中边界障碍的存在，致力于解决地方旅游市场分割、旅游资源开发的空间无序竞争、地方市场保护主义、地区间旅游交通不畅等问题是必要的。从产业的空间布局来看，旅游产业集聚区最终要构建集中区域，即打造跨界区域旅游中心。虽然在一定的历史阶段，某一区域处于一种边缘化的地位，但其边缘状态并非固定不变的，条件适合时边缘地区的过渡性特征优势会充分发挥，带动本地区由"边缘"发展为更高水平的新"中心"或"次中心"。[①] 边界区域自有其不可取代的优势，如生物多样性特征显著、较少受到现代工业的污染、当地文化呈现过渡性特征等，具有发展大旅游产业的资源优势。

二、广西边界区域旅游产业集聚

（一）集聚条件

广西区域旅游产业集聚与内部动力结构演变的积极影响密切相关，区域发

---

① 侯晓丽.边缘地区区域过程与发展模式研究［M］.北京：中国市场出版社，2007.

展的内在要求主要是指对经济利益的扩大化追求，旅游产业集聚将有助于追求规模经济和范围经济，从而获得较高的比较利益、互补利益与选择利益；而外部因素的促进作用也不可忽视，主要包括内外旅游流的联动、旅游地竞争的促动以及公共设施条件完善的推动等。

1. 区位优势

广西的区位优势以广西北部湾的经济为例，广西北部湾区位有以下几个特征：从大视角看，广西北部湾是东盟经济圈、华南经济圈和西南经济圈的交汇处。从交通区位看，拥有南宁、北海等国际机场；拥有湘桂铁路、南昆铁路、黎湛铁路；拥有南北高速、南百高速、南梧高速等多条高速、多条国道、省道构成的交通网络。以上的经济区位特征使广西在地域经济分工中，一方面难以形成高层级的经济中心、经济制造中心、商业中心；另一方面却可以作为周边经济中心"3小时经济圈"的"旅游后花园"，成为大经济区中的旅游促进中心。

2. 资源禀赋

广西有些资源在全国甚至世界范围内都具有代表性和垄断性：如北海银滩、少数民族风情、花山崖画、德天瀑布、十万大山、钦州三娘湾、东兴与凭祥的边关文化等。中越边界多民族跨境而居，不同的民族在漫长的发展过程中，逐渐形成了自己特有的地方传统习俗和民族风情，如语言、宗教信仰、民族服饰、饮食、建筑（如壮族的干栏建筑）、音乐（如侗族大歌）、生活习俗、节庆活动（如壮族三月三歌圩、瑶族盘王节）等均极具特色。除了这些传统的自然与人文旅游资源以外，广西还有更重要的一种社会资源，如工业旅游、农业旅游、港口观光等，将来在旅游发展中会起到更大的作用。总之，北部湾有独特的发展旅游业的资源优势，将旅游资源优势转化为旅游产业是当地的合理选择。旅游资源优势保证了北部湾能够通过对旅游产业的集聚把旅游产业做大、做强。

3. 市场因素

广西处于中国多个热点地区（广西桂林、云南昆明、广东广州、海南三亚）的中间地带，这些热点地区的现实市场将是广西重要目标客源之一。西南的四川、云南、重庆、贵州和中南的湖南、湖北、江西属于内陆省份，广西的海洋、海滨、海岛、边境资源都具有极强的差异吸引力。其中，周边十省（市、区）客源区的人口总数达50784万人，每年创造313967亿元的国内生产总值，城镇居民人均可支配收入约为23208.8元（2018年统计数字）。广西到广东、西南各省份、中南地区的高速公路、铁路、机场等交通设施都相当便捷。这些都为广西实施旅游产业集聚发展旅游业提供了有利的市场需求保障。

4. 政策条件

随着中国—东盟自由贸易区的构建及北部湾发展进入国家战略层面，广西旅游业正处在产业规模化与集聚化重叠发展的特殊阶段。作为国家西部大开发战略承东启西的前沿阵地、国家旅游扶贫的主战场，从中央到地方各级政府高度重视旅游产业的发展，旅游业被确定为北部湾经济区国民经济新的增长点和重要的支柱产业加以培育和发展，使北部湾旅游业的发展获得了强有力的政策支持。如中央财政转移支付、地方对口支援等一系列优势政策，特别是在基础设施建设给予的投资力度很大。同时，把建设旅游强省作为广西经济社会整体发展的一个重要环节来部署，说明在广西投资旅游不仅在政策上有保证，并且拥有广阔的前景。

（二）集聚方式

在空间形态上，旅游产业集聚使规模经济导致集聚点的产生，再加上范围经济产生集聚旅游产业区，规模经济、范围经济和外部经济共同作用产生集聚旅游产业带和核心区块。集聚旅游点形成后，由于范围经济的作用，旅游要素和旅游经济进一步集聚，能吸引更多的外来要素，景点间关系更加紧密，形成具有一定地域范围的景点群体。在规模经济和范围经济的共同推动下，景点群体发展为集聚产业区。[①] 当集聚产业区不能为原先集聚企业提供更大的范围经济时，外部经济作用继续使产业区扩大，逐渐形成集聚产业核心区，乃至发展成为规模化的城市区域。

广西的旅游产业集聚可依托以下现有基础逐步发展：

1. 国家旅游度假区

度假区有滨海度假、山林度假、山水度假、乡村度假等多种形式。北海银滩，防城港的金滩、江山半岛，合浦的星岛湖，德天的名仕田园风光等都可以构成旅游度假区的集聚。

2. 生态旅游示范区

广西北部湾拥有丰富的生态旅游资源，如大明山、花山、十万大山、涠洲岛等国家级生态旅游景区。这些生态旅游景区围绕景区集聚，形成像九寨沟"沟内游，沟外住"的模式，构造新的生态旅游集聚区。

3. 温泉集聚区

以温泉作为招牌，围绕一系列的新兴需求，创造新型产业和服务，构造成一个综合集聚区。南宁市的嘉和城、九曲湾、陆川的谢鲁山庄等可以构造一个

---

① 聂献忠，张捷，刘泽华等. 我国主题旅游集群的成长及其空间特征研究 [J]. 人文地理，2005（5）：65-68.

温泉集聚区。

4. 商务会展集聚区

以南宁东盟博览会为主，以玉林等其他地方为辅构建会展集聚区。同时，还要考虑目标差异化，如南宁是面向东盟各国的国际化博览会、玉林是面向中小企业的博览会。

5. 城市商业游憩区

城市商业游憩区规模"小"：小餐饮、小娱乐、小广场、小绿地、小购物。但是构造这样的大街区，既能凝聚一座城市的文化底蕴，又能体现时尚的消费潮流，从而形成一个城市的活力。如北海的老街、南宁的步行街都可以形成城市商业游憩区。

6. 旅游文化集聚区

以文化体验为核心构建产业集聚区。一是文化集聚，集聚区内任何一个地方都能感受到浓郁的文化气息；二是产业创新，如巴黎为了保护古城减少城区人口，在塞纳河两岸铺上沙子，种上棕榈树，创造虚拟海滩便于市民度假。宁明花山、京岛金滩等可以采取这种模式。合浦、北海、防城港等港口城市可以利用"海上丝绸之路"起点的优势大做海洋文化体验的文章。

（三）集聚过程

广西旅游业发展目前主要依托广西北部湾区域。广西北部湾区域旅游虽然整体水平不高，却具有迅速扩大旅游产业规模、实现跨越式发展的有利条件。根据区域内旅游合作的现有程度与发展水平，北部湾区域旅游产业集聚可以分为以下两个阶段。[①]

1. 多核共同发展

广西北部湾经济区是北部湾区域旅游合作的核心区，经济区下辖的南宁、北海、钦州、防城港、崇左和玉林六座城市，目前经济发展水平普遍偏低，旅游资源开发程度不高，但是各地拥有的均属优质旅游资源，具有开发高品位旅游景区的潜在优势，各地宜集中有限的物力和财力，依托资源优势重点开发特色突出、交通条件相对便利的旅游景区景点，通过合理的空间配置达到旅游产业集群局部空间集聚，与本地各种旅游要素进行整合，形成地市级的旅游经济增长点，带动当地旅游发展。局部空间产业集聚可通过极核增长或非极核增长方式。极核增长方式依托一个或数个较为成熟的具有龙头作用的优势企业进行上下游产业和相关平行企业的配置，随着产业集群规模的扩大，极核亦可能从

---

① 王凯. 跨界旅游目的地整合发展研究［D］. 华东师范大学博士学位论文，2007.

单极核过渡为多极核。非极核增长方式则在集群中没有明显的优势企业，通过企业群实现产业的上下游配置。①

广西北部湾经济区的特殊性在于区内自上而下已经形成大力发展旅游产业的共识，在各地市注重自身发展的同时，推动整个经济区层面的旅游产业空间集聚已经成为经济区全面发展的迫切的现实需要，因而适时引导区内局部空间集聚实现多核协调作用、共同发展是完全可行的。当地市级增长中心对周边地区旅游流的扩散作用开始显现，旅游中心地体系随之初步形成，旅游流规模在迅速扩大的同时其空间流向上也开始呈现出双向性。各地区之间相互合作，联合开发的规模扩大，共同建设基础设施项目，构造区域旅游交通骨干网络，发展轴的功能初步显现。

在以上两者的基础上，广西北部湾旅游区空间结构变动较大，形成以南宁、北海、钦州、防城港、玉林、崇左等旅游中心地为核心，以南北（南宁—北海）、南防（南宁—防城港）、南友（南宁—友谊关）、南梧（南宁—梧州）等主要交通通道为轴线的点轴型互动体系，经济区内区域整合所依托的点轴空间框架基本形成，区域整合中的点轴要素的集聚效用和扩散效用表现明显，开始形成"渗透型"整合形态，并逐步形成能够反应局部整合的旅游新形象和吸引力更大的旅游产品。随着经济区内各地市旅游合作的顺利开展，广西北部湾旅游区各地域单元之间的横向联系日益密切，旅游政策更趋一致，区域旅游市场初步形成，旅游企业在一定程度上成为市场主体，初步形成合理的旅游地域分工。

2. 区域空间一体化

随着区域旅游产业的进一步集聚，广西北部湾六大城市局部空间集聚的非线性协同作用增强，区域内更多的景区景点得到开发，并依托各级旅游通道与上一级旅游中心建立联系，区域内形成相对均质的旅游中心地体系，旅游地域范围逐步延伸。不同局部空间集聚地的旅游区域相互渗透，各级旅游地之间的联系更加紧密，各级旅游中心地对旅游流的集聚和扩散效应得到了最大限度的发挥，使广西北部湾经济区内旅游空间结构呈现出一种疏密有致并相对紧凑的有机统一状态，网络化、均衡化和多中心的特征明显。南宁、北海、钦州、防城港、玉林、崇左六市已于2007年签订了《环北部湾经济区旅游合作协议》，以打破行政区域限制造成的资源割据现状，向实现资源共享、信息互通、市场共拓迈出了重要一步。毫无疑问，广西北部湾区域旅游走向深化依然任重道远，真正的区域旅游一体化要求各地市内部行政边界完全开放，区域旅游经济

① 黄向，梁明珠. 区域带状极核型主题旅游产业集群培育——以广东恩平旅游经济走廊为例 [J]. 经济地理，2007（6）：977-980.

合作应以追求全面型的合作模式为主；要求旅游企业之间的相互联系更为密切和广泛，乃至成为区域旅游市场的主体，在统一的广西北部湾区域市场中，各种旅游产业要素需实现自由流动。同时，要求区域内形成合理的地域分工体系，加强产业链培育，各地市作为基本旅游地域单元在功能上相互依存，各地区的空间和资源得到更加充分的利用，空间结构和各组成部分完全融合为一个区域旅游经济共同体，至此区域旅游经济系统才算是进入了稳定、高效和有序运行的高级阶段。值得注意的是，由于发达的旅游通道体系使游客流向非常容易改变，极易造成目的地旅游经济系统的紊乱。所以，在发挥各地市作为基本旅游地域单元比较优势的同时，仍需不断检视合作和协调的有效性，以防范各地域单元间过度竞争局面的出现。

三、构建跨界区域旅游合作中心

（一）集聚目标

旅游产业集聚是一个自然过程，而适当的人为干预对集聚进程的加快无疑具有促进作用，因此明确广西北部湾旅游产业集聚的总体目标是必要的。目前，把广西北部湾经济区建设成引领北部湾旅游发展的重点区域已经纳入了广西北部湾经济区发展规划的蓝图，这与旅游产业的集聚并不矛盾，作为相关各区域联动的中心枢纽，广西北部湾旅游产业发展的目标定位应是泛北部湾区域旅游合作的新生力量，是共建中国—东盟新增长极的突破口，同时也是世界旅游大格局中亚太旅游新平台的重要组成部分。

广西北部湾旅游产业集聚要以项目建设为中心，以资源整合、结构优化为主线，以市场开拓、区域合作为重点，统筹推进，加速完善旅游产业体系，全面提升旅游产业素质，综合发挥旅游产业功能。着力提升旅游交通的可进入度，依托广西北部湾经济区的建设发展，完善航空、铁路、高速公路、港口等交通基础设施和会展商贸等商务设施，提高南宁国际航空枢纽港、陆路交通枢纽和"中国—东盟会展商务之都"地位，打造南宁国际旅游集散中心和商务中心，提升南宁作为北部湾中心城市的经济首位度和旅游组织能力；加快高档宾馆饭店、高品质旅游度假区、自驾车旅游营地等旅游设施建设，全面提升服务水平。

（二）发展思路

第一，确立具有轰动效应的独立卖点。与众多旅游产业发达地区不同，广西北部湾属于旅游业欠发达地区，尚有大量优质的旅游资源没有开发，或者只进行了初级开发，这为本区域旅游产业的发展提供了得天独厚的条件。整合提升，着力打造北海银滩、德天瀑布、京岛金滩、钦州三娘湾等品牌旅游景区，确立具有轰动效应的若干独立卖点，是推进广西北部湾旅游产业集聚的第一步，并在此基础上树立宣传形象。

第二，在景区基础上发展的旅游区，主要是在资源基础上扩充。广西北部湾一些度假区以及历史文化区已经初具雏形，进一步建设完善北海涠洲岛国际休闲度假岛、北海银滩国际滨海旅游度假区、南宁大明山山地生态休闲度假旅游区、钦州三娘湾滨海生态休闲旅游区、东兴京岛滨海旅游休闲度假区、崇左德天瀑布跨国旅游区、凭祥友谊关边关历史人文旅游区、崇左左江花山山水生态文化旅游区、东兴北仑河口生态跨国旅游区、上思十万大山生态旅游区、雷琼世界地质公园等一批特色精品旅游项目。淡化景区、淡化开发是旅游产业集聚的重要一步，很多所谓的景区，实际上已不是景区的概念，而是历史文化体验区、娱乐区，但是我们仍然习惯称之为旅游景区。

第三，在旅游区的基础上发展旅游经济综合体。所谓旅游综合体涉及旅游、文化、商业、酒店、房地产等多个产业，它可由旅游景区、高星级酒店、酒店式公寓、高档居住社区、中高档购物中心、游乐场、休闲娱乐街区、市民广场、剧院和一系列交通、市政配套设施组成。它以旅游区为依托，以城市与景区服务设施为主体，构造新的旅游吸引物。也就是说，并非只有传统的旅游资源才是旅游吸引物，从更广泛的意义上看，相关服务设施也可作为旅游吸引物，这一观念的突破旨在充分发挥旅游区的历史文化、自然生态与休闲度假优势，使其成为集观光、度假、生态、文化、健身、购物、演艺、会展于一体，旅游休闲度假功能齐备，吃、住、行、游、购、娱集聚的国际化旅游综合体。旅游经济综合体是一种全新的、开放的、生态的、环保的、地标性的综合性城市结构体系，是多功能、复合性的第三产业集群，既是旅游经济的龙头，也是城市活力的源泉。[①] 旅游经济综合体实际上就是旅游产业聚集区，其发展方向必然是资金密集、智力密集、人才密集、全面创新。这种旅游产业聚集区的范围大、设施全、市场品牌突出，广西北部湾区域旅游产业应该按照这样的目标来研究、来构造、来发展。

（三）推进建设[②]

1. 选点布局

广西北部湾旅游产业布局本质上应遵循需求导向、市场驱动的原则，在具体选点布局的时候，需要考虑两个方面：第一是非工业方式，第二是非基本农田。不能一说到旅游区规划，马上就是工业开发区的方式，工业开发区的成功经验要

---

① 徐文潇. 旅游综合体建设加快杭州国际化步伐［N］. 中国旅游报，2008-02-20.

② 魏小安，周鸿德，周小丁. 天下旅游看四川［M］. 成都：成都时代出版社，2008.

学习，但是绝不能简单照搬它们的模式，应该形成"山、水、园、林、泉、文"的综合配置。基本农田最好不要用，占用基本农田政策上很难突破，也完全没有必要突破。土地资源当然很重要，但是绝不意味着占用基本农田就能搞好旅游区开发。对于其他产业来说的好地，对于旅游产业聚集区来说未必是好地；其他产业难以接受的，对于旅游开发来说可能就是好地。旅游产业集聚最好在保护基本农田的同时构造出自己的特色，并通过合理的配置，形成核心、形成特色。

2. 招商选资

旅游区的项目建设往往是长线投资、长远回报，所以需要和投资商达成共识。有些旅游投资商心态急躁，热衷短线投资，恨不得今天投入明天就得到回报，后天就发财，这种心态需要改变。具有战略性眼光的投资商，一般都是大投资商，所以招商投资需要选择这种投资商，特别是选择一些眼光长远的大投资商。在这个过程中，最重要的是研究和设计商业模式，每一个项目应有适宜的商业模式，相关项目的商业模式之间复杂的交叉组合关系也应引起足够的重视。因为商业模式的创新是旅游产业聚集区招商选资乃至长远发展的关键。

3. 土地升值

土地升值虽然属于基础性的商业模式，却能带来根本性的商业回报。启动规模投资，边建设边实现土地升值，甚至有可能使长线项目成为短线项目。但是需要注意的是没有大资本的拉动，土地升值的空间就很有限，"小打小闹"很难拉动规模较大的项目。没有大资金的拉动，土地升值也做不起来，另外，土地升值也需要大政策的支持。广西北部湾经济区由于政策的倾斜，南宁、北海等二线、三线城市的土地升值空间很大。

4. 政策组合

政府及相关主管部门需要研究确定发展重点。确定了重点才能集中资金，集中发展，形成相应的规模，没有足够的规模谈不上集聚区。旅游本身没有多少大政方针可言，也不能苛求政策方面能搞出多少创新，但是政府及相关主管部门可以推出组合性的政策来支持。如把财政政策、金融政策、生态政策、环保政策、土地政策，包括一些贫困地区的扶贫政策组合到一起，就可以集中支持一些项目。这样一来，重点比较容易形成，而且有了政策组合，在招商选资方面也会有相应的吸引力，由此就会打造一系列新的品牌。如果达到一定程度，旅游产业集聚区的品牌甚至会超过地方品牌。这些年北部湾已经聚集了一些财富，有相当一批投资商已经把眼光转到广西经济区的旅游项目上，市场突破条件已经初步具备，只是需要政府相关部门研究政策组合来支持。

5. 统筹发展

广西北部湾旅游产业集聚需要研究统筹发展。统筹发展一方面是农村，应当用景观的概念看待农村，用综合的理念经营农业，通过旅游开发提高土地利用率，提高农产品的附加值；用人才的观点发动农民，使农民也成为文化的传承者和工艺美术师。另一方面是城市，就是要用抓旅游的理念抓城市，突出人本化和差异性；用抓饭店的理念抓景区，突出精品化和细致化；用抓生活的理念抓休闲，突出舒适性和体验性。在此基础之上推进城乡统筹，多方兼顾，利益协调，实现旅游产业的和谐发展。

第三节　广西与粤港澳大湾区跨界区域旅游合作

一、粤桂跨界合作切入，构建区域合作中心

桂粤港澳跨界区域旅游合作涉及行政区域广泛，既有政治制度的不同（粤桂和港澳），又有经济发展阶段的不同（粤港澳和桂）。因此，相较桂港澳，桂粤地缘相近、文化同源，可作为构建桂粤港澳跨界区域旅游合作区的切入点，加强纵向发展，在桂粤跨界区域形成旅游产业集聚，首先实现双边旅游资源共享、旅游产品共建、旅游市场共拓、旅游行业共管、旅游人才共用等旅游要素自由、合理流动的局面，打造桂粤港澳区域旅游合作第一圈层。

（一）粤桂区域旅游合作文化认同

认同是与社会发展相伴始终的人类所特有的认知方式和结果。文化认同指的是一个民族、国家、区域范围内的成员对其文化的理解、接受和实践，它的目的在于用共同拥有的信念、价值观和行为方式，更好地生活在所在的集体当中，并为集体的团结和发展发挥重要作用，是一种特殊的文化心理状态。①

文化认同对于区域旅游合作的深入开展具有十分重要的促进作用。首先，从文化人类学的角度看，旅游活动是一种主动的文化要素转移与流动。在现代旅游经济发展中，文化与经济的互动作用日益显著，两者紧密地彼此依赖、互相制约。区域旅游合作离不开相邻的地理区位，更离不开共同的人文基础。文化认同有着丰富的内涵，文化理念的共享能够使人类在跨界交流中引起共鸣，达成共识。深植于人们内心的文化观念对于区域旅游活动的影响是全方位的、

---

① 崔新建. 文化认同及其根源 [J]. 北京师范大学学报（社会科学版），2004（4）：102-107.

持久的，它有助于激活区域旅游合作并为之提供源源不断的发展动力。对于跨行政区域的旅游合作，地域文化认同是不可或缺的因素。

其次，如果文化认同是文化凝聚力的基础，那么文化认同就可以增强区域凝聚力、向心力，可以对区域内不同的成员形成统摄力、吸引力、感召力，这种力量促使区域成员紧密地团结起来，自觉维护共同体的利益，增强成员之间的协调性、整合性，从而保持整体的稳定，促进共同的发展。文化认同带来的这种精神动力，有利于区域动员一切旅游资源，为旅游业的共同发展服务，是区域旅游合作中必不可少的因素。尤其是对于跨行政的区域旅游合作来讲，缺乏有效整合旅游资源的凝聚力，其合作前景也是不容乐观的。

（二）粤桂区域旅游合作产业基础

1997 年至今，广东省已至少投入 1.5 亿元对口帮扶广西百色市进行移民异地安置；2011 年 12 月 11 日，广东、广西两省（区）政府在北京签署了《"十二五"粤桂战略合作框架协议》，提出在广西梧州市与广东肇庆市的交界区域共同设立产业合作示范区的构想，"粤桂合作"建设开启；2014 年，广东、广西两省区扶贫部门签署了《广东对口帮扶广西职业教育协作框架协议》，正式启动了两广职业教育协作试点；2014 年 7 月《国务院关于珠江—西江经济带发展规划的批复》发布以来，珠江—西江经济带上升为国家战略，这为促进流域合作发展和两广经济一体化提供了重大机遇。两广地区还在交通、教育、旅游、卫生等方面加强部门沟通，密切合作。

随着中国高铁的发展，区域经济发展迎来"高铁时代"，高铁作为更加便捷、快速、安全的交通工具，对缩短旅途时间、拉近旅游目的地距离、扩大旅游地客源市场具有重要意义。贵广高铁 2014 年正式通车运行，将广州到桂林的时间缩短至 2 小时，使桂林成为广州、深圳等珠三角地区的"后花园"，桂林现有客源结构被打破，来自珠三角地区的客源以及由珠三角中转而来的外国游客比重呈显著上升之势。同样是 2014 年正式通车运营的南广高铁是连接西南与华南的快捷大通道，既是未来华南地区的经济大动脉，更是广西经济腾飞的大平台，对于完善广西综合交通体系，促进粤桂两省区间经贸合作和旅游交流，带动广西融入粤港澳"大珠三角"经济圈，推动广西加快旅游强省建设，实现桂粤港澳区域旅游整体化发展，把桂粤港澳旅游区域打造成为国际区域旅游产业合作新高地、中国沿海旅游发展新的增长极，具有重大而深远的意义。

（三）粤桂区域旅游合作政府拉力

近年来，本着"资源共享、市场共拓、合作共赢"的原则，两广旅游部门在市场开发、旅游扶贫、产品线路、宣传促销、项目投资、人才培训等领域，多层次、多角度地开展了密切的合作。例如，2005年广东旅游局与广西旅游局正式启动了两广无障碍旅游区；2006年两广无障碍旅游区扩大到20个城市，双方还共同打造"山水旅游线路""滨海边关旅游线路"两条跨省区精品旅游线路。2009年，广东将广西作为国民旅游休闲计划的目的地予以推广，进一步促进两广无障碍旅游区自驾车旅游的全面发展；此外，双方加大大旅游项目投资领域的合作；建立双方旅游合作联席会议制度，构建良好的合作保障机制等。2010年，两广签订了旅游合作与交流协议，根据协议内容，两广整合双方旅游资源，继续共同打造两条跨省区精品旅游线路；2015年，广东四市和广西六市签署《两广十市海洋旅游合作宣言》，提出抓住"中国海洋旅游年"契机，抱团发展海洋旅游，共谋做好做大两广区域"海洋旅游蛋糕"。2017年，签订了《广东广西旅游扶贫帮扶合作框架协议》，双方将共同成立两广旅游扶贫帮扶工作领导小组，建立旅游扶贫帮扶工作机制，协调两广旅游扶贫帮扶工作。

二、以点带面，桂粤港澳旅游一体化

（一）桂粤港澳区域旅游产品概况及一体化分析

1. 桂粤港澳旅游产品概况

桂粤港澳区域旅游产品差异性明显。广西旅游资源种类多样且品质高，目前，广西旅游资源的利用开发已基本形成"122457"的总体框架①，其中主要是"5"和"7"："5"——五大旅游品牌，即桂林山水、德天瀑布、北海银滩、百色天坑、民族风情；"7"——七大旅游区，即大桂林山水文化旅游区、南宁壮乡绿城会展商务旅游区、德天跨国大瀑布旅游区、环北部湾滨海跨国旅游区、百色大天坑群旅游区、大瑶山生态民俗文化旅游区、桂东宗教历史文化旅游区。

广东旅游业发展较早且水平较高，主要旅游产品有现代城市观光、山水观光，更高层次的旅游产品为主题公园娱乐、温泉度假以及商务会展等。目前，广东旅游产业正在形成由珠三角旅游圈、粤北旅游圈、粤西旅游圈、粤东旅游圈以及南部滨海休闲度假游憩带、珠三角外围生态度假休憩带、广东北部生态度假休憩带构成的"四圈三带"的旅游结构②。

香港地域狭小、资源贫乏，但香港旅游业并没有因此而止步不前，发展到

---

① 曾令锋，苏少敏. 广西周边地区旅游资源优化整合开发研究 [J]. 桂林旅游高等专科学校学报，2006（6）：262-265.

② 梁文本. 旅游产业空间集聚分析——以广东、乌鲁木齐县为例 [D]. 广东外语外贸大学硕士学位论文，2016.

今天，已拥有众多内容丰富又独具特色的旅游景点和项目，其中最具代表性的被概括为"香港八景"，分别是："旗山星火"，八景中之首景，它指从太平山（扯旗山）顶观看夜色中的港岛如群星满天的万家灯火之瑰丽景色；"赤柱晨曦"，此景又称"赤柱朝阳""赤柱朝曦"，指沐浴在万道霞光中的赤柱半岛殷红如赤；"浅水丹花"，指碧水盈盈的浅水湾与万紫千红的杜鹃花交相辉映所构成的美丽春景；"虎塔朗晖"，指虎豹别墅院内六角形的白塔在日出之时，迎着朝阳，披满彩霞的壮丽景观；"快活蹄声"，指快活谷的赛马盛况，马蹄声声牵动成千上万马迷之心；"鲤门月夜"，指夜晚在鲤鱼门观赏月光下维多利亚港的美景；"残堞斜阳"，指九龙城寨的残垣断壁，但由于近年九龙城寨已彻底清拆，这一景色也成为历史，取而代之的是园林整景；"宋台怀古"，指在香港启德国际机场附近的宋王台公园，它记载了宋朝历史的最后一幕。20世纪90年代，香港又有了"新十景"之说，即"天坛大佛""山顶广场""中区行人电梯""半岛酒店""美浮填海区""九龙城寨""黄金海岸""科技大学""红山半岛"和"新机场"，着重展现了香港现代都市的风采。同时，由于中西交融在饮食文化上的体现和香港执行自由贸易又分别使香港获得了"美食之都""购物天堂"的称号。澳门则主要以博彩旅游业为主。桂粤港澳旅游资源、旅游产品结构、旅游业发展水平的差异，使桂与粤港澳区域旅游产业之间存在较强的互补关系。

2. 桂粤港澳旅游产品一体化分析

本书主要把桂粤港澳旅游产品分为九类，运用图表方式进行一体化分析。如表3-1所示。

表3-1　桂粤港澳旅游产品类型分类

旅游产品类型	代表性景区（狭义旅游产品）
桂粤港澳观光游览类旅游产品	桂林山水、桂林市两江四湖景区、八角寨、龙胜梯田、百色乐业天坑群景区、德天瀑布、北海海洋之窗、兴安灵渠、贺州姑婆山旅游区、钦州三娘湾旅游景区；丹霞山、南海罗浮山、博罗罗浮山、白云山风景名胜区、锦绣中华、世界之窗、盘龙峡生态旅游区、七星岩、肇庆鼎湖山；维多利亚港、香港海洋公园、香港杜莎夫人蜡像馆、太平山、浅水湾；澳门旅游塔
桂粤港澳休闲度假类旅游产品	桂林乐满地世界、北海银滩国家旅游度假区；从化温泉、大小梅沙度假区、华侨城旅游度假区、观澜湖高尔夫球会；香港迪士尼、香港海洋公园

旅游产品类型	代表性景区（狭义旅游产品）
桂粤港澳历史文化类旅游产品	凭祥友谊关、玉林云天民俗文化城；百粤冠祠、西汉南越王墓博物馆、悦城龙母主庙风景区；黄大仙祠、旧大埔墟火车站；澳门历史城区、大三巴牌坊、澳门天后宫
桂粤港澳民族民俗类旅游产品	"刘三姐故乡"、"世界瑶都"、融水贝江苗寨、贺州瑶族风情园、龙脊壮寨、三江侗寨、金秀瑶寨、民俗博物馆；沙湾镇
桂粤港澳宗教名胜类旅游产品	桂平西山—白石山、容县都峤山、北流勾漏洞；六榕寺；圣老楞佐教堂、澳门观音堂
桂粤港澳会展商务类旅游产品	中国—东盟博览会；广交会
桂粤港澳红色旅游产品	"邓小平足迹之旅""重走红军长征路"
桂粤港澳节庆类旅游产品	南宁国际民歌艺术节、中国（桂林）国际摄影节、柳州国际奇石节
桂粤港澳工业农业类旅游产品	广西工农业旅游示范点；农科中心

从旅游资源禀赋角度来看，广西旅游资源在四地中最为丰富，广东次之，港澳旅游资源相对贫乏。从旅游资源开发程度角度来看，粤港澳发展旅游业早，旅游资源开发程度高，基础设施及旅游配套服务设施建设完善，旅游产品可持续性及附加值高。相对而言，广西旅游发展对旅游资源的合理及充分开发程度较低，旅游者在景区停留时间短，旅游消费不充分。促进桂粤港澳旅游一体化发展，在四地推动旅游资源共享、旅游客源互送、旅游规划共商、旅游管理共享、旅游人才共用、旅游政策同步，则港澳旅游资源贫乏的"先天不足"可得到有效弥补，广西的客源市场将进一步扩大，同时在旅游资源开发及保护上引进更多元、更先进的模式。

（二）桂与粤港澳旅游产品合作构想

多层次、全方位的旅游产品设计是保持桂粤港澳旅游业强大吸引力和持久生命力的源泉，是区域整体旅游业发展的核心所在。基于桂、粤、港、澳四地社会经济及旅游业发展水平，提出适合桂粤港澳旅游产品的合作方式。

1. 纵向合作与横向合作并进

桂与粤港澳区域的旅游合作既是纵向的也是横向的。纵向合作主要是内地桂粤旅游欠发达地区与发达地区的合作，随着大众旅游规模的大幅增加，旅游消费层次随之发生变化，求新求异、休闲度假的旅游消费观念也越来越强，广西既沿边又沿海的地理位置、独特的边境民族风情、奇异的自然风光、良好的

生态环境等对游客有很强的吸引力。为了适应市场需求，广东将广西纳入自己的旅游辐射圈，实现区域内旅游产品多元化、旅游消费多样化；从产业发展角度来看，广西借助外力引进客源、资金以解决由于资金短缺而举地方微薄财力全力投资旅游发展的问题，不仅杯水车薪难以奏效，而且会使本就脆弱的财力背上沉重负担，导致经济恶性循环；从体制层面上来看，广西封闭的经济社会特征借助体制外助推力注入，形成规范运作的市场机制。因此，强化双边纵向合作，通过区域合作，促进客源、资金、人才、技术自由流通，并引植市场化机制，实现区域整体旅游的跳跃式发展。纵向合作主要强调市场互动、经验共享。

横向合作主要强调区域内产品组合、线路连接、形象宣传。广东省内部以广州—深圳—珠海为核心的地区是广东旅游的金三角。桂粤联合巩固发展两广无障碍旅游区，共同打造区域旅游产品。广西区内线路：桂东宗教历史文化之旅（玉林、贵港）、环北部湾海滨之旅（北海—防城港—钦州）、中越风情之旅（北海—防城港—钦州—越南）。广东区内线路：历史文化之旅（湛江—茂名—云浮—阳江）、粤西海滨之旅（湛江—茂名—阳江）、生态保健旅游（湛江—茂名—云浮—阳江）。桂粤同推介线路：海滨风情之旅、生态保健之旅、文化古迹之旅。重点完善和推出：广州—梧州—贺州—桂林、湛江—北海—钦州—防城港—越南或南宁、南宁—贵港—桂平—梧州—广州—香港（珠江水系旅游线）、孙中山北伐足迹之旅、桂东南宗教历史文化之旅、广西中越边境风情之旅、刘三姐民族文化之旅、环北部湾滨海之旅、龙母故乡寻根游。桂粤港澳区域内：广西—深圳—香港—澳门、澳门—深圳—南宁—容县（侨乡之旅）。

2. 区域内全方位开放

在桂粤港澳区域内，根据各地的资源和经济发展特色，充分发挥各地优势，通过联合协作，实现旅游资源的优化配置和生产力合理布局，促进区域旅游业协调发展，变单体优势为群体优势。建立一体化和高度开放的区域旅游，以交通要道为依托，以旅游产品、线路为联结，推动桂粤港澳区域旅游合作。主要包括以下内容：①品牌共树。凭借区域内经济文化的内在联系，围绕区域旅游新产品特色，策划、开发、塑造区域旅游统一品牌，确定能充分表达品牌内涵的图文标识、促销口号和标志性景点。区域旅游协作区共享品牌资源，并在公共宣传、市场促销中统一主打区域旅游品牌形象，增强市场认同感。②市场共闯。要根据产品特色，找准市场定位，主攻重点市场。针对市场需求，对区域内相对独立的旅游产品和景区进行串联、包装、组合，推出若干各具特色的精品旅游线路。③产业共促。打破市场壁垒，合理区划区域旅游产业布局，按照国家产业政策要求，发挥市场在配置资源中的基础性作用，强化地区自律，防止低水平重复建设，淘汰落后生产力，促进产业优化升级。引导和推动区域内旅游企业资产重组整合，推进旅游企业在合作竞争中向集团化、网络化、品牌化方向发展，构建一批区域性的龙头企业。④利益共享。对区域内各项旅游经济交往实行互惠互利政策，包括旅游企业跨行政区域开展经济活动享受当地企业的一切同等优惠待遇，坚持互送客源，主动向旅客推介本行政区外的其他旅游产品，为协作伙伴组织的游客提供统一的门票折让，加强行业间沟通协调，防止、抵制低价倾销和恶性竞争，共同维护区域旅游的整体利益。

(三)　桂粤港澳旅游产品区域合作内容

就旅游圈层次而言，桂粤港澳区域旅游产品合作的开展可以经济发达的广州—深圳—珠海三角区为中心，向整个桂粤港澳区域和东盟等外围区域扩散。具体来讲，第一圈层，主要是以广深珠为中心的广东区域。第二圈层，主要是邻近的桂粤之间的合作。第三圈层，主要是整个桂粤港澳区域的旅游产品合作。第四圈层，主要是桂粤港澳区域与东盟诸国的旅游合作。

1. 海洋旅游联合

从广东出发一路向南，通往越南、泰国等国可以看到：古老的"海上丝绸之路"不仅成为了东西方经济文化交流的纽带，也串联起了多个面向全球的海洋旅游目的地。广东滨海资源旺盛，拥有海域面积42万平方千米、海岸线3368千米、可开发海岛759个。广东既是海洋大省，也是旅游大省。"十三五"时期，广东处在建设世界旅游休闲目的地的重要阶段，未来海岛休闲旅游前景广阔。

珠海率先尝试了打造"国际休闲旅游岛"这一滨海旅游品牌。2019年，珠海横琴长隆国际海洋度假区已启动建设第二期系列工程，据了解，项目投资金额超过200亿元，预计投入使用后景区年游客接待量将达到3000万人次。广州、深圳、中山等地也在尝试游艇、帆船等高端海洋旅游项目的精准落地。现在，广东已建游艇码头2000个，在册登记的私人游艇300艘，已开业的俱乐部7个、在建5个。因消费习惯长期受港澳影响，广东游艇旅游产业基础较好：珠海有国内最大的游艇工业园区，深圳则是全国最早有游艇俱乐部的城市之一。

2016年11月，中山与澳门开通点对点游艇自由行，广州的南沙游艇会也正在积极倡导筹划联合粤港澳三地，举办每年一度的大型游艇展和水上活动项目，在国际打造中国游艇产业的"新名片"。

广西是中国唯一既沿边又沿海的少数民族自治区。广西与周边国家越南、柬埔寨、泰国、缅甸都有海路相通。从广西北部湾畔的北海、钦州、防城港三

个城市的港口码头出发，国内可通往沿海各省份和港澳台，国外可通往世界各国的港口，是广西走进东南亚、走向全世界的海上通道。近年来，广西沿海各市县积极开发各类海洋自然、人文旅游资源，形成了一批闻名国内外的大众观光型海洋旅游产品。山口国家级红树林保护区、北仑河口国家级自然保护区、钦州三娘湾白海豚等都是典型的海上观光产品。

以广东为轴心，连接桂粤港澳四地海洋旅游发展，正视优质旅游资源，开发"滨海+温泉"、邮轮、游艇等大型海洋旅游主题活动，打造独具特色的旅游产品，开发既融入各地民俗风情又有机统一的海洋旅游线路，形成我国海洋旅游新高地。

2. 医疗养生旅游共拓

随着人口老龄化、环境污染、亚健康人群不断扩大，人们对健康的诉求也不断增加，催生了医疗养生养老旅游的发展。广东岭南医学源于传统中医药学，是中国医学史上重要的组成部分。广东养生文化浓厚，老火靓汤与凉茶是广东药膳养生的重要代表，体现了中医文化中的"上工治未病"的原理。广西巴马长寿村，自古以来就有生命超过百岁的老人存在，且居世界五大长寿之乡首位，享有很高的赞誉。近二十年来，很多人慕名前来养生延寿，因此成为了广西著名的养生旅游度假区。据新华网，广西将大力发展生态经济，依托生态优势、长寿品牌和中草药特色资源，发展候鸟型栖息式养老等休闲养生养老模式，加快休闲养生与养老健康产业发展，打造全国长寿养生生态旅游区。到2020 年，广西要打造若干具有国际影响力的生态旅游和长寿养生基地。以广西生态旅游与长寿养生旅游为主要产品，融合粤港澳医疗、养生地方特色，共同开发医疗养生旅游产品。2015 年，以"两广十市共携手，推动健康养生游"为主题的"两广十市"（湛江、茂名、云浮、阳江、北海、防城港、玉林、钦州、贵港、来宾 10 市）区域旅游合作联席会议在云浮隆重开幕。

粤桂均拥有良好的区位优势、丰富的医疗养生旅游资源和潜力巨大的客源市场等有利条件，在区域内突出医疗养生旅游，整合医疗、养生、养老资源，依据市场消费需求细分，推出针对不同人群的医疗、养老、养生、旅游组合产品，打造区域内旅游特色产品。

第四章　广西与东盟的跨界旅游合作

国家的边界是指划分一个国家领土和另一个国家领土，一个国家的领土和未被占领的土地，一个国家的领土和公海以及国家领空和外层空间的想象的界限。边界是有主权的国家行使其主权的界限。正式的国家边界一般被认为是国与国之间的有形边界。所谓无形边界，往往指的是国家体制、经济水平、法律法规、文化信仰上存在的诸多差异。

广西与东盟国家之间，仅同越南拥有现实的边界线，因而同时存在有形边界和无形边界；而广西同东盟其他九个国家，没有现实的有形边界，但存在无形边界，也制约着双方的跨界旅游合作。本章拟从有形边界和无形边界两个层面论述广西与东盟之间的跨界旅游合作问题，找寻其中的不同之处。

第一节　广西与东盟跨界旅游合作的有形边界

广西与东盟毗邻，但是真正有正式边界的仅越南一个国家，双方拥有长达637千米的边境线，占中越边境线总长度的75%，不仅拥有界碑、国门口岸等人为边境景观，更拥有德天—板约跨境瀑布、归春河跨境河流等自然景观。除了陆上边界，广西与越南还拥有着绵长的海上边界，海上旅游资源丰富。现阶段，越南作为我国对接东盟的重要门户，同时也是"21世纪海上丝绸之路"建设的首个节点，推进中越跨境旅游合作发展，对双方经济的发展与"一带一路"建设至关重要。[①] 广西与越南的跨境旅游合作开展已久，越南作为广西深化区域旅游合作的重要对象，同时是广西连接东盟其他国家的重要通道，旅游合作取得了十分显著的成效。与此同时，双方较成熟的跨界区域旅游，也为研究边界对于旅游的效应，尤其是在欠发达地区层面提供了很好的案例。其中，边界的屏蔽、中介和集聚效应都得以充分体现。

---

① 余海燕. 中越跨境旅游合作面临的挑战及升级路径 [J]. 对外经贸实务，2017（9）：80-83.

一、广西与越南的跨界旅游合作

广西与越南的区域旅游合作包含众多方面，主要涉及联手打造跨境旅游合作区、旅游企业交流互访、跨境旅游线路升级改造等，多年来成效显著。

首先，联手打造跨境旅游合作区。目前，广西面向越南的跨境旅游合作区主要有德天—板约跨境旅游合作区、东兴—芒街跨境旅游合作区、浦寨—新清跨境旅游合作区，分别涉及广西的崇左、防城港两市和越南的高平、广宁、谅山三省。其中，中越德天—板约跨境旅游合作区开展最早，也最成熟，同时也是陆上中越跨境旅游合作的标志性景区。2015年底，双方政府共同签署了《合作保护和开发德天—板约瀑布旅游资源协定》，力争加强合作磋商，共同将德天—板约瀑布打造成真正的国际旅游胜地。① 东兴—芒街跨境旅游合作区目前也备受关注，每年定期举办的"中越东兴—芒街跨境旅游论坛"发挥了重要的地方合作磋商及宣传推广作用。2016年10月，东兴—芒街跨境自驾游服务正式开通，无疑为跨境旅游合作区的建设迈出了更坚实的一步。浦寨—新清跨境旅游合作区，更多的是在浦寨—新清跨境经济合作区的基础上衍生而来的，以经贸带动旅游，同样为双方带来众多的经济增长契机。

其次，旅游企业交流互访。发展区域旅游合作，尤其是跨境区域旅游合作，单靠政府层面的保障远远不够，旅游企业的合作才是保证合作成效最大化的关键。中越区域旅游合作进程中，旅游企业的交流合作无疑扮演重要的角色。自2004年中国—东盟博览会举办起，广西当地旅游企业与东盟各国的旅游企业便利用此机遇大力加强交流合作，在政府政策允许的情况下，尽可能多地进行旅游合作，将区域旅游合作的经济社会效益最大化地发挥出来。除此之外，双方旅行社的合作对接也是广西与越南区域旅游合作所必备的一个举措。据相关信息显示，目前有众多的旅行社活跃在中越边境，为过往游客带来服务。旅行社层次的提高以及合作对接形式的升级是未来需要着重考虑的问题。

最后，跨境旅游线路的升级改造。以往的广西与越南的跨境旅游线路打造重点集中在陆地边界，旅游线路的样式多为城市对城市的点对点式，比较成熟的旅游线路包括凭祥—谅山、凭祥—下龙湾、东兴—下龙湾—海防—河内等。当前的跨境旅游线路，一方面集中到海上，借着"海上丝绸之路"建设的推进，广西与越南陆续打造了几条具有特色的海上跨境旅游线路。例如，2015年

---

① 余海燕. 中越跨境旅游合作面临的挑战及升级路径 [J]. 对外经贸实务，2017（9）：80-83.

2月9日，广西籍邮轮"北部湾之星"号，从北海港起航驶向马来西亚关丹港，沿途经岘港、芽庄、关丹、云顶、热浪岛等东南亚古镇和著名旅游胜地，全程9天8晚，开启了广西"海上丝绸之路"新旅程；2017年11月9日，广西防城港"中华泰山"号开启首航之旅，载着900多名游客畅游越南岘港市和下龙市，这是中国广西与越南广宁加强合作，开通海上邮轮旅游航线，推动中越跨境旅游业发展更上层楼的重要举措。另一方面集中在自驾游、风情游、文化探秘游等领域，相继开通凭祥—友谊关"中越跨国自驾游"（2010年12月）、中越东兴—芒街跨境自驾游（2016年11月）等线路，联手打造了"越老柬神秘之旅""中越跨国胡志明足迹之旅""中越边境探秘游"等特色旅游线路。

二、广西与越南边界效应模型构建及分析

（一）广西接待越南入境旅游概况

我国西南地区与越南有漫长的共同边界线，广西与越南的陆地边界线占中越陆地边境线的75%，此外还有长达1595千米的海岸线。广西区下辖的防城港市（东兴市、防城区）、崇左市（宁明县、大新县、凭祥市、龙州县）、百色市（靖西县、那坡县）的八个县（市、区）与越南有海关口岸相通。2018年8月12~16日，我们选取较为重要的友谊关和东兴口岸进行旅游客流特征分析。从友谊关与东兴口岸的问卷调查得知，访华接受调查的180名的越南一日游游客中，有95%是选择来广西游览、参观、购物的，有8%是到云南等边境地区旅游的。而入境过夜的越南游客在中国境内选择游览的目的地有北京（28.8%）、上海（20.5%）以及广东、海南、江苏等地（23.4%）。

广西地处祖国南疆，过去由于思想观念保守，经济发展落后，再加之交通闭塞，其入境旅游发展速度慢、规模小。但是，从2000年开始广西入境旅游发展速度迅猛，入境旅游人数与旅游外汇收入分别是1229122人次与30661.28亿元，排在全国的第6位与第11位。近年来，广西接待越南入境旅游人次飞速增长，2013~2018年广西接待越南入境旅游人次如表4-1所示。

表 4-1 2013~2018 年广西接待越南入境旅游人次

年份	人次	年增长率（%）
2013	450799	—
2014	427548	−5.15
2015	453556	6.08
2016	482492	6.37
2017	484933	0.5
2018	533262	10.0

资料来源：根据 2013~2019 年《广西统计年鉴》整理。

相比之下，近些年广西过境越南旅游人次也在大幅度增长，凭祥、东兴、友谊关等几大中越边境口岸过境人次连年增多，越来越多的人由陆路进入越南及东南亚旅游。相关统计数据显示，截至 2019 年 12 月 31 日，东兴口岸出入境游客人数突破 1330 万人次，单日出境人数最多达到 3.5 万人次，成为我国第一大陆路出境口岸。其中，主要以中国过境到越南的游客为主，游客来源还是集中在广西区内。与此同时，随着海上旅游合作线路的不断完善，北海、钦州、防城港等面向越南的沿海城市，也逐步演化成重要的赴越及东盟旅游的重要集散地。相关统计数据显示，2017 年 1~3 月，经北海赴越南的出境游客达到116656 人，比 2016 年同期多出一倍。出游形式主要以旅行团为主，据相关负责人介绍，2017 年 1~3 月，赴越旅行团数目激增到 2233 团，这既带动了双方旅游业的发展，也带来了众多的消费机会。

（二）模型构建与数据取样

1. 模型构建

关于跨国旅游合作边界效应的实证分析不多，因而缺少可资参照的范例，在模型构建上有一定难度。Tim Haziedine（2009）研究了加拿大四个国际机场空中乘客的边界效应，得出国内乘客是国外乘客的 6 倍的结论，说明这一研究同样适用于人员流动，即边境两国已经建立自贸区，边境障碍已经消除，但是边界依然客观存在，并且边界效应也存在。但是，从入境旅游的角度来测量两国的边界效应目前还有许多困难。国内有学者通过中国入境旅游的规律研究了一些影响因素。如郭为（2008）对贸易引力模型在入境旅游中的应用做了详细阐述，具有一定的可信度。本书主要借鉴郭为的贸易引力模型，构建两地区之间的边界效应模型，以此来考察跨越国家边界的跨境旅游合作的程度与潜力。

我们首先利用贸易引力模型来构建广西与越南旅游合作的边界效应模型，公式表现形式如下：

$$M_{ij} = A(Y_i Y_j)/D_{ij} \qquad (4-1)$$

其中，M_{ij} 表示某一时期 i 国家（地区）从 j 国的进口额；A 表示常数项；Y_i 表示国家 i 的 GDP；Y_j 表示国家 j 的 GDP；D_{ij} 表示两国之间的距离，通常用两国首都或经济中心之间的距离来表示。

因为该模型是非线性的，所以对上式两端取自然对数，转换为线性形式：

$$\log M_{ij} = \alpha + \beta \log(Y_i Y_j) + \gamma \log D_{ij} + \varepsilon \qquad (4-2)$$

其中，α、β、γ 为回归系数，ε 为扰动项。

为了研究的需要，我们引入了一些新的解释变量对原模型进行扩展，以更好地运用到入境旅游的研究中。入境旅游的引力模型可以表达为：

$$\log T_{ij} = \alpha_0 + \alpha_1 \log Y_i + \alpha_2 \log Y_j + \alpha_3 \log D_{ij} + \alpha_4 B_{ij} + \varepsilon \qquad (4-3)$$

其中，因变量 T_{ij} 为旅游目的地 i 接待的旅游客源地 j 的旅游人次，关于自变量的含义和说明如表 4-2 所示。

表 4-2　解释变量的含义及理论说明

自变量	含义	理论说明
Y_i，Y_j	各省（市、自治区）及越南的名义 GDP	反映某地的出游率和接待能力：经济规模越大，出游率和接待能力越大
D_{ij}	内地省（市、自治区）与越南之间的空间距离	反映出游阻力：距离越远，出游阻力越大
B_{ij}	虚拟变量，两地是否具有共同分边界，是取 1，否则取 0	如果各省份与越南接壤，其交易成本会减小，相应入境旅游流量将会上升

根据已有文献的研究情况，结合国内旅游的实际情况，现对上述模型中的部分自变量的统计指标做以下说明：

（1）对于被解释变量 T_{ij}，我们采用广西、云南、广东、海南四省区接待的越南入境旅游的人数来表示。入境旅游发展水平是衡量一个国家或地区旅游业国际化水平和产业成熟程度的重要标志。[①] 中国旅游业是从入境旅游开始的，入境旅游是中国旅游市场的重要组成部分。由于以上四省区接待越南入境旅游人数的统计一直保持着较好的连续性，且历年都有详细的记载和备案，被重复记录的概率大为降低，准确性大大提高。这些为本书提供了良好的信息基础。

---

① 马耀峰，李天顺等．中国入境旅游研究［M］．北京：科学出版社，1999．

（2）对于 Y_i 和 Y_j，我们采用了名义 GDP，许多学者采用人均 GDP，这样可以将人口的影响因素考虑进去。我们认为，一般地，客源地旅游者对目的地的选择更多考虑的是该地区总体的发展水平以及旅游资源的丰裕度和独特性，而国民生产总值代表了一国的经济发展水平，可以说明其旅游资源、接待能力、交通能力等，并在一定程度上反映出各种制度和旅游环境的改善。同时，国民生产总值还可以反映中国在国际社会的影响力，对吸引入境旅游有一定的作用。

（3）对于 D_{ij}，我们采用空间距离，因为空间距离不仅代表原有模型的货币成本，也代表了时间成本，而且人们出游大多是通过特定假期来实现的，旅途的便利和时间的长短也是消费者决策的重要变量。

（4）对于 B_{ij}，如果中国各省份与越南拥有共同边界，虚拟变量赋值为 1，否则赋值为 0。这一处理基于两点考虑：一是共同边界与空间距离一样，都会对贸易成本产生重大的影响，如果该省份与越南拥有共同边界，旅行交通成本将会大大降低，将对双方入境流产生积极的影响；二是通过众多将共同边界作为解释变量的国外相关研究证明此解释变量具有显著的作用。

2. 数据选取与方法

（1）Panel Data 模型。本书所做的实证分析利用的是 Panel 模型，因此有必要对其做简要的介绍。

Panel Data（或 Longitudinal Data）可以翻译成"面板数据""时空数据"，按照比较权威的理解，是用来描述一个总体中给定样本在一段时间的情况，并对样本中每一个样本单位都进行多重观察。这种多重观察既包括对样本单位在某一时期（时点）上的多个特征进行观察，也包括对该样本单位的这些特征在一段时间内的连续观察，连续观察得到的数据集称为面板数据。时间序列数据或截面数据都是一维数据，即时间序列数据是变量按时间得到的数据，截面数据是变量在截面空间上的数据。而 Panel Data 是同时在时间和截面空间上取得的二维数据。

（2）数据来源。为了使模型的拟合更接近客观现实，使用 2011~2015 年广西、云南、广东和海南四省区的数据，共 20 个对象。四省区的旅游入境数据来自《中国旅游年鉴》（2011~2015 年）和《中国旅游统计年鉴》（2011~2015 年）；中国的广西、云南、广东与海南四省区的 GDP 来自《中国统计年鉴》（2011~2015 年）；越南的 GDP 来自东盟秘书网站；我国四省区与越南的距离根据 Google earth 软件测算，其中四省区与越南的距离均为各自治区首府和省会城市到越南首都河内的距离。

（3）处理方法。根据模型和分析的需要，我们将采用普通最小二乘法基于面板数据进行多元线性回归，其中既包括 2011~2015 年的时间序列数据，又包括这五年中每一年我国四省区与越南旅游入境的截面数据。对于面板数据分析，通常采用随机效应模型、固定效应模型和混合模型。随机效应模型和固定效应模型都考虑了不同客源国之间其他因素的差异，它们的差别就在于随机效应模型假定不同客源国之间的其他因素差异服从某一随机分布，固定效应模型假定它们之间的差异是固定不变的；而混合模型不考虑客源国之间其他因素的差异。[①] 本书选择混合效应模型。

（三）回归结果及分析

基于广西与越南两地旅游合作的边界效应模型，利用经济计量软件 EViews 6.0 对所得数据进行最小二乘法回归分析，得到回归模型的结果（见表 4-3）。

表 4-3　广西与越南旅游合作边界效应模型的回归结果

系数	参数估计	标准差	t 统计量	P 值
α_0	7.161942	1.417774	5.051540	0.0001
α_1	1.382879	0.022496	61.47300	0.0000
α_2	−1.143969	0.167671	−6.822690	0.0000
α_3	−0.015936	0.086484	−0.184269	0.0063
α_4	2.915577	0.051325	56.80568	0.0000
R^2	0.997577	均方差		10.52924
调整后的 R^2	0.996931	标准方差		2.131900
回归的 S.E.	0.118107	总残差平方和		0.209239
F 值	1543.914	Durbin-Watson 统计量		1.923833

1. 模型回归结果

决定系数和自由度调整后的决定系数分别为 0.998 和 0.997，均接近于 1；拟合优度高，F 统计值也很大，为 1543.914；系数 α_0、α_1、α_2、α_3、α_4 均达到了 1% 的显著性水平，不存在序列相关性和多重共线性问题，这表明引力模型对入境旅游数据的拟合结果很好。回归系数 α_1、α_4 均为预期的正数，α_3 也为预期的负数。只有 α_2 为负数，这可能是因为经济欠发达的越南相对较大的人口规模可能会导致该国国内旅游替代国外旅游，从而使越南旅华机会减少。

---

① 魏翔. 旅游经济数量分析方法 [M]. 天津：南开大学出版社，2009.

具体分析如下：

（1）首先，对我国接待越南入境旅游引力模型而言，两国的 GDP 和游客出游率与客流量呈正相关，说明名义 GDP 和出游率越高，接待入境游客量就越大；地理距离与接待入境游客量呈负相关，说明地理距离越远，接待入境游客量越小。

（2）所得模型拟合度较好，即中国四省区与越南的 GDP、两国之间的地理距离、边界四个变量能很好地解释各影响因素对区域旅游发展的影响力度，符合区域旅游需求引力模型构建的条件。

根据上述结果，我们可以看出相关系数的变化特征：

（1）一国或地区的国内生产总值（GDP）对入境旅游起到积极的作用。对我国而言，GDP 每增长 1 个百分点，入境旅游人数增加约 1.38 个百分点。这种影响在意料之中，因为经济发展水平的提高对我国旅游环境、旅游资源知名度和美誉度等无疑有正面的推动作用。

（2）距离变量 D_{ij} 是影响中国接待越南入境旅游较显著的一个变量，距离为负数，说明距离对入境旅游是负相关。从模型中的数据可知，两个地区之间的距离每缩小 1 个百分点，来中国旅游的越南游客人数则提高大约 1.14 个百分点，这便验证了距离是人们出游的一大障碍的现有理论。随着中越边境道路及广西主要国际航空港建设的不断完善，距离因素对越南来中国旅游的影响将会越来越小。

（3）虚拟变量 B_{ij} 的系数为 2.915577，为显著正值，说明我国与越南之间存在明显的边界效应。与预期结果一致，能通过经济意义检验。

2. 结构分析

考虑到被解释变量与解释变量之间可能存在的相互作用，我们将模型转化成向量自回归的联立方程组，描述我们选定的任意一个变量的扰动如何通过模型影响被解释变量。我们选取中国接待越南入境旅游人数和经济发展水平分别作为两个方程的被解释变量。

通过联立方程组给出了基本的形式，我们可以具体考察其中任何一个变量的扰动对被解释变量的影响。

$$\begin{cases} \log T_{ij,\ t} = \alpha_0 + \log T_{ij(t-1)} + \alpha_1 \log(Y_{i,\ t-1}Y_{j,\ t-1}) + \alpha_2 \log D_{ij(t-1)} + \varepsilon \\ \log Y_{i,\ t} = \alpha_0 + \log T_{ij(t-1)} + \alpha_1 \log(Y_{i,\ t-1}Y_{j,\ t-1}) + \alpha_2 \log D_{ij(t-1)} + \varepsilon \end{cases} \quad (4\text{-}4)$$

对于上述方程组，我们仍然采用原来的数据进行回归分析，主要观察 GDP、距离的扰动是如何动态影响入境旅游人数的。如图 4-1 和图 4-2 所示。

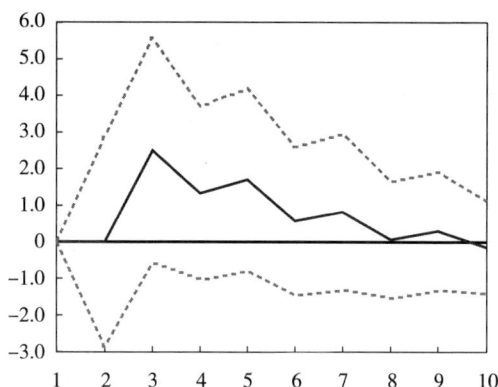

图 4-1　入境旅游人数对 GDP 冲击的响应

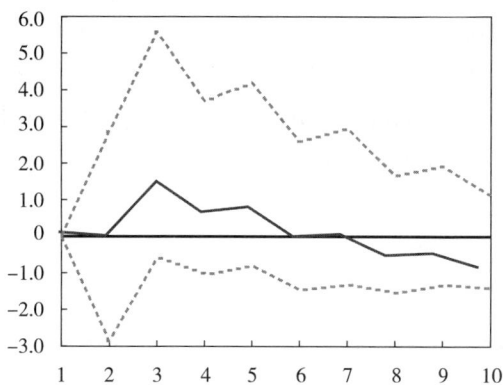

图 4-2　入境旅游人数对距离冲击的响应

图 4-1 展现了入境旅游人数对 GDP 的一个信息冲击的响应情况。从图 4-1 可以看到，入境旅游人数对 GDP 一个信息冲击有一个明显的一期时滞，随后，入境人数形成对 GDP 呈现持续的正向响应。这一响应一直持续到第 10 期，才完全消失。在这里，GDP 似乎成为了引导入境人数的一个信号，其延续的时间相当长。因此，经济持续发展，每一期都可以形成新的信息冲击，在旧的响应没有消失之前，又会出现新的响应，这样可以在总体上抵消初期的时滞，形成一个滚动增长的效应。

图 4-2 展现了入境旅游人数对距离的一个信息冲击的响应情况。从图 4-2 可以看出，相比于 GDP，距离对入境旅游人数的影响时限要短：期初，入境人数对距离的变化有一个微调，一直持续到第 6 期；在第 6 期后，对距离的响应完全消失甚至距离还能带来负面的影响。这是一个很有意思的结果。在现实

中，虽然两国之间的绝对距离是不可能改变的，但是相对距离是可以改变的。改变的方式有三种：一是使用更先进的交通技术，客观上缩短两地之间的旅行时间；二是降低两地之间的交通成本；三是从文化或心理上缩短两地相对距离。第二种和第三种方式对于指导我们在现实中如何获得客源市场具有一定的指导意义。

（四）结论与启示

1. 基本结论

本书结合我国同越南的实际情况建立了旅游引力模型，利用 2011~2015 年我国四省区接待越南入境旅游的面板数据，对中越两国旅游的边界效应进行了实证分析。通过上述分析，得出以下结论：

其一，决定越南旅华的主要因素是两国的经济总量、我国各省份与越南的空间距离以及是否拥有共同边界等。这一结论符合引力模型理论。

其二，地理距离也是一个影响旅游入境的主要因素，这和地理学上的距离衰减原理相一致。但是由于地理距离是客观的，通过改变交通的状况可以改变主观距离，如近年来中越两国加大重要入境口岸的旅游交通建设，大大缩短了空间距离，也减少了交通成本，所以两国的入境旅游有了极大的发展。

其三，虚拟变量 D_{ij} 的估计系数表明我国同越南旅游合作存在显著的边界效应。我国同越南拥有将近 1500 千米的陆地边境线，并且两个国家的语言、文化、习惯均有一定的差距，这使中越两国之间存在明显的边界屏蔽效应。但是，由于中越两国有着悠久的文化渊源和政治关系，因此边界效应的中介效应同时也显现出来。近年来，中越两国正积极地建立睦邻友好合作关系，两国对建立长久稳定的合作关系有坚定的信心。另外，中国广西等省份利用中国—东盟博览会、中越"两廊一圈"、大湄公河次区域、泛北部湾经济合作等多重机遇与区位优势，大力建设中国与东南亚的国际大通道，投入巨额资金建设通往东南亚的公路、铁路和空中通道，积极参与泛亚铁路建设，预计用 5~10 年，可以建成以公路和铁路为框架、以民航和水运为补充的立体交通网络。利用文化同源的优势搭建《中国—东盟各国文化产业合作协议》。随着中国—东盟自由贸易区的实质性启动，广西充分发挥其所具有的地缘优势与多项优惠政策，加快了改革开放的步伐，加强了与东盟各国在旅游、文化和投资等领域的交流与合作，形成全方位、多层次、宽领域的开放格局。

其四，从入境旅游人数对解释变量的冲击响应来看，我们更应该注重宏观经济控制的策略，尽可能消除客源国与目的地国家之间的"距离"。而这一距离就是我们所认为的"边界"，从长远来看，要增加两国入境旅游人员的数量，就要不断消减"边界"，不仅有制度边界、经济边界，还有文化与距离边界。

上述模型对分析国家边界层面的边界效应是可行的，但是在这里我们仍然有一些遗憾，其中解释变量的选取不能够突出旅游特色，没找到能很好体现客源国与目的地国之间资源差异性的变量；模型也没有体现目的地接待能力的变量。从这个角度来看，有学者建议在研究区域之间的资源差异时可以通过著名旅游景区的数量来构建指标，同时区域之间的接待能力也可以通过基础设施（铁路、公路、城市设施）、饭店和旅行社的数量来构建指数变量。由于资料有限，本书没能对中国各省份接待越南的入境情况做深入的分析比较，但作为考察国家边界对广西与越南旅游合作的障碍的定量分析，达到了预期的结果。

2. 政策启示

（1）健全边境旅游管理制度。随着入境旅游的进一步发展和国内旅游、出境旅游的兴起和发展，中越游客对产品质量的要求提高，权益保护意识增强。因此，必须加强对口岸的建设和管理。一方面要改善口岸的基础建设；另一方面要规范边境旅游管理程序，确定统一的边境旅游文件，制定标准化的边境旅游管理程序，使边境旅游管理规范化，逐渐与国际惯例接轨，推动边境旅游有序、持续、健康地发展。

（2）深入建设中越边境旅游。中越边境旅游从 20 世纪 90 年代起逐步发展成为一种特殊、独立的旅游形式，到目前为止，虽然其发展还尚未完善，但事实证明，它的存在与发展有力地促进了所在地旅游业的发展，并已成为中越边境地区旅游业的重要组成部分，对双方旅游业的发展起着重要的推动作用。中越双方没有任何理由不把它纳入国民经济和社会发展的计划，给予产业政策方面的支持和优惠，加快边境旅游资源、产品的整合，加快基础设施及配套建设，使它走向规范化，进一步发展为中越旅游业新的经济增长点。

（3）加大宣传促销与边境管理。中越两国应互相加大本国旅游在对方的宣传力度。而要搞好对外宣传工作，首先，要增加宣传资金的投入。其次，通过举办国际性或其他有影响力的大型活动，加强对外宣传。此外，还可以组织国内的旅行社和有关社团到对方国家开展直接的旅游宣传促销活动，或者由中越两国共同派出机构组成联合旅游促销团，在两国间举行联合促销宣传活动，与广大的潜在游客进行面对面的宣传与交流，既能宣传旅游，又能增进两国人民的友谊。

第二节　广西与东盟跨界旅游合作的无形边界

　　广西与东盟之间的跨界旅游合作涉及 11 个国家，各国之间在国家体制、经济水平、法律法规、文化信仰上都存在诸多差异，这些都可归为双方跨界旅游合作的无形边界。除越南外，广西与其他东盟九国地域上不接壤，不存在现实边界。因此，本节重点讨论除越南之外的东盟九国在与广西开展跨界旅游合作过程中的无形边界，找寻其中存有的共性与差异。

　　为了分析便利及更好地探寻边界效应的共性，本节按照经济发展程度，将东盟九国分为相对发达国家和相对欠发达国家两类。需要说明，此种划分方式不同于联合国的划分方式，联合国按照人类发展指数（Human Development Index，HDI）将世界上所有国家划分为发达国家和发展中国家两类，其中新加坡是东盟十国中唯一一个发达国家。本节所指的相对发达东盟国家包括新加坡、文莱、马来西亚、泰国、印度尼西亚、菲律宾，相对欠发达东盟国家包括缅甸、老挝、柬埔寨。

一、广西与相对发达东盟国家的无形边界

（一）广西与相对发达东盟国家的边界概述

　　广西与新加坡、文莱、马来西亚、泰国、印度尼西亚、菲律宾六个相对发达东盟国家开展跨界旅游合作的无形边界客观存在，从国家体制、经济水平、法律法规、文化信仰角度分析如下：

　　首先，相对发达东盟六国基本属于资本主义国家，我国属于社会主义国家，这种国家体制的差异直接影响到其经济发展模式、经济发展水平以及法律法规的制定与实施。相对发达东盟六国的经济发展水平和旅游业发展程度要略高于广西，这种差距体现在区域旅游合作上是非常明显的。因此，旅游业不同发展水平的国家在与广西开展跨界旅游合作的过程中，势必会出现合作主导者、合作模式、合作领域等方面的不同，这也是在合作过程中需要着重考虑的重要限制因素。

　　其次，文化信仰上的差异对区域合作尤其是区域旅游合作的影响较大。广西与相对发达东盟六国尤其是印度尼西亚、菲律宾、文莱差距较为突出，且相

互之间的了解程度较低，在开展跨界旅游合作的过程中，很容易陷入文化信仰差异所带来的无形边界障碍中。

此外，当前广西与相对发达东盟六国之间的跨界旅游合作还限于游客的相互往来，广西的投资政策、投资环境未能有效地吸引到相对发达东盟六国的投资。目前，相对发达东盟六国的旅游政策，普遍采取限制国民出境旅游，以减少旅游者的旅游支出外流；此外还限制国外机构提供的服务及广告宣传等。这些障碍在一定时间内会影响广西与相对发达东盟六国之间的跨界旅游合作，需要双方国家政府的共同努力以期有效克服。

（二）广西与相对发达东盟国家的边界效应

1. 制度文化差异所带来的屏蔽效应

（1）制度不同带来旅游合作认识上的差异。区域旅游合作，尤其是跨界区域旅游合作，政府政策的推动往往可以是决定性因素，而政府政策的制定与各自的国家体制类型息息相关。

从国家体制的角度来讲，主要分四类：

新加坡实行议会共和制，是一个权力较为集中的国家，人民行政党作为长期执政党，十分重视从工商界、高级知识分子等各界人士中挑选优秀人才参与国家治理，同时十分强调领导层的洁身自好，政治风气相对较好。新加坡作为一个城市国家，旅游发展主要以会展旅游、商务旅游、游轮旅游为主，政府十分重视旅游业的长期发展，不断创新旅游发展形式，积极投入旅游建设发展资金。

文莱实行绝对君主制，君主拥有绝对的权力，采用世袭的国家元首传承体制。此外，拥有实权的财政大臣、外交大臣均由亲王担任。文莱的国家体制决定其政策制定快捷与多变共存。近几年，文莱政府为了解决经济结构单一的弊病，推行多元化经济发展之路，大力发展旅游业便是其中的重头戏。中国作为文莱的基础客源市场，旅游合作一直是重要的合作内容，双方于1993年至今签署的11份双边合作协议中，有2份是与旅游合作相关的。但是，文莱的国家体制高度集权化以及经济发展单一性突出等问题，仍旧是广西开展与文莱旅游合作时必须考虑的因素，也是双方无形边界所带来的最大障碍。

马来西亚、泰国实行君主立宪制，但两者有所不同。马来西亚的国家元首拥有立法、司法、行政等最高权力。泰国的君主立宪制则类似于英国，国王的权力很小，只作为国家的象征，政府的最高权力主要由上下议院选举所产生的总理来行使。从这个意义上来讲，马来西亚还是封建程度较高的资本主义国家，集权程度远大于泰国。马来西亚政府十分重视旅游业的发展，于1992年

成立旅游促进局，力争将马来西亚打造为国际旅游观光国，积极开展海外推广，对于区域旅游合作持积极态度。泰国旅游业发展程度很高，政府及旅游协会之间的合作也日臻完善。在与中国旅游合作的看法上，泰国持积极态度，力争在巩固长期合作关系的层次上，促进双方旅游企业的可持续发展。

印度尼西亚、菲律宾实行总统共和制。总统是国家元首，任期为 5~6 年。两者不同的是，印度尼西亚的人民代表会议为最高立法机构，享有最高权力；菲律宾的参众两院行使国家最高立法权，且具有罢免总统的权力。印度尼西亚的旅游业发展起步较早，发展相对较快，但仍旧落后于新加坡、泰国、马来西亚等国的旅游发展水平。印度尼西亚政府较为重视旅游业的发展，于 20 世纪初成立旅游局及颁布了《旅游法》。在区域旅游合作层面，印度尼西亚政府主要从学习先进旅游经验的角度出发，积极开展与新加坡、马来西亚、泰国等的旅游合作。菲律宾旅游资源丰富，政府也注重区域旅游合作，积极引进外资、技术发展旅游，近些年取得了不错的成效。但菲律宾的国内政局极不稳定，旅游行业风气不好，可能会影响到双方跨界旅游合作的持续发展。

（2）地缘宗教带来文化认同上的差异。相对发达东盟国家与广西根据地缘因素所造成的文化认同简单分为三个层次：①泰国具有比较高的文化相似度，广西的壮语和泰国的泰语同属壮泰语系，语言大体相同，生活风俗习惯也相似，合作难度相对较小。②新加坡、马来西亚两国全面合作的难度较大。③印度尼西亚、菲律宾、文莱三国与广西的地缘和人文关系相对比较疏远，合作难度较大。

按照宗教信仰的差异简单分为四类：文莱、马来西亚、印度尼西亚属伊斯兰教国家，泰国属佛教国家，菲律宾属天主教国家，新加坡属多宗教国家。因为宗教信仰的问题，东盟国家内部一直存在公开或者潜在的冲突，在一定程度上影响到旅游合作的进展。广西大体可以看作无宗教信仰的地区，在与相对发达东盟六国开展跨界旅游合作进程中障碍相对小些，但仍旧需要着重注意。

除此之外，多重因素作用下，相对发达东盟六国对华人的态度上也有所差异。不得不说，印度尼西亚对华人的态度最差，历史上印度尼西亚曾多次发生反华事件，近些年对华人的态度也是相对复杂的，在印度尼西亚的华人比较容易遭到攻击。此外，马来西亚对华人的态度也并不友好，马来西亚有众多的华人后裔，但是政治地位不高，往往备受歧视。相比之下，新加坡、泰国、文莱、菲律宾对华人的态度比较友好一些，尤其是新加坡和泰国对华人都十分友善。

广西与相对发达东盟六国在开展跨界旅游合作中存在的屏蔽效应，主要归结为上述两个层面。具体而言，国家体制上的差异使广西与文莱、印度尼西亚、菲律宾旅游合作的边界障碍较大，合作中需要考虑的事项也较多。文化认同上的差异使得广西与印度尼西亚、马来西亚跨界旅游合作的边界障碍会比较突出，且相对较难解决。

2. 政策文件所推动的中介效应

近些年，广西在大力践行"一带一路"倡议的基础上，积极开展与东盟之间的合作，尤其是针对"海上丝绸之路"沿线国家，积极与其开展跨界旅游合作。新加坡、文莱、马来西亚、泰国、印度尼西亚、菲律宾等相对发达东盟国家与广西的跨界旅游合作具有很有利的地缘优势。双方的政策制定以及文件签署都是当前发挥边界中介效应，弱化边界屏蔽效应的重要举措。

首先，政策制定层面。"十三五"期间，广西将充分利用中国—东盟自由贸易区、北部湾开放开发、沿海开放、边境开发和桂林国际旅游胜地建设等政策，深化与东盟国家的旅游开放与合作。随着"一带一路"倡议的提出及实施，广西正着力与越南、马来西亚、泰国、印度尼西亚、文莱、菲律宾等东盟国家加强海上旅游合作，打造泛北部湾区域的"海上丝绸之路"精品旅游线路。在此过程中，广西与新加坡的旅游合作将深化开展，不仅在于打造精品线路，更在于学习更多的先进经验，促进广西旅游业的进一步腾飞。2016年，《广西壮族自治区人民政府关于促进旅游业改革发展的实施意见》指出，要全面提升广西旅游业对外开放水平，推动区域旅游一体化发展，完善旅游开放合作机制，发挥广西面向东盟的优势，打好广西—东盟旅游合作这张牌，加强与东盟境外旅游机构在旅游会展、市场营销、行业监管等方面的务实合作，完善合作机制。在韩国、马来西亚、泰国、越南等国家和中国香港、中国台湾等地区设立广西旅游咨询推广中心。

与此同时，相对发达东盟六国出台的一系列政策，对双方跨界旅游合作发挥了积极作用。自2016年5月1日起，文莱对中国游客实行14天的落地签政策。在护照有效期6个月以上的前提下，只需要提供往返机票行程单和文莱酒店的订单手续就可以办理。2016年3月1日，马来西亚政府发布文件，对中国赴马来西亚游客实行免签，大大促进了中国游客的赴马旅游热潮。泰国从距离泰国较近的广西为始，大力开发推广特色旅游产品，加强双方之间的合作，以期进一步拓展中国客源市场。泰国官方出台政策，规定3个月内赴泰免入境签证费，成为吸引中国游客前往泰国旅游观光的"重磅武器"。自2015年6月10日起，印度尼西亚单方面对包括中国在内的45个国家和地区人员实施免签证政策。菲律宾一直对中国公民实行落地签政策。相比之下，新加坡没有对华提供落地签政策，赴新加坡需要按正常程序在国内申请相关签证，这也是未来广西与新加坡跨界旅游合作需要着重突破的政策困境。

其次，文件签署层面。2014 年 10 月，我国与文莱签署了联合声明，决定进一步深化双边关系，一致同意加强海上合作，推动共同开发。广西与文莱的合作主要集中在农业、工业、物流、清真食品加工、医疗保健、生物制药、旅游等领域。"2007 年马来西亚广西文化周——广西旅游国际大篷车"展会期间，广西旅游部门与马来西亚的广西总会、航空公司、旅游协会、新闻媒体、商会分别签署了旅游合作伙伴备忘录，既促进了之后几年双方旅游交流层次的逐年提高，也带动了各自的旅游业发展。2017 年 8 月 28 日，马来西亚入境旅游协会与广西桂林市旅发委在桂林签署了《旅游合作谅解备忘录》，双方以建立双边合作、共同发展为目标，就相互参与对方重要的旅游年会（博览会）、寻求分享新的旅游产品、目的地营销和推广等五个方面达成了合作共识。

3. 旅游项目合作所带来的集聚效应

一直以来，广西与相对发达东盟六国在共同打造海上旅游项目的过程中，互相协作，共同将这种无形边界所带来的集聚效应发挥到最大化，也进一步促进了双方的深层次旅游合作。

目前，广西正与泰国、马来西亚、新加坡、印度尼西亚、文莱、菲律宾等东盟国家加强海上旅游合作，计划联合推出中国（北海）—越南（下龙、岘港、胡志明）—泰国—马来西亚—新加坡—印度尼西亚—文莱—菲律宾—中国（香港—海口—北海）"海上丝绸之路"国际精品旅游线路，进一步推进形成广西与东盟地区跨国旅游一体化发展格局。

2015 年 2 月 9 日，广西籍邮轮"北部湾之星"号，从北海港起航驶向马来西亚关丹港，开启了广西"海上丝绸之路"新旅程，也成为目前广西与马来西亚海上旅游合作的重点精品线路。2016 年 11 月，马来西亚推出的"爱在马来西亚"浪漫之旅活动启动。2017 年 4 月 28 日，"爱在马来西亚"浪漫情侣游产品推介会在南宁举行，并推出"爱在马来西亚"系列旅游活动。2017 年 8 月 8 日下午，马来西亚马六甲知名地产企业马来西亚飞跃集团发展有限公司斥资 1.5 亿元人民币对广西乐途商务服务（集团）有限责任公司进行并购。据悉，此次并购是马来西亚飞跃集团与广西乐途商务在两国高端度假旅游、旅游地产行业的首次深度合作，是广西乐途商务对构建高端度假全新运营模式的重要探索，更是马来西亚飞跃集团引进中国高端旅游业、打造线上线下互联网实体经营进程中迈出的坚实一步。

泰国推出"自由行"的赴泰旅游新模式，开展"神奇泰国南宁路演"推介会等多项活动，加大对广西的旅游宣传力度，满足中国游客赴泰旅游的多项需求。与此同时，积极开展与广西当地旅游公司之间关于"自由行"项目的旅游合作。2016 年 3 月，广西中泰欢乐谷旅游投资有限公司"中泰欢乐谷"项目顺利开工，标志着双方合作投资建设打造的以泰国风情文化旅游城为核心主题的大型休闲旅游项目进入建设实施阶段。该重大旅游项目建设的成功，使泰国文化与广西文化有机结合并有效地向世人展示，是双方旅游合作的一大成功，也带动了周边地区的就业及经济发展。

广西与印度尼西亚海路相通，印度尼西亚旅游资源对广西旅游者拥有极大的吸引力。当前，南宁除了每周有 4 班直飞印度尼西亚雅加达的国际航班外，由南宁旅行社承包的南宁直飞巴厘岛的包机也于 2016 年 7 月 5 日复航，每 8 天一个往返，而邕城旅行社根据这个 8 天航班推出巴厘岛 8 日游线路，共 4 条线路。2016 年 5 月，由印度尼西亚国家旅游部主办、为期 2 天的"奇幻印度尼西亚"旅游路演在广西南宁青秀万达广场开展。此次活动表明，印度尼西亚国家旅游部对广西的客源市场十分重视，也进一步帮助了广西的旅行社更好地推广印度尼西亚国家旅游线路。

二、广西与相对欠发达东盟国家的无形边界

（一）广西与相对欠发达东盟国家的边界概述

广西与缅甸、老挝、柬埔寨地理位置较近，文化传统相对接近一些，在开展跨界旅游合作的过程中，文化的边界并不突出。但是，三个国家政治集权程度高、经济发展水平低等问题是十分现实的无形边界障碍，也是制约双方跨界旅游合作的关键因素。

政治制度层面，老挝与我国一样属于社会主义国家，双方友好交往频繁，双方建交于 1961 年。习近平总书记在出席亚太经合组织第二十五次领导人非正式会议期间，开展了对老挝的国事访问，达成了众多共识，未来合作潜力巨大。广西与老挝的合作主要集中在经济、教育、文化、农业等领域，未来随着老挝对外开放程度及旅游业发展水平的提高，双方区域旅游合作将越来越重要。缅甸、柬埔寨均属于资本主义国家，国家体制分别为军政府专政和君主立宪制，国家权利集权化程度相对较高。我国与缅甸、柬埔寨建交时间分别为1950 年和 1958 年。广西与缅甸的合作主要集中于经贸、矿产、农业、教育、文化等方面，与柬埔寨的合作主要集中在贸易、投资、承包工程、教育文化和旅游等领域。

经济发展水平层面，老挝、缅甸的经济发展程度相对较低，广西与之开展跨界旅游合作的领域会相对受限，多集中在游客互访、建设资金投入等方面，且由于国内政局不稳等问题，旅游合作的稳定性会相对较差。

（二）广西与相对欠发达东盟国家的边界效应

1. 可进入性差带来的屏蔽效应

缅甸、老挝、柬埔寨三国属于东盟国家中经济发展水平相对较低的一类国家，国家开放程度不高，基础设施建设落后，政治局势不稳定，宗教信仰复杂，这些因素都是广西与之开展跨界旅游合作的突出障碍。

首先，开放程度不高。缅甸长期处在严格的军政府统治之下，国家高度专治、集权和压迫，经济发展水平较低。2011年，缅甸新政府成立后，国家开始实行对外开放的政策，重点在于引进外资。但是，开放程度尚十分有限。老挝是传统的社会主义国家，实行严格的一党专制。2004年，老挝正式颁布鼓励外国投资法，实行对外开放的政策，十几年来也取得了一定成效。但当前的老挝，贫困落后状况依旧突出，需要进一步增强对外开放力度，积极开展与周边国家和地区的合作，引进资金及先进技术。显然，目前的政策环境还达不到这种要求，老挝的对外开放程度的提高也非一朝一夕。柬埔寨也是近些年才实行对外开放政策，但是与缅甸、老挝不同的是，柬埔寨的经济增长速度相当快，连续多年保持在7%左右。

其次，基础设施建设落后，尤其是旅游基础设施建设落后。缅甸国内经济和社会文化建设，交通、电力、通信等基础设施建设严重不足，基本的公共服务不到位。反映在旅游上，由于必要的旅游基础设施建设薄弱，游客感受不佳，旅游业难以取得突破性的大发展。再看老挝，基础设施建设更是极度落后，这是其发展旅游业的最大障碍。老挝全国运输总量的82%是公路运输，但迄今为止，老挝国内没有一条高速公路，且现有公路中的90%都是土路和碎石路，柏油路和混凝土路仅占不到15%。落后的交通基础设施使很多地方虽然有官方认可的旅游景点，但很难到达。

再次，政治局势不稳定。缅甸自脱离英国殖民统治独立以来，存在严重的民族问题，少数民族与中央政府之间的武装冲突持续至今。长期动荡的国内局势，使得开展中缅跨境旅游时，局势不稳定且相关法律法规难以得到有效贯彻落实，旅游者的交通和人身财产安全得不到有效的保障。柬埔寨国内的政治局势也不甚稳定，不仅长期与泰国存在的边境纠纷得不到解决，近些年与越南的边境纠纷也进一步升级，同时由边界问题引发的暴力事件也时有发生。

最后，宗教信仰复杂。缅甸、老挝、柬埔寨都属于典型的佛教国家，但是彼此之间又有着众多的信仰纠纷。缅甸是佛教信徒最多的国家，90%的缅甸人信仰佛教，佛教信仰最为虔诚。小乘佛教是柬埔寨的国教，高棉族人绝大部分笃信佛教。但国内占族人多信伊斯兰教，约人、越侨多信天主教，华人、华侨多信神教等。老挝也是佛教信仰盛行的国家，最大的特点是诸多的佛塔奇观，被誉为"万象之国"。

综上，这四个因素使缅甸、柬埔寨、老挝的可进入性差，同时构成广西与三国开展跨界旅游合作不可避免的障碍，这种无形边界所带来的屏蔽效应需要进一步探讨解决对策，方可进一步深入开展双方的跨界旅游合作。

2. 旅游协定签署带来的中介效应

广西与缅甸、老挝、柬埔寨三国虽然陆地并不接壤，但地缘位置接近，同属于大湄公河次区域的范围，并且老挝、缅甸直接与中国的云南省接壤，柬埔寨又是"海上丝绸之路"沿线的重要国家。多年来，双方加强了各领域的区域合作，旅游协定的签署有力地减弱了无形边界所带来的屏蔽效应，增强了中介效应。

2009 年 7 月，南宁与缅甸仰光市缔结为友好城市，双方一直致力于提高各个层面的合作水平。2012 年，中国与缅甸签署《关于进一步加强经贸合作的协议》，在此之下双方相关部门签署农业、旅游、矿产资源开发以及联合勘探等方面的合作协议。2017 年 9 月 13 日，老挝—中国贸易论坛在南宁举行，双方就扩大互利合作达成新的协定，前景一致看好。其中，双方将在未来加强基础设施互联互通建设，推动区域口岸通关便利化；此外，以经贸合作为基础，不断向文化、教育、金融、旅游等领域拓展，推动形成广西与老挝多领域、多支撑、多点开化收获的互利合作新格局。

3. 旅游线路开拓带来的集聚效应

广西与缅甸、老挝、柬埔寨虽并不接壤，但双方有利的地缘优势对于旅游线路的开拓十分有利，也可以将双方无形边界的集聚效应充分发挥出来。广西与缅甸在空中航线的开拓层面开展较好，当前，南宁已经开通南宁直飞仰光的空中航线多年，但是由于受到诸多条件的限制，航班一直处在低水平运行，偶尔还会出现阶段性停航。广西与老挝的旅游合作主要集中在旅游项目投资、旅游扶贫经验交流等方面。近些年，双方的合作迎来新的格局。广西与柬埔寨的跨界旅游合作主要集中在旅游市场推广、旅游航线建设、旅游人才培训、在广西建设免税店等方面，其中充分利用并发挥中国—东盟旅游人才培训基地的作用，为双方培训更多的旅游人才是双方未来合作十分关键的部分。

为了更好地发挥集聚效应，未来广西与老挝、柬埔寨两国合作的重点，应该体现在以下几个方面：

尽快设计相应的旅游线路，大力开拓老挝和柬埔寨的旅游市场。根据区域旅游合作阶段理论，广西与老挝、柬埔寨的旅游合作尚处在初期阶段，相互推介宣传、共同开发打造跨界旅游线路是首要。关于跨界旅游线路的打造，同老

挝主要是陆上跨国旅游线路的合作对接：第一，云南与老挝陆上相连，且已具备较成熟的跨境旅游线路，广西应当与云南在旅游线路对接上达成协议，力争将云南的中老跨境旅游线路延伸到广西境内。第二，越南与老挝毗邻，双方旅游合作开展较早，旅游线路也十分成熟，其中"河内—万象—琅勃拉邦"是连接越南与老挝的重要旅游线路。广西与越南的跨境旅游线路打造也初具规模，可以通过广西、越南和老挝三国旅游相关部门的磋商，将两方的旅游线路完美对接，从而实现广西与老挝跨界旅游合作的飞跃式发展。同柬埔寨跨界旅游线路的打造，主要体现在海上旅游线路的合作，当前广西与越南、马来西亚的海上旅游线路已经初步形成规模，柬埔寨同样位于该旅游线路的周边，如何扩展海上旅游线路，将柬埔寨的旅游融入进来是未来需要着重考虑的问题。

第五章
广西旅游业跨界合作的对策与建议

第一节　多层治理与跨界旅游合作运行机制

中国与东盟各国经济发展战略的调整为广西跨界旅游合作提供了重要的发展机遇，但是如何推进区域跨界旅游合作的跨越式发展，并确保其发展是可持续的，却是需要深入谋划的问题。前文从边界的视角对广西区域旅游合作面临的障碍及突破的可能性进行了许多分析。广西跨界旅游合作的关键归纳起来可以概括为两个方面：其一，如何跨越现有政治体制的制度性障碍；其二，如何实现不同发展水平的参与方在合作中的利益均衡。导致广西区域旅游合作陷入种种困境的原因是多样的，但是缺乏有效的协调机制是最重要的原因。解决上述难题不是一个单纯的基于比较优势理论的旅游资源开发或产品开发的问题，而是要建立一个可操作的长效合作机制，通过制度创新来保证区域旅游合作的可持续发展及合作各方共享旅游发展的利益。从区域发展的现实需求看，无论是突破政治边界的局限还是资源配置跨越现有政治"疆界"，都将涉及政策工具的运用。因此，研究跨界"多层治理"是十分必要的。

一、多层治理与区域旅游合作

（一）理论来源

多层治理的思想源于治理理论。与统治不同，治理指的是一种由共同目标支持的活动，这些管理活动的主体未必是政府，也无须依靠国家的强制力量来实现。① 多层治理是治理理论在国际合作或区域合作中的运用。在区域经济学

---

① 俞可平. 治理与善治 [M]. 北京：社会科学文献出版社，2000.

领域，治理被定义为："内生于一个有共同利益的群体的正式或非正式的制度安排，通过这些制度安排，形成群体的正式或非正式组织，实现组织主体的集体活动，设定并实现组织的功能和目标。"① 从上述的定义中可以发现，治理由共同的目标所支持，这个目标未必出自合法和正式规定的职责，也不一定依靠强制力量而使别人服从。治理既包括政府机制，也包含非正式、非政府机制。

多层治理最初是盖里·马克斯（Gary Marks）于 1993 年在对欧洲共同体的结构政策进行分析时提出的，随后马克斯和里斯贝特·胡奇（Liesbet Hooghe）、贝阿特·科勒—科赫（Beate Kohler-Koch）、彼特斯和皮埃尔（G. B. Peters and J. Pierre）、艾德伽·葛兰德（Edgar Grande）、弗里茨·沙普夫（Fritz W. Scharpf）等不断发展这一概念，使该理论日臻完善。他们把多层治理定义为："多层级治理是在以地域划分的不同层级上，相互独立而又相互依存的诸多行为体之间所形成的通过持续协商、审议和执行等方式做出有约束力的决策的过程，这些行为体中没有一个拥有专断的决策能力，它们之间也不存在固定的政治等级关系。"从定义中我们可以发现多层治理具有以下特征：①参与主体的多元性与决策主体的多层性。在多种行为体共同参与的情况下，决策权限由不同层面的行为体共享，而不是由成员国政府垄断，治理的进程也不再排外性地由国家来引导。例如，欧洲治理并非仅仅局限于国家政府或某个超国家机构手中，而是散布于以地域为界的不同层级之中，超国家行为体、国家政府、区域行为体（如地方各州政府）以及拥有执行权力的代理机构等都可以成为决策主体，直接参与决策。尽管不同层面的行为体、影响力和决策方式不尽相同，但是各个层面之间并不是彼此分离的，而是在功能上相互补充、在职权上交叉重叠、在行动上相互依赖、在目标上协调一致的，由此形成了一种新的集体决策模式。②各个行为体之间的关系是非等级的。也就是说，超国家机构并不凌驾于成员国之上，并且成员国、次国家政府与超国家机构之间不存在隶属关系。③多层级治理体系具有动态性。也就是说，多层级治理的参与主体和层级会因为它们所面临的政策任务和治理形式的不同而有所变化。在不同层级进行协商时，多层级治理体系采用的是非多数同意（Non-Majoritarian）的谈判协商体系。由于体系具有非等级特性，不同等级的行为体之间显然缺乏实行多数表决机制的条件，而一个非多数同意表决机制有助于多层治理形成一个灵活的、动态的协商体系。

---

① 孙兵. 区域协调组织与区域治理［M］. 上海：上海人民出版社，2007.

（二）区域旅游合作：欧盟与 GMS 经验

欧洲联盟与 GMS 经济合作为跨界旅游合作提供了可借鉴的成功经验。在纵向上，欧盟区域合作的组织体系形成了超越国家与地方的多个等级层次，实现了各个层次的权力平衡和利益表达机制的畅通。在横向上，欧盟的区域协调组织机构名目繁多，在整个区域合作政策的制定、执行和反馈过程中担当着重要的角色，并日益彰显出公共部门、私营机构与第三部门的"合力"作用。在这些组织群体中，区域协会、银行、利益团体、政策联盟、政党、公共舆论等成为协调区域合作利益冲突的重要力量。

以发展中国家为主体的大湄公河次区域经济合作借鉴欧盟的成功经验，构建了一个发展中国家跨境旅游合作的新模式（见图 5-1）。

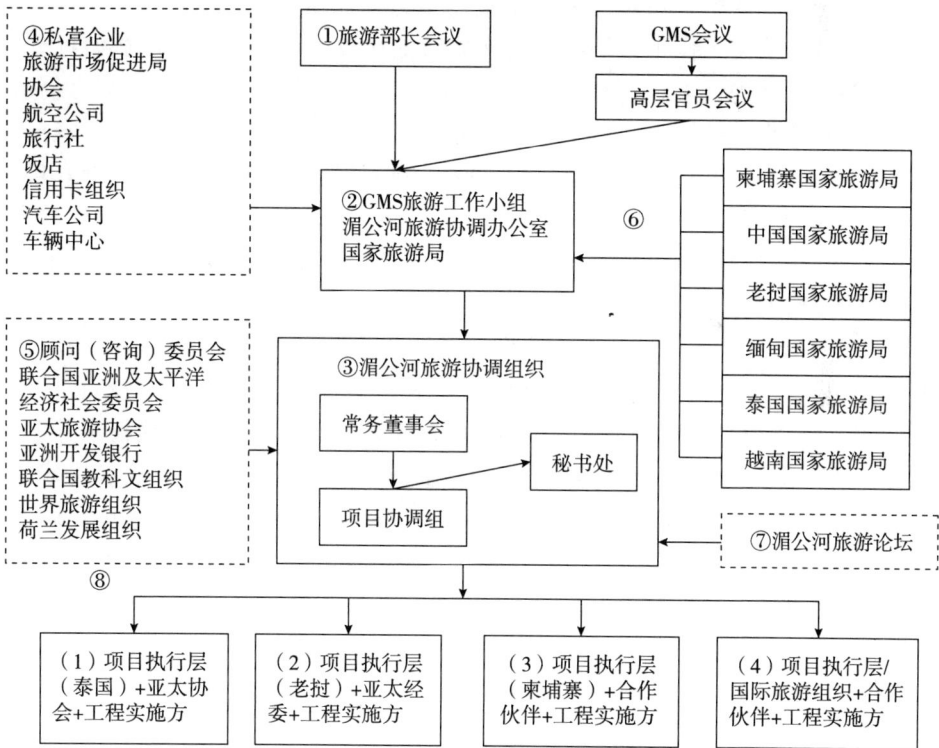

图 5-1　GMS 旅游合作框架

资料来源：亚洲发展银行（2006），略有修改。

图 5-1 清晰地表明了 GMS 合作框架下发展中国家区域旅游合作的基本运

行机理。① GMS 是由中国的云南、广西与湄公河途经的几个发展中国家（泰国、越南、缅甸、柬埔寨、老挝）联合创立的次区域经济合作，涉及交通、通信、能源、农业、贸易和投资、人力资源开发、旅游、环保等主要领域，在亚行和相关各国的共同努力下，10 多年来已经形成了较完善的全面合作机制。由于涉及不同国家政体，GMS 没有建立严格的制度安排，但以轮值制每年在区域内的各个国家举行旅游部长级会议，成立旅游工作组和论坛，确定区域旅游合作的原则、方向和内容，提出合作战略和行动计划。如 2006 年 GMS 主要集中于以下七个方面的合作：①开展了次区域旅游目的地宣传；②开展了次区域旅游人员培训工作；③文化影响管理；④鼓励旅游扶贫；⑤鼓励政府与私人企业合作；⑥改善人员流动的便捷化；⑦加强旅游基础设施等可进入条件的建设。

大湄公河次区域的市场开发与管理由湄公河旅游协调机构承担。从 2001 年，湄公河的旅游工作小组举办湄公河旅游论坛协商每一轮十年的旅游计划。亚太旅游组织认为，大湄公河次区域旅游合作大大推动了旅游业的发展，创造了跨国旅游合作的新模式。2000 年旅游业年增长 12%；2004 年，越南、老挝、柬埔寨和缅甸的旅游增长速度每年以 10%~50% 的速度上升，预计到 2020 年，有望突破 8000 万人次。② 中国领导人认为，大湄公河次区域旅游合作既是整个次区域合作项目中开展较好、推进较快的领域之一，也是中国在次区域开展国际旅游合作最富有成效的区域之一。

欧盟与 GMS 的成功实践告诉我们：区域的旅游发展需要依靠多方面的合作，不同国家的政府、企业、社区和非营利机构等都是区域旅游发展的合作伙伴；同时，在整个战略部署中决策层和执行层属于不同的层次，须权责分明。总结欧盟与 GMS 区域合作的经验，旨在为北部湾区域旅游合作引进和构建多层治理协调机制寻求借鉴：①多层治理的合作机制需要得到相关国家中央政府的全力支持，成立合作委员会，发挥各地方的比较优势，才能有效破解区域旅游合作中存在的"囚徒博弈"困境；②建立完善而严密的多层协商制度以保证信息的通达，做好亚洲银行等第三方机制化的协调以提供固定的资金来源和技术支持；③建立健全法律法规以保证合作机制的有效进行。

---

① ② Ravi Ravinder. Cross-National Tourism Collaboration in Asia// Janet Cochrane. Asia Tourism：Growth and Chang [M]. London：Elseiver，2008.

二、跨界旅游合作的模式选择

目前，在国内外区域跨界旅游合作中比较成功的运作模式有产业集群、跨境开发与无障碍旅游区，以实现行政力量与市场力量在合作中的动态平衡为目标。广西跨界区域旅游合作地须跨国家政权范围、涉及多级行政机构，因此，要构建多层治理的广西跨界旅游合作机制，最重要的就是解决区域旅游合作中出现的问题和冲突，强化各国政府及各级行政机构间的协调，充分发挥行政力量的主导作用，建立政府主导的各参与方的伙伴关系。实践证明，区域各参与方建立良好的伙伴关系，其可行的运作方式有定期或不定期的会议、非政府组织参与和行业联动等。2010 年，国家旅游局与广西壮族自治区人民政府在南宁签订局区紧密合作机制备忘录，共同推动广西旅游业在新的起点上实现新的跨越，标志着旅游合作中中央政府部门与地方政府部门之间的合作关系发生了新的变化。

（一）政府会议模式

定期或不定期的旅游会议已成为深化国内区域旅游合作的现实推动手段。这些会议形式多元，有研讨会，有联谊洽谈会，还有各种形式、不同级别政府官员参加的旅游协作会、联席会、协调会等。[①] 2000 年以来，国内区域旅游合作的会议有 30 多个，并且许多已经成功举办了多届。如长三角无障碍旅游区行政首长联席会议、深港旅游联席会议、中国北方旅游发展高层论坛、海峡两岸旅行业联谊会、两广十市区域旅游合作联席会议等。2013 年是国内地方政府举办旅游会议最多的一年，影响较大的有北京旅游产业发展大会、贵州省旅游产业发展大会、云南省旅游产业发展大会、陕西省旅游产业发展大会、贵州省旅游产业发展大会、河南省旅游产业发展大会、浙江省旅游产业发展大会等。通过会议促成区域合作各方达成共识，并以纪要、宣言等形式发表，达到推动区域合作发展的目的。

（二）非政府组织参与模式

与地方政府办会常态化相关的另一个现象是地方政府组织的旅游论坛的发展，以论坛为代表的相关会议凸显了政府与学术界、行业协会等非政府组织的多方互动。非政府组织是指独立于企业与政府之外的组织，又称为非营利组织、非政府部门等，其组织形式有行业协会民间团体、民办非企业单位等，具

---

① 汪宇明. 旅游合作与区域创新 [M]. 北京：科学出版社，2009.

有组织性、民间性、非营利性、自治性、志愿性、非政治性等特征。近年来，我国各类非政府旅游组织发展迅速，在提倡和推进旅游合作、建立旅游产业信息平台、规范旅游市场、制定区域整体旅游规划、制定旅游标准化、负责协调区域旅游联合营销等方面发挥了重要的作用，对旅游业的发展影响日益加深。① 影响较大的非政府组织如成立于 1951 年的太平洋亚洲旅游协会（简称PATA），其成员国涵盖东亚太地区，是亚太地区最具影响力的旅游组织之一，其宗旨在于促进太平洋亚洲地区旅游业发展、提高旅游质量，使各地区成员受惠。

中国国内也有许多行业学会，比如中国旅游协会、中国旅游资源开发促进会、中国地理学会、中国旅游协会休闲度假分会、中国饭店协会等。其中有些已经形成了年会机制，这些协会也尝试与地方政府合作。例如，2008 年由广东省人民政府举办的"广东开放论坛：现代旅游业的发展与合作"会议，是一种地方政府与行业协会互动发展的模式。与会者既有世界旅游组织的官员，又有政府官员代表、大学和研究机构的学者以及香港凤凰传媒机构成员，这样的会议打造了一种政府与行业协会互动的模式。2008 年 11 月，中国国家旅游局与联合国世界组织在上海共同签署了《旅游扶贫合作备忘录》，这也是世界旅游组织积极参与中国旅游业发展的重要举措。2017 年 10 月 11 日，由联合国世界旅游组织（UNWTO）、亚太旅游协会（PATA）主办，香港理工大学协办，桂林市人民政府承办的第十一届联合国世界旅游组织/亚太旅游协会旅游趋势与展望国际论坛在桂林成功落下帷幕。本届论坛以"绿色发展，和谐共享"为主题。论坛期间，数十个国家和地区的官员、专家、旅游同行齐聚一堂，共论可持续性旅游业发展。现在这个论坛已永久落户桂林并且设立了秘书处作为常驻机构。联合国世界旅游组织/亚太旅游协会旅游趋势与展望国际论坛真正让桂林成为亚太地区旅游研究、旅游业界交流的一个重要平台，提升了广西在亚洲甚至世界旅游业界的知名度。② 这样的会议，一般以宣言作为主要成果，通过媒体向社会传递一些区域性的旅游发展与合作的主张，以影响社会、凝聚共识。

（三）行业联动模式

行业的联动源于旅游产业的跨界整合，随着旅游业的发展，旅游业与其他行业进一步渗透，如旅游与第一产业、第二产业、第三产业整合出现的新业态——工业旅游、农业旅游等。这充分说明发展旅游业已不仅是旅游部门的事情。2003 年四川召开了党政一把手参加的旅游发展大会，创造了区域旅游合作

---

① 张晨. 长三角区域旅游合作机制研究［D］. 上海社会科学院博士学位论文，2006.
② 孟萍. 亚洲旅游趋势与展望国际论坛永久落户桂林［EB/OL］. 广西旅游在线，2009-11-16.

发展的一种崭新模式①。2012 年启动美丽乡村、特色小镇建设，2016 年全国首个"全域旅游创建示范省"——海南承担了为全国旅游供给侧改革、产业结构调整先行探索的重任。如今，海南全域旅游"国家试验田"已经开花结果：探索出了一条融合建设全省人民幸福家园、中华民族四季花园、中外游客度假天堂三大愿景的发展新路；而广东、云南等地也在旅游业体制机制改革上积极探索、先行先试。行业联合成为区域合作的一种趋势，通过行业联合推动区域发展，通过区域合作拉动行业联合。区域联合的前提是打破地区之间的行政区划，这一问题并非轻易能够解决，但是地区界限对行业联合的束缚较小，从这个角度来说，旅游对于一个区域经济发展的作用就更加突出。同时，每个地域内部也有一个行业联合，即借助旅游平台，把工业、农业、交通、文化、体育等行业都整合起来，构造一种新的联合方式。这种新的联合方式对推动区域旅游的联合乃至整个区域的联合会起到更大的作用，如旅游业和交通业如果联合，无障碍旅游自然就解决了；旅游业与工业、农业联合，可以构建新型旅游业态，提高和延长旅游产业链；旅游业与金融业联合，可以搭建一个新的旅游管理和服务平台，即借助信息化。山东、河南、四川等地已尝试发行旅游一卡通，广东省发行了国民旅游休闲卡。这些卡的功能基本局限在为游客提供打折服务和部分金融服务方面，旅游行政部门方面的作用还没有得到充分发挥。未来可以此为基础，通过扩大旅游卡的覆盖范围将其构造成为旅游行政部门的信息卡、管理服务卡、宣传促销卡。这样的平台搭起，可以真正提高旅游管理与服务效率，使旅游宣传促销带来极大的便利。② 现在，因为各个地区各行其是，即便倡导无障碍旅游，也无法从根本上解决问题。

因此，无论是长三角、珠三角，还是北部湾，从整个区域的角度来说，经济方面是核心扩张，客观事实就是以经济区的首位城市为中心形成垂直辐射；从行业联合、区域联合的角度来说，形成一个平行的横向交流。所以，多层治理也是如何处理好垂直辐射和横向平行交流的关系；从旅游的角度来说，由于旅游的互补性更强，可能把一种垂直、纵向和辐射转换为一种横向、平行的交流，把各方的优势都发挥出来、整合起来。

我国的旅游业发展实践证明，中央政府、地方政府、区域协会、利益集团、政策联盟、企业和居民在多层治理协调机制中发挥了无可替代的作用。因为就目前全球经济形势来说，区域合作已经不是单纯的政府行为，已经不是仅仅依靠政府指令就能完成的事情，它需要多方共同参与、沟通和协调。但是，

---

① 魏小安，周鸿德，周小丁 . 天下旅游看四川 ［M］. 成都：成都时代出版社，2008.
② 曾博伟 . 旅游业转型升级的思考 ［N］. 中国旅游报，2009-07-10.

我们必须看到，中国是一个主要以行政力量实现治理目标的国家，以往区域合作主要通过中央政府以及地方政府的协调方式进行，这种协调方式至今仍在发挥着相当大的作用。但从区域公共管理的角度来看，治理纷繁杂芜的公共事务尤其是区域性公共事务，没有绝对的"灵丹妙药"。因此，针对不同层次、不同类型的区域合作问题，必须借助于等级制、市场机制、自组织制等混合机制来对其进行"多中心、多层次"治理，形成纵向政府间以及政府、企业、民间组织等通力合作的组织间网络机制。这种机制的形成可以通过设立合作机构来实现。

三、广西区域旅游跨界合作机制

(一) 主体多元机制

广西区域旅游合作有其特殊性，在旅游业发展的进程中政府、企业、社区等都是不可或缺的参与主体，跨界旅游合作的顺利开展要求充分调动多元主体参与的积极性，共同应对合作进程中可能会遇到的种种问题（见表5-1）。广西区域旅游合作的这一特点决定其合作机制必然具有主体多元的特色。

表5-1　影响区域旅游合作的主要因素

影响合作的主要因素	描述
合作领域达成共识	针对某一关键问题有一个共同的协议
合作的认知价值	所有合作伙伴遵从同一集体安排
自主权缺失	合作伙伴失去独立掌控、制定决策的权利
资源异质性	合作伙伴支持资源
利益相关者的一致性	使利益相关者合作一致并拥有集体行动的决心
利益相关者的合法性	保留利益相关者持分歧意见的权利
同一功能和结构	有意愿的合作
地理邻近性	有意愿的合作
召集者的组织	作为独立的领导机构或召集人促进合作有效进行
法定的障碍	阻止组织进行工作
专业背景	如果背景相同则支持合作
历史	阻碍合作进展的历史冲突

资料来源：Gray（1985）、Oliver（1990）、Selin 和 Beason（1991）、Westley 和 Vredenburg（1991）、Hardy（1994），有修改。

1. 政府

政府主导型旅游发展战略的优越性已为国内外旅游业快速发展的实践所证明。广西区域旅游合作需要政府主导，这是由广西旅游合作的特点决定的，也是把广西建设为西南地区旅游发展新增长极的内在要求。广西旅游合作包含跨国合作，具有政治、经济与社会文化多元化的特点，会给旅游合作带来一定的障碍，国家之间需要本着诚信互利的原则，加强交流与沟通；广西旅游合作地理区域跨度较大，旅游资源互补性强，文化差异性大，一方面为各方旅游合作提供了良好的基础，另一方面也为各方旅游合作带来了难度，因此在如何构建便捷的大跨度旅游交通、如何整合旅游资源、如何共同开拓市场等方面，都需要国家政府发挥主导作用。

建设广西跨界区域大旅游圈是一项巨大的系统工程，不仅需要按照总体规划分阶段实施，更需要区域内各城市的通力合作。如果没有一套强有力的协调机制，要实现大旅游圈的蓝图是不可能的，更不用说建立区域经济一体化了。目前，虽然区域内各旅游相关政府机构为建立广西跨界区域大旅游圈做了许多有益的工作，但从这个系统工程的复杂性和艰巨性来说，单靠目前这种协调机制是远远不够的，其最大的缺陷是缺乏强制性手段，而这种强制性手段只有通过政府的行政行为和人大立法才能实现。因此，尽快建立广西区域内各城市间的政府协调机制并付诸实施成为构建广西跨界区域大旅游圈的当务之急。①

2. 企业

政府不能包办代替。政府实际上更多的是进行投资环境建设，企业才是旅游经济的运行主体，是旅游产品与服务的生产者和提供者。离开旅游企业的参与，北部湾区域旅游合作就无从谈起。只有建立资源高效配置、对市场反应灵敏的旅游企业，区域旅游合作才能充满生机和活力。

目前，广西旅游企业建设较薄弱，规模偏小，效益较低，资金投入普遍不足，旅游业信息技术含量不高，跨地区经营的综合性大型旅游企业尚未形成或初具雏形，难以真正实现规模效益和集约经营，旅游业经营管理水平也较低，市场开拓能力不强，旅游企业竞争力不足。在这种情况下，应引进粤港澳等泛珠三角区域内的大型旅游管理公司，对广西管理水平较低的旅游企业进行直接管理，促进区域内旅游企业管理水平的规范化；或通过资金重组的方式，发挥区域投资实力的优势，促进广西旅游企业的发展和升级；同时，发挥旅游企业在区域旅游合作机制建立过程中的主体作用，促使合作和交换网络的形成。

---

①　陈泽群. 北部湾：大旅游带动大发展 [J]. 城市问题，2002 (2)：22-24.

3. 社区

旅游发展既要富国又富民，发展乡村旅游、民俗旅游、边境旅游，从某种意义上就是为了通过旅游促进社区人民富裕，社会和谐，所以社区参与本来是应有之义。原来旅游没有发生过和当地老百姓有冲突的事情，但是这几年发生了一些让人不愿意看到的事情。实际上旅游发展一般情况下对当地老百姓是有利的，核心原因是没把道理讲透，当然也就更谈不上形成利益和谐机制。玉林提出了"全民创业"的口号，充分体现了地方政府工作已经把富国又富民当作促进经济发展的首要任务之一。

（二）多层互动机制

广西区域旅游合作需解决的问题比其他地区要复杂一些，合作主体的多元性是一方面，各种层级与规模的边界是另一方面。跨界成功与否将是旅游合作能否有效开展的关键，而跨界成功不可缺少的一步就是构建多层平台，实现协调互动。

1. 决策平台

广西旅游合作组织为区域最高协调机构，负责有关合作政策、规则的制定，成员的选择与淘汰，合作机制的制定，风险的分担与利益分配，重大冲突的消解等。其形式是在中国—东盟博览会期间定期召开的合作会议以及所形成的决议和各种规则、协议，互通情况，及时协商解决合作中出现的问题。

2. 执行平台

成立广西跨界区域旅游合作组织秘书处，执行具体的合作政策，主要职能是协调成员之间的冲突，引导功能小组进行工作及实现具体的协调。广西区域旅游合作的秘书处可以设在南宁，有了这个平台，旅游促销合作、旅游交通建设合作、旅游投资合作、旅游教育培训合作、旅游景区共同开发等才有可能进一步推进。

成立泛北部湾高级旅游专家委员会，由官员、学者和业界专业人员组成，其职责是评估相关的政策和行动建议，在每年一度的泛北部湾经济合作论坛期间召开泛北部湾旅游合作专题会议，给决策者提供智力支持。

3. 推广平台

中国—东盟博览会和泛北部湾经济合作论坛是构建广西跨界旅游合作的两大平台。利用中国—东盟博览会这个平台，主要是发挥旅游地管理部门和旅游企业的主体作用，做好旅游业的招商引资、项目推介、旅游地营销等工作。以前，旅游项目在中国—东盟博览会中占的比重不高，现在东盟国家到广西来投资旅游已经成为一种趋势。因此，利用好这个平台，不仅要增加博览会上的旅游项目,而且要努力创办中国—东盟旅游博览会,召开泛北部湾旅游部(局)长峰会,使之成为中国—东盟博览会的特色和惯例。

泛北部湾经济合作论坛是泛北部湾经济合作战略的产生地,其影响和规模日益扩大。至2019年论坛已经成功举办十届,但旅游合作在每一届中只是作为议题的一个方面,内容偏少(见表5-2)。为了有效履行"泛北合作,旅游先行"理念,必须增加泛北部湾经济合作论坛的旅游相关议题,在论坛期间召开泛北部湾旅游合作论坛,邀请合作各方和相关国际旅游机构共同参与,为本区域的合作与发展提供有力的支持和政策咨询,形成政府、企业、民间三层联动的合作氛围,提高该平台的旅游色彩。

表5-2 历年举办的泛北部湾经济合作论坛

会次	时间	地点	主要议题
1	2006年7月20日	南宁	提出了构建泛北部湾经济合作区的设想,共建中国—东盟新增长极
2	2007年7月26~27日	南宁	共建中国—东盟新增长极——新平台、新机遇、新发展
3	2008年7月30日	北海	共建中国—东盟新增长极——沟通·合作·繁荣
4	2009年8月6日	南宁	共建中国—东盟新增长极——拓展合作、化危为机
5	2010年8月12~13日	南宁	中国—东盟自由贸易区建设与泛北部湾经济合作
6	2012年7月12~13日	南宁	泛北部湾区域经济合作与共同繁荣
7	2013年10月24日	南宁	在新形势下互联互通与泛北深度合作
8	2014年5月15日	南宁	携手推进泛北合作,共建海上丝绸之路
9	2016年5月26~27日	南宁	携手泛北合作,共建"一带一路";泛北部湾经济合作论坛暨第一届中国—中南半岛经济走廊发展论坛
10	2018年5月24日	南宁	共建陆海贸易新通道

设立广西跨境旅游合作高层会议:广西跨境旅游合作高层会议的成员由各成员国一名高层官员(成员国部长)组成,是广西跨境旅游合作的最高决策与协调机构,定期展开会议,职能范围是规划广西跨境旅游合作的指导方针和发展方向,审批广西跨境区域旅游合作的各项活动、计划、项目,协调解决阻碍广西跨境旅游合作过程中的相关问题。

设立广西旅游合作论坛:广西旅游合作论坛是探讨广西旅游合作的主要阵地,是宣传广西旅游的重要手段,定期召开广西旅游合作论坛有助于促进广西跨界旅游合作的纵深发展,有助于加快提升北部湾的国际知名度。可以采用两

种操作性方式：一是借助中国—东盟博览会，请国家支持广西在中国—东盟博览会期间举办中国—东盟国际旅游博览会和中国—东盟旅游合作论坛；二是在广西区域旅游高层会议的指导下，将广西旅游合作论坛确定为一个正式的旅游论坛，设立由本区域政府承认并提供财政支持的常设秘书处，对拟开展的旅游合作项目进行具体的讨论、筹划和实施，论坛可以采用轮流制的形式每年举办一次。

(三) 梯级关联机制

广西跨界旅游合作要落到实处，从合作的具体内容上看，技术合作、营销合作与资金合作三个方面呈梯级展开。其中，技术合作是基础，没有技术合作，不认真研究线路规划、资源整合，就不可能开发出高水平的旅游产品；营销合作是构建北部湾共同旅游市场的条件；资金合作是广西跨界旅游发展的关键。

1. 技术合作

旅游技术合作宜采取多种形式、采用多种手段积极地进行。一是要积极引进海外先进的规划和设计技术及工程技术等，以不断提高相关方面的技术水平。二是要加强旅游项目的策划，造就一支能胜任广西跨界旅游大发展旅游规划、策划和设计的专业队伍。三是要积极鼓励和支持饭店管理技术在全行业的全面推广。四是要借助中国—东盟博览会、国内旅游交易会、展示会等形式，加入旅游技术的相关内容，使旅游技术合作逐步具备实体的形式。

2. 营销合作

广西跨界旅游营销合作，不仅要鼓励广西与相邻各省份的旅游企业建立营销联盟合作关系，还要鼓励跨界旅游的企业营销合作，即鼓励广西及相邻各省份，特别是广西的重点企业与泛珠三角旅游圈的广东、湖南、云南、贵州、四川以及港澳台等的旅游企业建立良好的旅游营销联盟合作关系。把"泛北"和"泛珠"看作一个整体，无论是政府进行的形象宣传，还是企业跟进的产品促销，都必须形成一体化的联动。通过联动来集中优势的资源，使其得以更优化的配置，以突出"泛北"和"泛珠"旅游圈品牌。在具体实施时，应统一编制跨区域的旅游手册、跨区域导游图等宣传促销资料，共同制作跨区域的旅游网站，轮流主办节会活动。

3. 资金合作

资金合作旨在使旅游企业集中资源，重组并购，形成大型旅游企业。按照政府主导的发展方针和市场对资源配置的基础性作用相结合的原则，形成旅游资金合作。① 一是形成政府引导型资金，要在现有的旅游资源保护与开发基金基础上扩大数额，提高实效，引导旅游投资的流向和流量。二是要争取设立广西旅游产业发展基金，全面用于旅游经营性项目的投资，确保对投资者的回报。三是要进一步鼓励社会各方面对旅游业的投入，推行投资主体多元化，按照"谁投资、谁受益"的原则，逐步形成旅游产业投入产出的良性机制。四是积极鼓励符合股票上市条件的旅游企业通过资本市场筹集资金，建立规范化的企业直接融资机制。五是在全行业全面强化资本运营的意识，总结和推广旅游企业资本运营成功经验。六是进一步鼓励和吸引海外投资，也要积极支持条件成熟的中外合资旅游企业去海外上市，直接进入国际资金市场。

广西跨界旅游发展基金，一是用于发展落后地区基础设施；二是资助面临结构性困难的区域的转型；三是支持落后地区的人力资源培训。可以适度将广西区域内各方的相关权益集聚在基金会，构成本区域旅游合作的经济基础，进一步加强基金会的规范管理和制度建设，以维系广西区域旅游合作的可持续发展。

总之，多层治理是在欧盟旅游一体化发展进程中逐渐形成的一种区域旅游合作协调机制，是欧洲人应对全球化挑战、探索改善自身生存环境的尝试。它在决策过程中实现了主体多元化，形成了超国家、国家、跨境区域、地方等多个等级层次的合作体系，不但增加了集体利益，还兼顾了各方、各层级的利益，提升了合作方参与合作的积极性。为了合理和及时处理合作者利益冲突，多层治理模式中还包含有一套完整的法律法规体系。借鉴欧盟与 GMS 的多层治理经验，有助于推进广西跨界旅游合作顺利进行，并有利于解决广西跨界旅游合作中面临的诸多矛盾。

第二节　立法保障与跨界旅游合作政策网络

中国—东盟自由贸易区的正式启动使广西迎来了开发的浪潮。作为自贸区建设的重要内容之一，旅游服务业的发展需要以自贸区的政策推进为突破口，在更多配套政策支撑下推动旅游合作，加快广西区域旅游合作的跨越式发展进程。目前，广西跨界旅游合作的国家战略优势正逐步凸显，其"雁群效应"正

---

① 魏小安. 中国旅游投资的现状与发展//多彩贵州，多姿发展 [M]. 贵阳：贵州人民出版社，2007.

在形成。在这一进程中其旅游合作的政策重点，一是以中国自由贸易区建成为契机，推动旅游便利化；二是坚持"走出去"战略；三是打造旅游政策组合，形成旅游立法体系。

一、加快广西跨界旅游便利化

（一）自贸区与中国—东盟旅游自由化的政策建设

毋庸置疑，中国—东盟自由贸易区的建成给广西带来了极大的机遇，随着关税与非关税壁垒的减少，经营成本下降，进出口市场进一步拓宽，广西与东盟的经贸往来将更加频繁。但是，在自贸区的大框架内，目前无论是决策者还是经营者，其精力主要集中在货物贸易方面。然而，只局限在这些方面显然是不足的，一方面会使多种区域优势不能充分发挥，另一方面也会使货物贸易由于缺少支撑而趋于萎缩。国际经验表明，一般的发展过程是技术贸易跟进和服务贸易拓展，而旅游领域则是服务贸易发展的重中之重。也就是说，货物贸易、技术贸易、服务贸易应该是并起共进，而中国—东盟自由贸易区内本应是三足鼎立，现在却变成了两条腿，这就需要研究一系列的问题。

合作领域的拓展将是中国—东盟自由贸易区的发展趋势，中国与东盟的经贸往来将开辟货物贸易外更多的合作领域，如服务贸易领域的旅游、教育、医疗等更广阔的发展空间，并将形成更宽松的交流合作环境。[①] 现在商品货物、贸易的自由化程度越来越高，技术贸易也没有太大的障碍，倒是服务贸易领域面临着一些问题。旅游业涉及农业、交通、环境、卫生保健、教育等，具有跨部门的性质，这就需要我们加强自贸区政策中涉及中国与东盟旅游业方面的管理。

中国与东盟已经成为双向的旅游目的地，从中国的入境旅游来看，东盟国家一直是重要的客源市场。东盟国家尤其是马来西亚、新加坡、菲律宾、泰国和印度尼西亚等国，一直位居中国入境游十五大客源国之列，到目前为止，每个国家每年输入中国的游客都在 50 万人次以上。互免签证的无国界旅游区是旅游业的自由贸易区，是对中国—东盟自由贸易区的重要补充。中国—东盟无国界旅游将最大限度地减少旅游业的人为阻碍，为游客在旅游圈内自由选择旅游目的地和旅游方式创造条件，可以在现有的互为客源国出境旅游的基础上，实现中国与东盟游客相互往来流量的大量增加，实现旅游企业在旅游区内旅游

---

① 古小松. 中国—东盟自由贸易区与广西［R］. 2009-11-16.

促销和投资的增长，从而扩大各国的旅游收入和旅游业在国民经济中的比重。^①加快旅游便利化建设，主要包括中国与东盟国家的签证手续简便化，边境旅游自由化，第三方便利等问题。

(二) 中国与东盟国家的旅游签证制度

1. 开放边界，实现人员自由流动

当今世界的旅游发达国家都特别重视开发邻国市场，边境旅游在其国际旅游中占有重要地位，一些国家的政府制定了有利于发展边境旅游的政策，采取多种措施发展边境旅游，"一日游"或"多日游"的边境旅游活动十分流行。随着北美自由贸易区的建立，美国、加拿大、墨西哥等国家的边境几乎是开放型的，人们可以自由往来，跨越边境的手续只是针对其他国家。欧盟国家也采取了同样的政策，申根协议的实施大大简化了协议国家之间的旅行手续，边境地区的旅游活动甚为活跃。一些国家为了提高对邻国的吸引力，采取多开放口岸、最大限度地简化手续、降低关税、降低汽油价格等措施。^② 在亚洲地区，特别是东盟国家，也都实行了对邻国旅游者比较开放的边境管理方法，马来西亚和新加坡、泰国之间邻国公民的往来可以免于签证。自 2008 年金融危机以来，东盟十国针对中国游客纷纷推出优惠政策，如泰国、新加坡放宽中国游客入境限制，泰国在 2009 年连续两次宣布对中国游客免签证费，泰国旅游局等境外旅游局也加强与各大旅行社的合作，与旅行社举办热卖会推广当地旅游。中国也已经向东南亚十国开放，成为自费出境旅游的目的地国家（见表 5-3）。应当说，开放边界、简化出入境手续、实现人员自由流动、减少国际旅行障碍、扩大国际旅游活动是大势所趋，而这些促进国际旅游的重大措施往往在边境旅游上首先体现出来。^③

表 5-3　中国面向东南亚开放的出境旅游目的地国家

序号	国家	启动年份	开展业务情况
1	泰国	1988	全面开展
2	新加坡	1990	全面开展
3	马来西亚	1990	全面开展

① 石峡，程成. 中国—东盟自由贸易区旅游一体化建设的基本对策 [J]. 商场现代化，2007 (8)：12-13.

② 杨森林，多纳尔·A. 迪宁. 欧盟旅游业的政策基础及目标 [J]. 旅游学刊，1995 (5)：48-50.

③ 张广瑞. 中国边境旅游发展的战略选择 [M]. 北京：经济管理出版社，1997.

序号	国家	启动年份	开展业务情况
4	菲律宾	1992	全面开展
5	越南	2000	全面开展
6	柬埔寨	2000	全面开展
7	缅甸	2000	全面开展
8	文莱	2000	全面开展
9	印度尼西亚	2002	全面开展
10	老挝	2005	全面开展

资料来源：国家旅游局信息中心。

2. 签证手续简便化

目前，国际上出现的针对签证的旅游手续便利化主要有三种：落地签证、互免签证、申根签证（Schengen Visa）。落地签证就是游客可以在到达目的地国家的边境口岸办理签证，而不是只有在居住国的驻该国的大使馆、领事馆办理；互免签证则是在政治互信基础上两国采取的双边行动，这需要双方的政治信任，因此不可能大范围推广，它只是国家与国家之间采取的一种人员流动便利化的措施；申根签证是多国采取的多边行动，它不仅实现在协议国之间人员自由流通，而且对第三国采取联合统一行动，适合国家层面上的区域旅游合作，它的采用无疑将在很大程度上提升区域旅游的便利化。

1985 年，法国、德国、荷兰、比利时和卢森堡五国在卢森堡边境小镇申根签订了《申根协定》，规定其成员国对短期逗留者颁发统一格式的签证，即"申根签证"。申请人一旦获得某个国家的签证，便可在签证有效期和停留期内在所有成员国内自由旅行，但从第二国开始，需在 3 天内到当地有关部门申报。目前，欧洲共有 15 个国家加入《申根协定》，实施"申根签证"。《申根协定》为人员的自由流动扫清了障碍，大大地促进了欧洲旅游业的发展，给欧盟经济发展和繁荣带来了新的机遇。然而，"申根签证"的实施需要实施国之间做出主权让渡，即需要放弃部分的边境控制主权，这是建立在平等基础上的一种政治信任。

广西北部湾有国家口岸 12 个，地方口岸 10 个。在边境口岸内使用护照时，手续还比较复杂，仍要填写出入境卡、卫生检疫表。人多时就显得慢，尽管使用微机查验护照，已经加快了通关检查的速度。笔者认为，从本地区的实际情况来看，北部湾区域完全按照欧洲"申根签证"的做法可能很难行得通，或者说实施过程中还存在很大的障碍。但是，广西北部湾要争取对东盟游客实行类似深圳"72 小时便利签证"制度，使东南亚国家游客均可以通过便利签证进入广西。"72 小时便利签证"是中央为促进中国旅游业发展，从 1994 年开始在深圳首次推行的一项旅游优惠政策。便利签证方便用于出入境，免填入境卡，免交签证费，护照上免盖印章，口岸提供专用通道，足不出户即可办成申请手续。"便利签证"不同于落地签证，更类似于"免签证"，一切手续在游客入境前已完成，可最大限度地缩短游客在过境通道的停留时间。通过传真、电话或其他方式到指定的旅行社报名组团即可办理"便利签证"手续，3 人以上即可出团。

随着中国—东盟博览会在南宁举办，广西北部湾可以向国家有关部门申请给南宁、北海、凭祥、东兴等地国家一级口岸落地政策。同时，在凭祥、东兴等中越边境旅游县（市）口岸，实行更方便游客的出入境手续，特别为越南旅游者或经由广西进入后再次返回入境和经过越南进入广西的第三国旅游者提供便利签证。设立海上出入境一类口岸，把北海—下龙湾航线作为连接中国—东盟的东线大通道的重要内容，争取得到国家政策支持，与越南方面一道，将此航线中越双方的出入境口岸提升为一类口岸，从而促进广西与越南旅游业的发展。① 同时，支持广西在境外主要旅游客源地设立旅游推介分支机构。

3. 边境旅游自由化

中越边境旅游发展已经迈开了步伐。"中越边境探秘游""中越跨国胡志明足迹之旅"目前已成为精品线路。中国与越南正筹划在两国边界设立一个"中越国际旅游合作区"，合作区设在广西崇左大新跨国瀑布景区、凭祥友谊关景区以及与之相邻的越南部分区域。合作区成功运作之后，中国游客赴越南部分地区旅游不再需要办理旅行签证，甚至可以自驾车旅行。包括越南在内的东盟国家的游客，亦可免签证进入合作区内中国一方游览参观。② 除了建设中越国际旅游合作区外，中国与东盟国家还将在东兴及北仑河口建立合作区域，在北部湾海域也将会有合作区域。合作区建成后，中国游客凭身份证就可以进入越南游玩，而东盟游客亦可踏入中国景区，这对广大游客来说是相当具有吸引力的。

4. 第三方便利

第三方便利是比较切合北部湾边境旅游发展的一种手段，它以交通干线或

---

① 广西与周边旅游市场对接的现状与对策研究//广西改革发展研究——广西重大招标投标课题研究成果汇编（2005）[M]. 南宁：广西人民出版社，2006.

② 中国—东盟再推旅游合作：部分区域免签证旅游 [EB/OL]. 新华网，2009-12-29.

经济走廊为平台，在交通干线或经济走廊所经国家之间，通过统一行动而对外所采取的一种签证互认形式。协议国之间在该廊道区域内实行互免签证；第三国居民在获得该廊道所经一国签证后，就可以在通道所经国家一定范围内自由通行，如交通干线两边延伸100千米的范围（具体依各国协商而定）。① 当然，各国也可以通过协商将范围扩大到全国，即为上述"申根签证"形式。例如，到北部湾的欧洲或美国客人如果想去越南旅游，能够享受这个便利政策，到了越南的欧美人想来中国也能够享受这个政策。超越东盟范围的，叫第三方便利，实现第三方便利是北部湾旅游便利化的一个很好的途径。

(三) 加快国际枢纽空港与海上旅游保障机制的建设

1. 加快南宁、北海等国际空港建设

目前，南宁国际机场的枢纽地位正在形成，已开通到北京、上海、广州、深圳、昆明、成都、海南、南京、杭州、西安、沈阳、济南、香港等国内26个主要机场的航线及吉隆坡、河内等地区性及国际性航线。2009年1月4日，南宁与万象、仰光、曼谷之间开通直航，标志着南宁在建设区域性的交通枢纽方面有了实质性的进展。按照国家民航机场建设规划，到2020年把南宁国际机场建成面向东盟的门户枢纽机场：近期按机场年旅客吞吐能力500万~600万人次的要求，扩建南宁国际机场；远期按机场年旅客吞吐能力1500万~2000万人次的要求，规划建设新的南宁国际机场，发展空港服务、空港物流、空港加工制造等产业。

作为区域性的滨海旅游城市，北海可以以包机方式开始，发展到一定程度后，再引进大公司做旅游。包机旅游客人，不管是团队还是散客，都可以采取包机形式。选择包机旅游有许多好处，如快捷、舒服、经济、安全。这对旅游者是十分有吸引力的。要建设南宁与北海成为国际枢纽航空港，难度很大，面临如何加大航班密度、如何开辟新的航线等一系列的问题。

2. 完善海上旅游保障机制

2006年3月，中国第一条跨国海上豪华邮轮航线即北海至越南下龙湾的海上航线复航，目前广西已经开通了两条海上旅游航线，一条是北海—下龙湾，另一条是防城港—下龙湾，这两条航线是我国最早开辟的跨国旅游海上航线。2017年8月29日，广西第一艘国际豪华邮轮——"中华泰山号"在防城港首航，到达港为越南的下龙湾、岘港，中外游客使用护照出入境。目前，广西正在加快与东盟主要客源国城市和港口城市合作，共同建设完善海上旅游大通

---

① 邓小海. 大湄公河次区域旅游便利化研究 [J]. 北京第二外国语学院学报, 2008 (3): 43-48.

道，将北海/防城港—下龙湾海上旅游航线延伸到越南岘港、胡志明市，以及马来西亚、新加坡、印度尼西亚等国家的主要旅游港口城市，形成"泛北"海上国际旅游航线。因此，建立一套完善的海上旅游保障机制，涉及海上旅游的跨境手续、交通标识、汽车救援等一系列具体事项。由于中国与东盟国家的社会经济发展不同，旅游标准化没有建立起来，各国的旅游标识不规范，也阻碍了海上旅游的便利化。旅游是经济社会发展情势的"晴雨表"。旅游业是经济发展的先导产业，同时旅游业又是脆弱、敏感的。旅游安全是社会公共安全服务的重要对象。营造好安全友好的旅游环境、建立应对危机的应急反应机制是政府能力建设的战略性命题。①

广西在构建跨境旅游合作时，应发挥各级政府的积极性，努力建立海上旅游救援机制：一是在构建覆盖广西海洋旅游目的地的 12301 旅游平台的基础上，合作构建海上旅游安全信息专线与通报机制；二是结合国家公共安全资源与能力的战略配置，加强与专业化公共安全部门的互动与合作，共建区域性安全救助服务；三是合作规范旅游安全标识系统建设，联合颁布实施《旅游安全管理办法》，建立海上旅游安全应急保障机制；四是联合推进区域性的旅游保险体系建设，完善旅行社责任保险制度，推进完善旅游保险险种和理赔机制。2004 年，中国广西防城港市旅游局与越南广宁省签署了《越南下龙湾至中国防城港高速客轮航线搜救合作协议》，双方已经建立海上搜救合作机制，对创建中越海上安全通道、加强边界海域的搜救合作、保障游客的安全将发挥重要作用。应进一步扩展建立海上六国的保障机制，由于中越海上旅游因涉及两国土地、军事、水利等问题，目前合作区的范围、规划和功能等正在磋商中。

二、构建广西跨界旅游合作政策平台

（一）"走出去"，加快双方的旅游投资

2009 年，《中国—东盟自由贸易区投资协议》（以下简称《投资协议》）签订，协议明确提出，要"促进东盟与中国之间投资流动，建立自由、便利、透明和竞争的投资体制"。在推进中国—东盟自由贸易区建设的进程中，"逐步实现东盟与中国的投资体制自由化；为一缔约方的投资者在另一缔约方境内投资创造有利条件；促进一缔约方和在其境内投资的投资者之间的互利合作；鼓励和促进缔约方之间的投资流动和缔约方之间投资相关事务的合作；提高投资

---

① 汪宇明. 旅游合作与区域创新 [M]. 北京：社会科学出版社，2009.

规则的透明度以促进缔约方之间投资流动；以及为中国和东盟之间的投资提供保护"。《投资协议》对"投资便利化"提出了具体的要求：为各类投资创造必要环境；简化投资适用和批准的手续；促进包括投资规则、法规、政策和程序的投资信息的发布；在各个东道方建立"一站式"投资中心，为商界提供包括便利营业执照和许可发放的支持与咨询服务；等等。服务贸易与投资便利化的如期实现，必然能够推进旅游要素跨界流动的便利化。

广西认真研究《投资协议》相关政策，充分利用好这些政策，进一步实施"走出去"战略，推进中国—东盟自由区贸易自由化建设进程，扩大旅游合作与民族文化产业开发，全面发展广西与东盟国家的旅游产业合作。《投资协议》的签订相当于给中国与东盟各国一颗定心丸。2019 年，第 16 届中国—东盟博览会、中国—东盟商务与投资峰会举办产能合作、技术转移、金融、环保、文化、农业、矿业、减贫、智库等 33 个高层论坛。围绕中新互联互通项目国际陆海贸易新通道、中国（广西）自由贸易试验区、面向东盟的金融开放门户、粤港澳大湾区建设、中国—东盟信息港等合作热点，设置专门展区，举办专题活动，推动重要机制和重大项目落地。继续举办国际产能合作系列活动，通过展览、论坛、项目对接等形式，深化中国与东盟国家在基础设施、产业园区建设等方面的合作。截至 2018 年底，中国和东盟累计双向投资总额达 2057.1 亿美元，东盟国家对华累计投资达 1167 亿美元。其中，中国—东盟博览会的推动功不可没。前 13 届中国—东盟博览会共汇聚国内外投资项目 38000 余个，推动中国与东盟相互投资额近 1300 亿美元。特别是第 13 届东博会举办了 57 场投资促进活动，共签约国际合作项目 81 个，国内合作项目 147 个，涉及港口合作、航运建设、电子商务、现代农业、商贸物流等多个领域，助推中国—东盟多领域合作开花结果。

（二）大力推动金融创新

随着自贸区的建成，人民币在东盟区域化发展，对旅游业来说是一件好事。由于旅游者在旅行中经常需要兑换货币，既耗时费事，又增加了成本。自贸区建成以后，东盟国家实行以人民币进行结算，将有助于旅游者出游的各种便利。

旅游业与工业不同，工业企业要贷款，可以拿企业的资产来担保。可是旅游资源没法担保，因此加强旅游项目建设银企合作，是一件既有利于破解旅游项目建设的资金瓶颈，又有利于金融部门自身发展的大好事，具有战略意义与现实意义。从这个意义上看，广西北部湾经济区可以考虑组建一个旅游担保公司。虽然我国的中小企业信用担保公司还处于起步期，其运作机制、法律规范都不成熟，需要各相关部门积极引导，但近年来，湖南、浙江等地方政府针对中小企业成立中小企业信用担保公司，为中小企业提供贷款担保，已经有许多成功的经验。①就广西地区而言，也可以请求多边政府制定广西区域旅游合作投资的特殊政策，包括鼓励私人投资，允许次区域合作的基础设施项目采用创意投资方式，如 BOT、BOOT、BTO 等模式，为旅游企业到周边地区进行旅游产业投资提供便利条件。

（三）旅游用地政策创新

在旅游业发展的大潮中，对旅游用地的需求十分迫切。例如，南宁、北海、钦州、防城港各地的发展，都出现了一批高端的旅游项目，如酒店群、高尔夫产业等娱乐项目，因此要正确处理土地利用与旅游用地之间的关系。综观国外土地利用的成功经验，在区域经济增长过程中，土地利用中适当加入旅游的因素有助于提高土地的附加值。当前，在旅游业转型时期，郊外旅游成为都市居民休闲度假的一大选择。城郊旅游的发展，激发郊外对旅游用地的需求，也带动了旅游房地产的开发模式。距南宁市 12 千米的九曲湾温泉旅游度假村，是依托温泉资源建设的一个集高尔夫球场、温泉度假区、房地产综合开发区、商业带、旅游休闲娱乐区等为一体的项目。如果仅仅立足于原有的风景区，新的旅游用地项目就无法体现出来。

为了解决广西跨界旅游合作项目的土地需求，我们认为，首先，政府应将旅游用地纳入土地利用总体规划体系；其次，保障核心旅游区的旅游用地；最后，加快广西旅游地产模式的推广。当前国际上流行的"旅游+地产"模式分为四类：第一类是旅游景点地产，主要是指在旅游区内为游客建造的各种观光、休闲、娱乐性质非住宿型的建筑物及关联空间；第二类是旅游商务地产，主要指在旅游区内或旅游区旁边提供旅游服务的商店、餐馆、娱乐城等建筑物及关联空间；第三类是旅游度假地产，主要是指为游客或度假者提供直接用于旅游休闲度假居住的各种度假型的建筑物及关联空间，如宾馆、度假村、产权酒店以及用于分时度假的时权酒店等；第四类是旅游住宅地产，主要是指与旅游区高度关联的各类住宅建筑物及关联空间。广西旅游区域合作地区可以根据各自的实际情况，在政府的宏观指导下，选择具有地方特色的"旅游+地产"发展模式，不仅便于在土地利用总体规划体系中纳入旅游用地计划，亦有利于提高土地资源利用质量。例如，发展高尔夫绝不违反土地总体利用规划，不占基本农田，在国家政策允许的范围内来适度发展高尔夫产业。

① 伍中信，曾繁英. 集群企业融资现状及政策需求分析 [J]. 商业研究，2009（10）：79–82.

（四）加强广西生态环境保护

"低碳旅游"是 2009 年的哥本哈根全球气候会议上出现的一个响亮的声音，其核心是为保护旅游地的自然环境，要求减少二氧化碳排放，并最终为旅游地人文与自然环境的良性发展做出积极的贡献。"低碳旅游"从根本上是与旅游业可持续发展相吻合的。旅游业的碳排放尽管在经济活动中只占到 5%~7%，但却呈上升趋势，因此要大力提倡低碳旅游，要从现在做起，从广西做起。

广西旅游业的发展，必然对大气环境、水环境、声环境、固体废物环境等方面产生一定的负面影响，可能会威胁到广西的生态环境。中国与东盟各国政府与企业应增强责任意识，充分发挥旅游产业优势，坚持绿色发展，自觉节能减排，主动减缓对气候变化的影响。可以采取以下五点措施：一是要加强旅游资源保护，避免片面追求经济利益和短期回报，防止其他用途的开发利用损害旅游资源，加剧气候变化。二是要科学开发利用旅游资源。旅游开发必须以保护生态环境和减缓气候变化为前提，鼓励探索有助于减缓气候变化的旅游开发方式。三是积极推动旅游企业节能减排。借鉴相关行业和国际经验，研究各类旅游企业排放指标，加快制定旅游业环保标准。四是大力推广新型能源。按照发展循环经济、低碳经济的要求，旅游企业要积极实施清洁生产，提高能源资源利用效率。大型景区和旅游目的地要立足使用清洁能源和可再生能源，大力推广环保型旅游车、电瓶车、太阳能车。乡村旅游目的地要积极利用、推广沼气，风能资源好的地区要充分利用风能发电。旅游景区宾馆饭店要加强推行建筑节能技术，提倡自然采光、采暖和利用新型能源。五是大力倡导文明旅游，积极引导旅游者自觉爱护和保护环境。海湾六国必须制定一系列环境行动纲领来保护共同的环境。在跨边界污染治理上，要加强国际合作，制定相应的海滨浴场水质的卫生标准。

三、打造广西跨界旅游合作政策网络

广西区域旅游自由化并非一朝一夕可以实现的事情，它需要艰巨的跋涉与努力。对于广西来说，边界旅游开发堪称一个政策突破的试验场，在推进政策建设的过程中，认真回答以下问题是很有必要的：针对广西不同层级与规模的边界现状应确立何种整体政策视野来应对各种合作障碍？如果合作能够在一定条件下进行，应如何在不同国家（包括行政区）间达成协调，来实现政策优化组合？如何坚持政策制订的前瞻性与连续性，才能既加快合作进程，又保证合作进程的可持续性？

　　有研究者提出以政策网络作为理解公共政策与政策环境之间相互关系的一种新的模式，并认为这一模式旨在突出政策行动者之间的相互依赖和相互交流，将政策环境置于互动的大背景下进行研究，因此使公共政策环境的研究更加深入。政策网络理论可以分为两个学派：一是政策网络为利益中介的类型，二是政策网络为特殊的治理模式。利益中介学派认为政策网络是各种利益团体与国家关系形态的统称；治理学派认为政策网络是一种特定形态的治理，是当政治资源广泛分布于公共与私人部门时的政治资源动员机制。时至今日，政策网络虽然仍没有公认的清晰定义，可是这并没有阻碍政策网络的理论与方法在政策环境分析当中发挥作用，尤其是对政治、社会或行政网络在相关政府政策中的互动的研究。政策网络是北部湾区域旅游合作支持系统一个重要的组成部分。缺乏政策保障、环境影响评价和保护计划以及专门人才教育和培训计划的旅游开发，将导致旅游开发中社会影响恶化、资源损毁、环境质量退化、经济衰退等不良后果，并最终影响旅游合作走向深入。实际上，可将旅游开发规划的制定及其实施看成是某种形式的旅游健康发展的政策保障。

　　广西区域旅游合作的顺利开展要求各相关方以互利互惠的方式调整各自的旅游发展政策，加强相互的协调一致，而这也是相关各方从自身经济、政治等利益出发必须做出的选择。制度一体化是区域经济一体化的核心内容之一。为推进区域经济一体化，区域内各参与者达成某种形式的约定、条约，以及为一体化制定明确的目标和阶段性建设方案，并且设置相应的行政机构展开立法和监督工作。这是区域经济一体化中制度性一体化的重要表现。政策网络的构建是一个制度建立和变迁的过程，是制度一体化进程中的重要推动力。从某种意义上说，政策网络的成功构建将是广西区域旅游合作健康发展的重要影响因素。

　　广西区域旅游政策网络的构建应包括健全高效的合作政策体系与组织机构，建立明确的制度规则与审核监督机制，大力拓展合作内容，有序、开放地推动合作过程①，其目标在于形成决策果断、运行顺畅、监督有力的合作局面。

（一）健全跨界旅游合作政策协调，建立高效的合作组织机构

　　政策网络的构建并非可以一次完成，而是一个政策制订与不断调整的过程。无论是建立还是变迁都将给区域内部成员造成一定的影响甚至于损失，因此它需要健全的协调机制，尽可能消除内部成员的矛盾，缓和各内部成员的利益冲突，为政策合作的推进提供强有力的保障。尤其是对单边自由化的督促、协调机制，鼓励自觉、积极的督促，不至于因后进、怠惰或完全不做要求而产

---

①　叶大凤，覃秀玉. 中国—东盟政策合作面临的难题及对策 [J]. 开发研究，2009（5）：26-29.

生"免费搭车"现象。同时，建立评审机制作为协调的手段之一，审评将根据行动议程的原则、目标和准则进行，对执行行动计划的进程进行评估。

此外，高效的组织机构是进行合作的强有力的保障。由于中国—东盟自由贸易区没有共同的权力机构、监督执行机构，在政策合作过程中往往因政策实施不得力而影响政策合作的深化。结合广西的情况可考虑成立广西区域旅游开发委员会，负责国内省份的政策协调及与东盟诸国的政策沟通。另外，还应广开沟通渠道，培育各种市场中介机构，开展多种形式的论坛、研讨会，如进一步利用泛珠三角经济区首长联席会议、西南六省份经济协调会、中国—东盟博览会等平台以及其他渠道，积极推动广西区域旅游合作机制的构建。

（二）建立明确的具有强制性的制度规则体系和审核监督机制

从制度层面上看，广西区域旅游合作至少应该包含以下几点：核心地区的推进、制度约束的保证和完善、管理有效的组织体制、促进区域内旅游产业均衡发展的经济资助计划等。有效的政策合作就是建立明确、完善的制度规则体系，而这通常以明确而具有强制性的制度建设的形式出现。正所谓有章可循方可顺利实施各项决议。除此之外，还需要建立起审核监督机制，审核和监督跨界旅游合作中各成员的行为是否符合规章制度，并对其违规行为依照相关制度予以相应的处罚。

东盟自由贸易区采取的是一种松散的组织模式，因此其法律不具有足够的强制性。但是，在跨界旅游合作过程中，如果没有强制性的法律机制，往往会使规则的实施效果大打折扣，因为跨界旅游合作的推进直接关系到各参与方经济利益的兑现，各参与方不会不在乎自身利益而去自觉遵守没有强制性的规则。因此，强制性的法律机制是使跨界旅游合作走向深化的必要机制，广西区域旅游合作应制定具有一定约束性的产业发展规范。《东盟宪章》是东盟成立以来第一份对所有成员国具有普遍法律约束力的文件，这一文件的签署是东盟在机制化和法制化建设上的重要举措，是建立东盟共同体的重要法律保障。但就北部湾区域旅游合作而言，它只是一份指导性文件，有关旅游合作的实施细则等政策措施还需进一步细化。

（三）拓展合作内容

政策网络的构建是在满足经济利益的基础上进行的，因此，必须提高区域内各参与方的经济发展水平，减少内部经济摩擦，为政策合作的展开打好基础。广西区域旅游合作各参与方既有互补性又有竞争性，应该注意挖掘其旅游要素的互补性而减少产业扩张的竞争性。因此，各参与方应树立整体视野，调整内部结构，追求整体竞争优势。目前，广西区域旅游应加快产业结构的升级，努力挖掘和发挥各参与方的比较优势，构建区内统一市场，统筹区内外客源流向。

拓展合作内容是说广西区域旅游的发展要有一个跨国的战略性视野。墨西哥的滨海胜地——坎昆在这方面给我们提供了宝贵的经验。作为发展中国家，要创造世界一流的旅游度假区，要从高品位、高质量和高服务的品牌来赢取顾客的满意，而不是降低自己的档次来发展。总之，拓展不仅是创造一些原来没有的产品，而且是要在自主创新的基础上，谋求更大的发展。广西的旅游产品需要实现从观光到休闲度假的转型，旅游城市要不断加快区域旅游集散中心的建设等。政策的突破不是难事，政策的稳定才是最困难的。所以，政策的突破和政策的稳定是两个核心。政策网络的构建是逐步推进的，它预示了广西区域旅游合作的深化也是一个过程。

（四）有序开放地推动合作过程

政策网络的构建要考虑层次差异，由易到难，循序渐进。广西区域旅游合作各参与方政治经济发展不平衡，政策的制订应考虑各国、各省旅游产业发展的实际差异。对落后地区给予一定程度的优惠与扶持，以利于提高整个区域旅游一体化的水平。在这一过程中，不可避免地会冲击到一些地区的产业，因此在推进跨界旅游合作的方法和步骤上应由易到难，循序渐进，寻求尽量不损害各参与方的合作之路，只有这样才能推进区域旅游一体化的进程。

广西、广东应首先加强政策互通，在两广政策互通的基础上带动桂粤港澳大旅游圈政策互通、政府互信。就广西旅游市场促销而言，东盟国家固然是重要的旅游客源市场，然而作为第一市场的开发和第一步的市场推进，目标应该指向和紧抓广东、香港和澳门，而不是舍近求远。加强政府互信机制，深化两广无障碍旅游区的开发机制十分必要。2006 年 11 月 23 日，两广旅游局首创"无障碍旅游工作联席会"，由于有了一个良好的合作机制，两广从 2007 年起整合旅游资源，联合推出"购在香港、娱在澳门、食在广东、游在广西"旅游品牌，统一向外界推出两广三条无障碍自驾车精品旅游线路。2016 年广东、广西两省区 35 个城市在广西钦州举行的首届两广城市旅游合作联席会议上达成"钦州共识"。这些城市将在便捷的高铁交通网络的支撑下，打造以"珠江—西江黄金旅游带"为代表的跨省份旅游精品路线，进一步推动两省区旅游市场一体化。

与东盟诸国的旅游合作可以先考虑成立中越跨国旅游合作协调机构。中越两国地理位置相连，人文资源相似，是广西跨国旅游合作天然的实验场，是中国与东盟旅游合作的重要对接区域和先行实验区。中越两国已经在线路合作、

市场营销、人才培养方面进行了一些尝试，并取得了显著效果。例如，中国与越南正在共同建设国际合作区，广西正在积极推动赴越南旅游自由行及三天免签证，争取对在广西暂住人员实行在广西办证赴越南旅游。与以往团进团出的方式相比，自由行就不需要参团，按照双方规定将证件办好以后，可以自由选择出行时间，真正实现了灵活、便捷。

第三节　多方推进与跨界旅游合作重点突破

广西区域旅游合作诸多现实问题的解决，一方面需要政府营造适宜的政策环境，另一方面更要通过对广西现状的研究找出区域旅游跨界合作的瓶颈所在，并制订切实可行的解决方案。广西区域旅游合作应该从任何可能的环节寻求突破，但是抓住主要问题、寻求重点突破也十分关键，广西区域旅游合作需要跨越不同层级的行政边界，需要确立广西北部湾经济区在面向东盟、对接华南与西南经济区旅游合作的战略地位，首先要解决的关键问题是交通对接、旅游线路整合、产业融合发展及区域旅游信息平台构建等。本节着重从技术层面探讨如何解决广西跨界旅游合作的现实问题。

一、交通互联，推进区域旅游交通的顺畅化

广西具有天然的区位优势，但目前这种地缘优势没有变成交通优势和市场优势，要进一步加强基础设施建设及加快旅游交通建设，推动旅游业的发展。

（一）广西旅游城市空间结构与交通格局

区域旅游空间分布特征通常用拓扑结构分析方法，以空间连接度、通达度、空间形态等指标来体现。[1]

1. 旅游城市空间结构特征

（1）连接度分析。连接度表示交通网络的发达程度，区域网络空间连接度的大小可以通过 α 指数、β 指数、γ 指数进行定量表达，我们采用 β 指数、γ 指数对北部湾旅游区的空间连接度加以度量。β 指数为区域空间网络中各节点之间的平均连线数目，是对网络连接性的度量。对于多节点的旅游区而言，连

---

[1]　Stephen L. J. Smith. 旅游决策分析方法 [M]. 李天元，徐虹等译. 天津：南开大学出版社，2006.

接不同旅游节点之间的交通线越多，等级越高，则连接性越高，旅游者往来各旅游景区点之间越方便，其计算公式为：$\beta=L/P$。其中：β 表示交通网的连接度；L 表示交通网中边的数量，即两节点间的直接连接数目；P 表示交通网中顶点的数量，即节点数。β 的取值一般处于 $0\sim3$，在这个范围内，β 值越大，表明网络的连接度越好。

根据北部湾旅游资源空间分布网络图（见图 5-2），节点间的连接数目 $L=45$，节点数 $P=25$，$\beta=1.87$。可见，北部湾旅游区交通网络的连接度属于中等水平，各景点之间的交通路线密度不大，运输路线的二级公路较多，一级公路数量有限，交通营运能力有待提高。

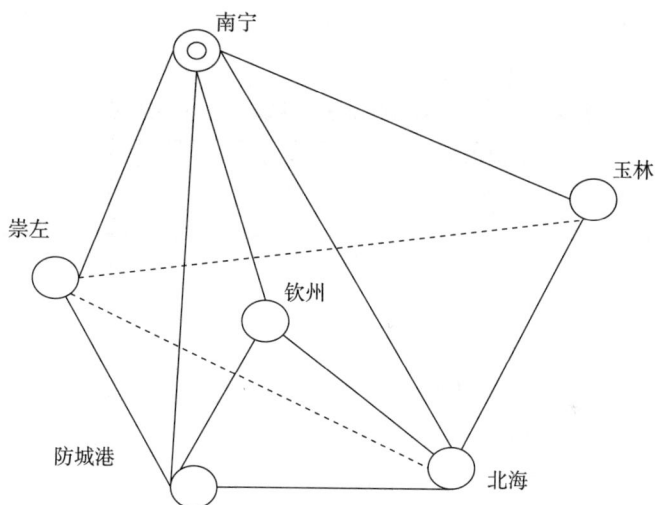

图 5-2　广西北部湾旅游区网络空间模型

γ 指数也是用来反映一个区域网络中的连通发达程度的指标。具体的方法是度量网络内各节点之间连线的观察数和连线的最大限度数目的比率，公式为：$\gamma=L/3(P-2)$。其中，L、P 的含义与 β 指数计算公式中相同。γ 指数的变化范围为 $0\sim1$：如果网络中无连线，即各节点毫不相连，则 γ 取下限 0；如果网络中每一节点都同其他点有连线，即网络最大连通时，γ 取上限 1（γ 指数大小与节点层次无关，故计算时不区别节点层次）。北部湾旅游区 γ 指数为 0.82，反映出各旅游点的连通水平较差，尚未形成较稠密的旅游网络，影响了北部湾旅游区整体旅游竞争力的提高。

（2）通达度分析。通达度是衡量网络中节点间移动的难易程度，即由每个节点出发，到其他节点的通畅程度。表征旅游资源点之间联系的快捷性，通常

用通达度指数来衡量。通达度指数是指网络中从一个顶点到其他所有顶点的最短路径的平均距离，计算公式为：

$$A_i = \sum_{i=1}^{z} D_{ij}/n \qquad (5-1)$$

其中，A_i 表示顶点 i 在网络中的通达度指数；D_{ij} 表示顶点 i 到顶点 j 的最短距离；累计和表示顶点 i 到所有顶点的距离。明显地，A_i 值越小，该点的通达度越高。

根据式（5-1），计算出广西北部湾六大旅游城市的通达度指数，其中六大城市均处于 100~200 千米，即汽车车速若按每小时 100 千米，则各城市与其他城市平均最短车程为 1.5~2 小时，可见广西北部湾旅游城市群区域内部具有较好的通达性（见表 5-4）。

表 5-4　广西北部湾旅游区六大城市之间通达性分析

节点城市	南宁	北海	钦州	防城港	崇左	玉林
通达度指数（千米）	140.25	140.16	107.33	123.75	176.74	208.26

资料来源：通过地理信息系统 Mapinfo 软件直接在地图上测量确定，然后根据文中公式计算得出。

通过进一步的实地调查，发现在南宁、北海、钦州、防城港四个城市之间所用时间在 1 小时左右，而北海至玉林、崇左至玉林大多需要 3 小时以上，说明本区六大城市之间的通达性还有一些路段相对欠佳，如崇左—北海段、北海—玉林段、崇左—玉林段，交通状况还没有完全顺畅。

（3）空间形态分析。区域空间形态紧凑程度关系到区域组织旅游线路的方便程度。可以通过紧密度指数来表示，公式为：$C = D/D'$。其中，C 为紧密度指数，表示区域形态紧凑程度；D 为与研究区域同面积圆的直径；D' 为研究区域中相离最远的两点之间的距离。一般地，$0 \leqslant C \leqslant 1$，当 C 值越高，越趋向于 1 时，区域越紧凑；当研究区为标准圆时，通达性最佳，此时 $C=1$；当研究区域为直线时，通达性最差，此时 $C=0$。根据上述，通过换算求得与旅游区同面积圆的直径为 575.95 千米，通过 Mapinfo 软件测定旅游区相离最远的两点距离为 290.63 千米，利用上述公式，计算得出北部湾六大旅游区的紧密度指数 $C=0.74$，说明该旅游区的区域形态紧凑程度相对较高，为旅游区旅游交通建设，提高旅游区内旅游资源网络连同性、通达性提供了较好的基础。

通过对北部湾六大城市之间的空间连接度、通达性以及空间形态等的分析，我们发现北部湾城市群具有一些明显的空间特征，即区域内六大城市的旅游紧密度较好，具有较好的发展前景，是广西对接东南亚的"桥头堡"。要发挥"桥头堡"的作用，就必须凝结好这一核心，才能从极化向泛化发展。

2. 旅游资源集聚效应

旅游资源的集聚效应反映旅游资源空间分布的集中与离散程度，有集聚型、随机型和均匀型三种空间分布态势，定量刻画可采用最近邻指数（最近邻比），其公式为：

$$R = \frac{d}{0.487\sqrt{a/n} + 0.127a/n} \tag{5-2}$$

其中，R 为最近邻比，反映点状事物的空间分布性质，$R < 1$ 表明点状事物有集中分布的趋势，$R = 0$ 表示完全集中，即所有点集聚到一点；d 表示点状事物之间的平均距离；a 为研究区域的面积；n 为点状事物的数量。

吴必虎、唐子颖（2003）以中国首批国家 AAAA 级旅游区（点）为例对旅游吸引物空间结构进行了分析。对广西的 A 级旅游景区进行分析，我们可以发现以下三点结论：①广西的旅游资源组合度较好；②空间形态紧密，适合旅游开发；③交通优势还没有发挥出来，尤其是一些著名景点的旅游线路没有连接起来，其潜在的区位优势还没有转化为现实的产品优势。因此，加强交通基础设施建设、优化交通网络布局是区域旅游合作的重要任务。

（二）广西北部湾交通格局的变化

至 2018 年底，广西的基础设施建设力度不断加强，交通格局发生了很大变化。其中：

1. 公路方面

基本形成了以南宁、柳州、桂林、梧州为枢纽辐射，以国道、省道、县道为骨架，以县乡公路为网络，干支结合，沟通周边邻省，连接沿海港口等四通八达的公路网络，目前广西区高速公路已通车总里程达到了 1411 千米。2030年，全区各地级市之间的高速公路总里程将达到 5353 千米，其中列入国家高速公路网 3432 千米，广西地方高速 1921 千米。出省的省际高速公路将多达 13条，其中到广东的就有 5 条；重要港口、国家一类口岸全部通高速公路；通往越南口岸的高速公路将有 4 条。到时，将形成"四纵六横"高速公路网。龙胜（思陇）至岑溪（水汶）高速公路：起于龙胜湘桂交界（思陇），经龙胜、桂林、阳朔、平乐、钟山、梧州、苍梧、岑溪，终于粤桂交界（水汶），全长482 千米。荔浦至铁山港高速公路：起于荔浦，与国家高速公路汕头至昆明段及包头至茂名段连接，经蒙山、平南、容县、北流、玉林与国家高速公路广州至昆明段交叉，再往南，经博白，终于北海铁山港，与国家高速公路兰州至海

口段相接，跨越桂东、桂南 2 个经济区，连通 3 个地级市和 6 个县（县级市）。由此实现西南出海大通道广西境内全线贯通，连接云南、贵州、湖南、广东以及通往越南的出省出边公路建设也将取得积极进展。

广西与周边省公路通道。截至 2013 年底，广西已建成 10 条出省出边高速公路。其中，连接广东 4 条，连接贵州 2 条，连接湖南和云南各 1 条，连接东盟国家 2 条，基本实现了高速公路连接各市、连通周边省和出海、出边的网络化目标，形成了东部沿海省份"西进""出边"和云南、贵州、四川、重庆等西南省份"东出""出海"的高速公路网络。

广西与东盟（越南）公路通道。2012 年，随着《中越汽车运输协定》的修改，中越间将实现客货运输车辆直达运输和公务车辆相互驶入，同时新增一对出入境口岸和 10 条客货运输线路（其中，广西新增 5 条客货运输线）。中越间人员和货物往来大为便利。

广西与越南广宁、谅山、高平相邻，陆路边界线长达 1020 千米，有东兴、友谊关、水口、龙邦 4 个国家一类公路口岸、7 个二类口岸和 25 个边境贸易互市点。1999~2010 年，广西经交通运输部批准开行的国际道路运输线路共 24 条，其中客运线路 12 条，货运线路 12 条。目前开通运营的有南宁—下龙、崇左—高平、龙州—高平等 10 条国际道路运输线路。2005 年通车的南宁至友谊关高速公路是我国通往东盟的第一条高速公路，是通往越南乃至东南亚地区最便捷的陆路通道，是南宁—新加坡"一轴两翼"战略中一轴的端点之一，具有重要的战略地位。目前，边境地区所有边贸点通四级以上公路，为多区域经济合作及促进广西对外开放起到了积极作用。

2. 水路方面

2010 年，广西内河航道里程达到 5591 千米，其中二级航道里程 291 千米，三级航道里程 700 千米。全区内河港口新增吞吐能力 3000 万吨，达到 6000 万吨左右。通过"十一五"期间建设，广西三个主要沿海港口新增吞吐能力约 6000 万吨，达到 9000 万吨，加上其他中小港口的吞吐能力，沿海港口吞吐能力将突破 1 亿吨；五年新增万吨级以上泊位 39 个，达到 65 个。基本满足了经济社会发展对港口的要求，并与 100 多个国家和地区建立了贸易往来，开辟了至港澳、东盟国家和我国沿海主要港口的集装箱航线。此外，还开通了北海至海防、下龙湾，防城港至鸿基等旅游航线。

3. 铁路方面

广西铁路以南宁铁路管理局的国有铁路为主体，有湘桂线、黔桂线、南昆线、黎湛线 5 条铁路干线，另有地方铁路公司下辖的来合线、桂海线等 4 条以及广西沿海铁路公司下辖的南防线、钦北线、黎钦线、钦港支线 4 条合资铁路。"十一五"期间，广西铁路网总体布局以湘桂快速线路为主轴，以贵阳—桂林—广州、昆明—威舍—百色—南宁—广州为横线，以永州—贺州—梧州—玉林—河唇、怀化—柳州、黄桶—百色—龙邦为纵线的"一轴二横三纵"总体格局，总里程4000千米以上，其中时速160千米及以上快速线路约800千米。到2010年，全区铁路营业里程达3400千米，路网复线率、电气化率分别达到36%和42%，主要运输干线列车运行速度提高到120～200千米/小时，缩短了南宁、柳州、桂林、北海等主要城市至全国中心城市的时间距离。

4. 航空方面

2016年，广西七大机场旅客吞吐量为2066万人次，年均增长率为12.4%，比同期全国增长率11.3%高1.1%；货运吞吐量14.11万吨，年均增长率为9.4%，比同期全国增长率7.5%高1.9%；驻场飞机达42架，年均增长率达13.7%。航线条数为264条，年均增长率7%；区内各机场通航国内外城市达105个，年均增长率9%。国际航线基本实现了东盟通；地区航线实现了港澳台航线全直通；国内航线实现省会通、热点城市通；区内基本实现支线航班通。2016年，南方航空、深圳航空、北部湾航空、桂林航空四家航空公司在广西设立运行基地，加上海航空、吉祥航空投放过夜飞机，广西驻场飞机达42架。

从总体上说，广西的旅游交通格局与充分发挥其旅游资源的潜在优势还不匹配，同时在与其旅游产业发展前沿区的区位优势相匹配上还需进一步改善。

（1）铁路运营不足。广西旅游交通的现状制约着广西旅游资源的开发，影响着广西旅游产业的形成。广西旅游交通没有形成区内外贯通的网络，仅靠自我发展很难形成一定规模的旅游产业，从而影响旅游效益。

（2）公路等级不够完善。广西四大中心城市有高等级公路连接，交通比较通畅，但从中心城市到各县市旅游区（景点）的交通较落后。由于区内公路较差，山高路远，费时费力，吸引不了境外游客到那里旅游，许多国外游客来到桂林后大多飞到外省去，不愿进"山"游览美景。

（3）机场需要扩建。广西国际航线太少，南宁、北海几乎没有国际航班，落后的国际航线在一定程度上影响了广西对外旅游业的拓展。另外，近年开展的中越边境跨国旅游虽有一定进展，但是长期以来双方的旅游交通均属于低层次，发展空间有限，特别是从越南过境到广西的外国游客不多。

（三）广西的旅游交通建设与优化策略

1. 完善国内外区际交通网络，提高可进入性

航空：南宁、北海两个机场将全面升级。将南宁提升为面向东盟的区域性国际枢纽航空港，北海将建成泛北部湾区域性国际旅游机场。增加北部湾国内、国际航线，提供旅游包机等航空服务，提升航空旅游服务质量。依托航空枢纽港构建面向东南亚的北部湾国际空中旅游廊道。

海路：构建广西（北海、钦州、防城港）—越南（海防、下龙湾、顺化、岘港）—海南（海口、洋浦、东方、三亚）—广西（北海、钦州、防城港）北部湾旅游圈内的海上金三角旅游廊道和泛北部湾地区国家间的海上邮轮旅游廊道。建设北海、防城港、海口的国际客运港口，北海、三亚两个邮轮母港，海口、湛江、钦州、洋浦、防城港等邮轮码头，海口、北海、防城港、海防游艇基地。开通北部湾与中国其他沿海港口和东盟、东南亚的海上邮轮航线，建立完善的海上运输体系。

铁路和公路：依托南宁—河内铁路，加快南宁—友谊关—河内—金边—曼谷—吉隆坡—新加坡高速铁路建设，构建北部湾与东盟国家的跨国铁路运输大通道；依托南宁—友谊关高速公路，加快友谊关—河内—金边—曼谷—吉隆坡—新加坡高速公路建设，构建北部湾与东盟国家的公路大通道，这是一条跨国自驾车旅游线路，市场前景很大。

2. 国际旅游交通必须与国内旅游线路相结合

航空：依托航空枢纽港构建中国国内各主要城市及主要旅游热点地区的空中旅游廊道。

铁路：依托南昆铁路、黔桂铁路、湘桂铁路、南广铁路，加快南宁—广州、南宁—昆明等高速铁路和北海—南宁—柳州—桂林等城际高速铁路建设。形成北部湾至云南、珠三角、黔渝川、湘楚（怀化、张家界方向，长沙方向）五个方向的跨区域铁路运输通道，形成五条跨区域的铁路运输通道。

强化南宁、湛江的铁路枢纽地位，增加广西与国内主要城市的旅客列车车次，加强旅游服务功能，增加软卧车厢，增开北京、上海、广州、重庆、成都、贵阳等大城市至北海、湛江和海口旅游专列，构建便捷的铁路运输体系。

公路：加快南宁至广州高速公路建设，构建北部湾与珠三角、港澳的公路大通道；完善西南出海大通道高速公路建设，构建与贵州、四川、重庆等地区的公路大通道；依托北海（钦州、防城港）—南宁—柳州—桂林高速公路、桂林—衡阳—长沙高速公路，构建与桂林、长沙等市和中南、华东等地区的公路大通道。形成四条跨区域的公路旅游大通道网络。

加快防城港—东兴—芒街—海防—河内高速公路、湛江—徐闻高速公路和琼州海峡跨海通道建设，构建北部湾滨海公路环线；依托南宁—友谊关高速公路、南宁—玉林高速公路，构建北部湾内陆的公路环线。形成滨海内陆两条北部湾内部的循环旅游线。将建设南宁至湛江、海口，至广州、福州，至衡阳、长沙，至贵阳、重庆、成都，至昆明，至友谊关，至东兴口岸七条高速通道，连接北部湾地区的防城港、北海、钦州三个重要港口，以及友谊关、东兴等重要的公路口岸。支持广西北部湾经济区的出海、出边公路通道建设。

3. 构建南宁、北海、钦州、防城港 1 小时旅游圈

广西沿海的北海、钦州、防城港三大城市，是构建 1 小时旅游圈的范围，区位衔接很好，目前正在建设的南宁至黎塘、钦州至北海、钦州至防城港三条高速铁路，将使南宁、北海、钦州、防城港的旅行距离大大缩短。高铁建成后，南宁到北海只需 50 分钟、南宁到钦州只需 25 分钟，钦州到北海只需 30 多分钟、到防城港也只不过 20 分钟。这意味着南宁、北海、钦州、防城港四大城市将融为一体，而坐高速火车到邻市旅游如同乘坐"公交车"，真正构建一个"同城"旅游。

4. 加强南曼通道的贸易旅游通道建设

继续推进南宁—新加坡经济走廊的建设，作为南新走廊的一部分，"南宁—曼谷经济走廊"概念也腾空问世。2009 年夏，广西学者古小松经过 13 天的实地考察，发现南宁—曼谷通道（简称南曼通道）是一条区域经济发展轴，它以南宁、河内、万象（或金边）、曼谷等沿线大城市为依托，以铁路和公路为载体和纽带，形成优势互补、区域分工、联动开发、共同发展的跨国经济走廊。① 于是提出了"建设南宁—曼谷经济走廊，促进华南与中南半岛合作"的战略构想。据专家测算，南曼通道全长 1769 千米，比昆明—曼谷通道的 1809 千米近 40 千米，并且比昆曼通道更具优势，从南宁到曼谷约 30 小时车程。南曼通道所经过的大多是平原地区，公路平坦、畅通，人车往来多，物产丰富。

现在各国在积极行动，因此广西将面临又一发展机遇。特别是泰国已把中国—东盟的交流合作重点转往东北方向，泰国东北部—越南中部历史上就是中南半岛的文化交流枢纽，这有利于发展广西与泰国、老挝等国家的旅游业。尤其广西旅游业必须着力打造一条跨国的自驾车旅游通道，使东盟各国与中国的旅游合作更加深入。

5. 培育类型多样的旅游发展轴

以交通网络为轴线，培育不同等级、种类多样的旅游发展轴（极），如表

---

① 雷小华. 南宁—曼谷通道讨论会举行，开拓便捷通道促进交流 [N]. 广西日报，2009-08-18.

5-5 所示。

表 5-5　北部湾旅游发展轴及其涉及范围

等级		旅游发展轴	直接涉及范围
一级	陆路	南宁—东兴—芒街—下龙湾—海防—河内	南宁至越南的跨国公路
		南宁—友谊关—谅山—下龙湾—海防—河内	南宁至越南跨国铁路与公路
		南宁—东兴—下龙—河内—胡志明—美拖—头顿—友谊关	南宁至越南跨国铁路与公路
	海路	北海—下龙湾—海防—河内	茗花公主、明辉公主邮轮
		防城港—下龙湾—海防—河内	高速旅游观光客轮
二级		南宁—钦州—北海	南北高速公路
		南宁—防城港（东兴）	南防高速公路
		南宁—崇左	南百高速公路
		南宁—贵港—玉林	南梧高速公路
三级		北海、钦州、防城港滨海旅游发展极	北海、钦州、防城港所及区域
		中越边关旅游发展极	中越边境所涉及区域
		民俗山水旅游发展极	南宁及上思县所涉及区域

二、线路优先，加快国际性旅游目的地的建设

交通建设的快速推进为打造广西区域旅游跨界合作，以及将其建设成为国际性区域旅游促进中心提供了便利性和可能性，但要打造一个真正的国际性的区域旅游目的地，仅有交通对接远远不够，还需要在产品组合、突出精品、国际化等方面多下功夫，以推进北部湾双向旅游客源地与目的地的发展。

（一）整合资源，龙头带动

1. 加大精品建设力度，打造品牌旅游

广西的一些旅游产品在国内，甚至在世界上都很有优势。其中有中国—东盟博览会、北海银滩、德天跨国瀑布、花山崖画、"海上丝绸之路"等顶级旅游资源，资源品位一流，市场垄断性强。目前已经基本形成以观光旅游产品为基础，以中高端休闲度假产品为主体，以民俗文化特色旅游产品为支撑的现代旅游产业结构。要充分发挥观光资源的垄断性、独特性以及中国—东盟博览会的强大吸引力，重新布局北部湾旅游产业结构，提升北部湾旅游产品的品牌和竞争力。除了一般性旅游资源外，北部湾还有独特的社会旅游资源，如港口观光、工业旅游、农业旅游、游艇旅游等，对于这些资源，不能以传统的眼光来看待，在融入世界旅游大潮流的过程中，广西旅游产品竞争从国内扩展到国际，必须从国际旅游市场的需求出发，策划和建设一批具有鲜明地域特色和民族文化内容的"山、海、边"精品旅游景区景点，并科学包装和组合成精品旅游产品推向国内外市场；要高起点、高水平地融入现代科技的内容，不断提升广西旅游产品的文化品位和科技含量，通过旅游景区景点评级制度，努力打造具有世界高等名牌的旅游产品，不断提高北部湾旅游产品在国际旅游市场上的吸引力和竞争力。

因此，广西旅游要主动融入中心，纳入主流，谋求城市旅游和旅游城市群的协同发展。城市旅游发展最重要的一个问题就是如何把城市现有的特点充分挖掘出来。而作为一个终极目的地的城市旅游，根据自身的特色形成很多概念，如园林城市、山水城市、生态城市。北部湾旅游城市应有明确的分工，目前《北部湾旅游发展规划》已经完成编制，规划目标要把北部湾构造"一核""两圈""四极"的空间格局："一核"即北部湾旅游的核心发展区，包括广西的南宁、防城港、钦州、北海四市；"两圈"包括环北部湾旅游圈和泛北部湾旅游圈；"四极"依托广西北部湾经济区开放开发、海南国际旅游岛建设、粤港澳及泛珠三角合作发展、越南北部沿海经济圈发展，构建四个支撑极。下一步将北部湾旅游发展规划具体化、产品化、市场化，以独特的资源打造一流的旅游产品，用北部湾旅游产品的独特个性吸引各地游客，用一流的旅游产品培育出国际一流的旅游品牌，通过一批大项目，促进旅游目的地的建设。

广西的旅游资源可以组合的十大优势产品有：

——海滨度假旅游产品：将广西开发成为滨海度假旅游的集聚区，这个集聚区是海洋旅游经济综合体，包括海滩度假酒店群、沙滩排球、娱乐、度假、特种旅游等。

——国际商务会展与节庆旅游产品：既有民俗特色，又有国际化的商务旅游。

——中越边关探秘旅游产品：将中越边境开发成为集观光、边贸、购物、娱乐于一体的边境旅游集聚区。

——海洋旅游产品：开发成为海洋旅游的集聚区，这个集聚区是海洋旅游经济综合体，有观光、度假、特种旅游、度假酒店群等。

——民族风情与历史文化体验旅游产品。

——高尔夫运动休闲度假旅游产品。

——世界山水奇观旅游产品。

——热带与亚热带农林生态旅游产品。

——热带亚热带城市休闲旅游产品。

——邮轮游艇旅游产品。

2. 发挥龙头城市的带头作用

要打造好产品，广西北部湾应首先集中力量建设好南宁、北海国际性与区域性的旅游集散地，充分发挥南宁首善之区的龙头作用，以带动广西北部湾"一核"的整体发展。用南宁的交通枢纽和区域性国际化的城市功能，拓展会展旅游和商务旅游，带动周边地区旅游产品的销售和产业发展；用北海所具有的世界级的海岛观光资源和休闲资源，打造一流的休闲旅游产品，带动北部湾沿海的滨海旅游产品的发展。南北联动并与桂林对接广西旅游大通道，将桂林的观光旅游向南拓展，实现广西旅游业向南扩展进军的目标。

南宁作为北部湾的旅游集散中心，要不断建设好城市旅游、提升品牌，应利用中国—东盟博览会永久举办地的优势，以会展商务旅游为重点，完善会展、商务旅游的硬件和软件环境，兴办各种会展业，开展各种中国与东盟政治、经济、文化交流合作活动，重点办好每一届中国—东盟博览会，打造东盟商都、生态绿城、民族文化品牌，构建由不同主题公园领衔的观光、娱乐型特色旅游产品。同时打造中国—东盟商务平台，使南宁成为购物天堂，成为中国—东盟政治、经济、文化交流平台。整合北海、钦州、防城港、崇左等地的边境和滨海旅游资源，使商务旅游与观光旅游相结合，使南宁既成为广西的旅游目的地，又成为广西旅游对接东南亚旅游的桥头堡，成为中国—东南亚重要的旅游集散中心。

北海市在满足大众游客消费的海滨观光度假地建设的基础上，向具有国际水准的海滨旅游度假地和北部湾滨海旅游核心城市方向发展，将北海市打造成为国际滨海旅游城市。

(二) 突出特色，线路互动

1. 开通"泛北部湾海上国际旅游航线"

积极完善中越跨国海上精品线路，如北海、防城港至越南下龙湾的海上航线，并努力开辟远距离海上航线，如泛北部湾跨国邮轮旅游线（中国广西—越南—泰国—马来西亚—新加坡—印度尼西亚），真正实现泛北部湾区域旅游合作战略，力争将北海打造成为"泛北部湾海上跨国旅游基地"。

2. 开通中国—东盟自驾车游线路

中国—东盟自驾车游线路是中国经广西进入越南，或经越南至柬埔寨和泰国等其他东盟国家，或者东盟国家进入广西并深入我国内地的自驾车旅游。其中南曼通道是一条非常好的自驾车旅游线路，是北部湾目前一个有望打造成国际化的产品。随着近年来国内经济的快速发展，居民闲暇时间增多，国民休假制度的调整等，自驾车旅游已经成为最受大众青睐的一种旅游形式。广西北部湾拥有开展自驾车旅游得天独厚的条件：

一是公路交通的迅速发展为自驾车旅游提供了便利。随着通县油路和通乡公路的全面改造完成，大大改善了旅游景区的可进入性。

二是广西旅游资源分布广泛，除桂林、南宁、北海等地的旅游景观久负盛名外，桂北、桂中、桂南等广大地区旅游资源大量分布，并且分布相对集中，容易构成观赏景观区。

三是特殊的区位价值。广西与东南亚、南亚地相接、山相连、水相通、人相往的状况，形成了极大的区位优势，使广西成为边境旅游和民俗风情旅游的最佳去处。

四是现已形成三条跨国旅游线路：南宁—凭祥—河内—万象—曼谷—吉隆坡—新加坡；南宁—凭祥—胡志明市—金边；南宁—东兴（芒街）—下龙湾—海防—宁平。

3. 完善"香港—广西—越南"跨国旅游路线

粤港澳、越南是广西北部湾的重点客源市场，因此，广西应加强与周边省份、东盟国家的互动，使广西与香港、越南互为旅游客源地和目的地。广西凭借丰富的旅游资源不断吸引着更多的中国香港和越南游客来桂观光，而越南已成为广西第一大国际旅游客源市场。随着香港自由行对南宁等城市的开放以及中国—东盟自由贸易区建设的不断深入，广西赴两地旅游人数也在持续增长。目前，中国的广西、香港和越南的河内、广宁已经成立"中越两国四方旅游营销联盟"，共同打造"香港—南宁—下龙—河内—香港"或"香港—河内—下龙—南宁—香港"跨国"一程多站式"旅游线路，并利用在世界各地举办的国际旅游展会等平台向全球市场共同推广，重点开辟欧美等地的远程旅游市场。

（三）海洋旅游，产业联动

广西海洋旅游潜力巨大，有关海洋旅游的项目建设日渐增多，除了前面提到的中越跨国海上航线的开发，一批高端的滨海旅游产品也逐渐明晰。广西北部湾建设湾区旅游，是创造湾区经济的重大举措，海洋旅游的开发将从岸边走向大洋深处。当前，广西北部湾海洋旅游开发的重点包括六个方面：第一是海滨，主体产业为海滨加房地产。第二是滨海，重点是度假酒店。第三是海滩，重点是娱乐项目。第四是近海，主要是海上运动项目。第五是远海，主要是特

种旅游。第六是大洋，包括探险、远洋邮轮等。这将使北部湾海洋旅游实现从传统的滨海旅游到海洋旅游的转变，构筑立体式的海洋旅游产业格局。

（四）边境旅游，国家启动

中越边境旅游是北部湾的特色旅游产品，和滨海风光、民俗风情一起构成了北部湾的重要旅游品牌。中越两国山水相连的地理位置、历史悠久的人文风俗和共同发展旅游的愿望，使两国发展边境旅游的前景十分广阔。广西发展边境旅游有得天独厚的优势，防城港市、崇左市的五县市与越南的广宁、谅山、高平三省陆地接壤，防城港和北海市与越南的下龙市和海防市隔海相望，同属北部湾地区。所以，打造"中越边境探秘游"也成为了中国西南地区的一条国际精品线路。

但是，目前边境旅游发展仍存在许多问题，如边境旅游流量出多进少，而且各口岸的发展不平衡。中方游客多数去越南下龙湾、河内、胡志明市进行观光游览和商贸，人员来自全国各地；而越方游客入境以互市和一日游的占绝大多数，主要是边民，凭祥、东兴口岸发展较快，而其他的口岸旅游流量较少。由于边境地区大贸易取代了边境贸易，所以边境旅游有萎缩的趋势。

1. 巩固与完善

巩固与完善边境游，其前提就是边境旅游便利化。便利化即交通畅通，延长旅游线路。因此，完善中越旅游通道建设，将经南宁至越南同登、河内到下龙的旅游列车变成固定的国际铁路联运，并可以延伸从桂林始发经南宁；完善北海至越南下龙和防城港至越南下龙的两条海上旅游航线，争取将北海和防城港提升为一类口岸；开通崇左到越南高平的旅游线路；与越南、海南合作，推出新的旅游产品——环北部湾旅游线路，把广西的两条海上航线延伸到越南中部和南部的顺化、岘港、胡志明市，是当前巩固与完善边境地区旅游的重要任务。

近几年越南的旅游业发展很快，正在成为各国游客重要的亚洲旅游目的地，这部分旅游者以欧美、日本游客为主，他们将成为中越边境旅游的潜在客源市场；河内更是各国游客尤其是美国和法国游客追寻有关历史的必游之地。[①]他们旅游需求的特点、方式与中越居民的边境旅游不尽相同，使目前的边境旅游产品不能很好地满足第三国旅游者的需求。应加大对广西边境旅游的宣传力度，谋求与越南进行跨国境旅游联合的同时，将北部湾边境地区的旅游产品作为一个整体向第三国进行推广，达到客源共享、互惠互利，并针对欧美游客自

---

① 林赛·W. 特纳，史蒂芬·F. 维特. 亚太旅游业发展预测（2007—2009）[M]. 姚延波，王春峰译. 北京：中国旅游出版社，2007.

主性较强的特点，设计旅游线路。

2. 规范与提升

泰国发展旅游的一个经验是注重以优质的旅游服务来赢得游客。[①] 中越边境游应该借鉴泰国的成功经验，规范市场运作，防止旅行社在低水平上进行竞争，加强国际旅游人才培训，提高服务质量，提高不同档次、不同内容的旅游服务。目前的中越边境经营管理比较混乱，在一定程度上影响了广西旅游业的健康发展。这既有国家边境管理的问题，也有与国外的沟通配合问题。北部湾要主动请求国家旅游管理部门给予大力支持，与越南方面一起探讨规范的、与国际接轨的、长效的中越旅游经营管理模式和措施。

三、产业融合，构建全城旅游发展格局

如果说线路互动是通过打破行政区之间的藩篱来构建区域性的双向旅游目的地，那么产业融合则是通过打破产业之间的壁垒，利用相关产业的新技术、新资源等各种有价值的产业要素实现产业的转型升级，从而降低产业升级的运作成本，获取竞争优势。在区域旅游发展中，产业跨界融合的理念已经成为区域旅游业创新发展的有效途径。

（一）产业融合与区域创新

产业融合（Industry Convergence）是由于信息技术、高新技术及其产业作用于其他产业，使得两种或多种产业融为一体，逐步催生出新的产业属性的结果。它是产业发展过程中的一种创新手段或过程，即借助产业融合的渗透、延伸和重组等作用，形成具有竞争优势的新型业态，延伸产业价值链，增强产业竞争力。[②]

在这个浪潮的带动下，近年来旅游业已经显露出了"跨界"整合的迹象：新型业态不断涌现，如工业旅游、会展旅游、农业观光游、医疗旅游、教育旅游、房地产旅游；新型产业功能逐步显现，如旅游景区兼具影视文化基地，养老、医疗方式借助旅游产业框架得到升级；新型企业组织结构不断演进，如旅行社集会议组织、咨询、人力资源管理、展览策划于一身，旅游系统集成商逐步出现，双边性质的旅游组织不断诞生。运用产业融合的理念和模式于旅游产业中，实际上是将产业融合视为区域旅游合作的一种创新手段和取得区域集聚竞争优势的路径。

---

① 李瑞霞. 近年来泰国旅游业稳定发展的原因 [J]. 东南亚，2005（2）：29-34.
② 王慧敏. 都市旅游集成竞争优势 [M]. 上海：上海社会科学院出版社，2007.

2009 年，国务院《关于加快发展旅游业的意见》和《关于进一步促进广西社会经济发展的若干意见》出台，提出"大力推进旅游与文化、体育、农业、工业、林业、商业、水利、地质、海洋、环保、气象等相关产业和行业的融合发展"。两个文件都体现了产业交融与促进地方经济发展的关系，用融合发展的观点来统领各个产业的发展、协调各个产业的关系，既是对旅游业功能与地位的新认识，也是发展理念的创新。产业融合是深化北部湾跨界旅游合作的重要发展方向之一，区域内各产业的相互融合，大工业、大农业、大港口、大商贸、大文化、大旅游的多产业联动，不仅有利于构筑北部湾新兴旅游产业体系，进一步提升各区域旅游业之间以及旅游业与其他产业之间的融合度，也有利于加快区域经济合作步伐，使区域经济实现和谐共进和整体性突破。

（二）构建广西跨界旅游新兴旅游产业体系

建立新型的产业体系是广西区域旅游在新一轮发展中面临的重要课题。产业升级与结构调整是经济发展的必然趋势，由此带来的就业矛盾又是政府不堪承受的沉重负担，这种"囚徒困境"是区域经济发展无法回避的难题。在构筑广西新型产业体系的过程中，对主导产业的选择和培育不仅要考虑产业高级化的经济效益，同时也要考虑产业的社会效应、文化效应和生态效应。综合考虑广西区域合作的实际情况，构建广西旅游产业体系应重点培育下述旅游新兴产业。

1. 会展产业

发展以国际化、专业化、投资贸易型为主的会展商务旅游业。应把南宁、博鳌、北海、海口、玉林等培育成区域性的会展商务城市，进一步形成南宁与海口—博鳌两大会展商务集群。

2. 文化休闲娱乐业

文化资源在广西是重要资源、优势资源。应引进区内外各种文化娱乐形式，形成参与性强、类型齐全、管理规范、文化档次高、服务功能完善的文化休闲娱乐体系。一是树立特色文化品牌。打造一批具有少数民族风情和地域特色娱乐的精品项目，举办一批具有鲜明北部湾文化特色、能够产生国际效应的系列大型节庆活动。二是建设文化休闲设施。建设一批具有度假休闲和旅游功能的、不同规模的博物馆、艺术馆、演艺厅和其他各类文化设施；建设一批文化厚重、个性突出、风情浓郁的旅游城市和旅游休闲小镇。三是打造一批高水平的文娱康体项目。开发综合性舞台演出娱乐节目，丰富夜间娱乐产品。

3. 景区业

全面提升发展水平，打造一批在区域有影响力的龙头景区，壮大景区经济。将北海银滩、涠洲岛等老旧景区培育成有特色的龙头精品景区；依托核心观光资源，建设一批在中越两国具有较强竞争力、有较大知名度的大型景区。建设高规格大型旅游度假区，形成滨海度假、生态养生、温泉疗养、乡村养老等多样化、特色化和规模化的度假产业集群。遵循滨海旅游目的地演化规律，推动观光、住宿、房地产集成发展，拉长产业链。合理安排海滩海岸线、酒店群、房地产的分层次有步骤建设，实现观光、住宿、房地产"三驾马车"的健康有序发展。建设一批高尔夫项目，发展新兴高尚运动产业。建立开放的新型旅游区发展模式，打造一批经济型国民休闲基地，引导大众休闲产业发展。

4. 海洋旅游产业

全方位开发滨海游、海上游、海底游、远洋旅游、海岛游等海洋旅游活动，把海洋旅游资源开发与陆地旅游资源开发紧密结合起来，推动海陆旅游资源互补、产业互动、布局互联。

5. 旅游农业

大力发展田园观光、农事体验、农艺学习、农家旅馆、水果采摘等乡村旅游产品，推动形成一批国家级农业旅游示范点。建设一批民族村寨型、特色观光农业型和环城度假体验型等乡村旅游示范项目。逐步推进农业旅游由单纯观光向度假和观光结合，建成旅游专业村、农业主题公园、现代农业园区、旅游农业基地。

6. 旅游商品与购物服务业

积极推进北部湾特色旅游商品开发，培育和壮大旅游商品生产基地，建立和完善旅游商品销售网络，延长旅游商品生产销售产业链条，实现产业化、专业化和特色化发展。一是推进旅游商品研发。调拨旅游商品开发专项经费，支持旅游商品的开发；举办"广西跨界旅游合作商品设计大赛"和"广西跨界旅游商品交易会"。二是遴选并打造广西区域特色旅游商品，形成风味食品、特色工艺品与纪念品系列。三是建立广西跨界旅游商品生产基地，推进"一村一品"计划。四是建设城镇特色商业街区、边贸市场、专业超市、旅游景区购物场所、旅游商品加工销售园区、乡村购物点、酒店的配套购物点、交通集散区的购物场所八类购物场所和网点。五是重点打造、提升和推广南宁旅游商品交易中心，在北海筹建环北部湾旅游商品交易中心。

7. 旅游住宿业

建立与广西跨界旅游发展相适应的住宿接待体系。一是依托旅游区开发规划建设特色酒店群。配合滨海旅游度假区建设，形成度假酒店、产权酒店、分时度假酒店集聚区；配合山地度假区建设，形成度假酒店群落；配合旅游中心城市和大项目建设，形成商务酒店群；配合观光和散客的快速发展，提升经济

型酒店；配合自驾车旅游线路建设，形成汽车旅馆（营地）网络；配合社会主义新农村建设和乡村旅游，形成各具特色的乡村旅馆群落。二是挖掘地域文化规划建设系列主题酒店。依托跨国文化、民族文化、海洋文化、民俗文化等不同类型特色文化，在重点旅游区建设各类文化主题酒店。三是引入国际著名酒店品牌、推进高档酒店品牌化，以高档拉动中低端酒店提档升级、推进经济型酒店连锁化，以客源结构的多元化推动其他酒店的特色化。四是推进节能减排，创建绿色饭店。

8. 旅游房地产业

发挥区域生态宜居特色，大力发展旅游地产、景观地产、第二居所、产权酒店、分时度假地产等旅游地产业。一是结合城市建设发展。将休闲度假与旅游房地产结合，形成新兴的房地产开发区。二是结合休闲度假区、旅游区的建设，形成休闲度假旅游地产区。三是结合小城镇建设，根据当地特色，打造系列旅游文化休闲度假主题小镇。四是创新旅游房地产开发经营模式，鼓励扶持大型企业进行综合开发，通过与旅游业对接，建立旅游综合体。五是定期举办国际（中国）旅游房地产博览会、推介会、展示交易会等。

9. 旅游餐饮业

深度开发广西跨界区域地方饮食文化，着力打造系列餐饮节庆，大力培育餐饮品牌，建设多元化、满足多层次的餐饮体系，形成强大的餐饮旅游吸引力。一是挖掘地方特色餐饮。开发桂菜、琼菜、粤菜以及东盟各国特色餐饮，培育黎族、苗族、壮族、京族等少数民族特色文化餐饮。二是逐步建立餐饮服务集聚区。将特色餐饮作为吸引物，在南宁、广州等中心旅游城市和旅游集散地，建设若干条风味特色街区，形成一批上规模、有档次、特色鲜明、相对固定的餐饮服务集聚区。三是大力培育精品餐饮节庆。策划"南宁·东南亚国际旅游美食节"等主题鲜明的大型美食文化节；各地市结合地方传统节庆和特色饮食文化，举办各具特色的餐饮文化活动，整体打造广西跨界区域"美食天堂"的饮食品牌。

10. 养老旅游业

一是大力发展滨海休闲度假，形成以观光、休闲、疗养和地产为一体的度假产业带。二是应对老龄化需求，发展一批养老养生特色村镇，引进并完善医院、疗养院等配套建设。三是逐渐形成主题化养老养生品牌，提升养老旅游吸引力。四是营造良好的老年旅游休闲和养老居住环境，提高交通住宿舒适度，延缓线路设计与行程安排，建立一套规范化的服务体系。五是提高老年旅游专业化程度，采用灵活的促销手段，开发潜在老年旅游市场。

11. 旅游康体保健业

发展集健身运动、疗养保健、养生养老于一体的健康旅游产业链，打造东方康体疗养圣地。一是发展帆船、冲浪、潜水、游泳等水上运动和排球、足球等各类海滨沙滩运动，形成海洋体育旅游产业集群。二是大力发展高尔夫健身游、汽车拉力、水上竞赛、野外拓展、攀岩探险等健身康体旅游产品，形成现代体育旅游产业集群。三是推进温泉疗养专项旅游产品的开发，培育形成大规模温泉疗养集聚区。四是发展深度疗养、美容减肥、心理健康等现代疗养保健产业链。五是推出面向国际市场和国内高端市场的康乐养生休闲一体化产品，推进疗养业与餐饮业、休闲业、观光体验等融合发展。

12. 旅游知识服务业

一是打造一批专业人才培育教育基地，形成立足广西、广东，辐射中越两国、输送东南亚地区的旅游人才教育、输出基地，创建若干个专业化的旅游创新研发基地。二是构筑覆盖面广、快速便捷的广西跨界旅游信息高速公路和旅游宣传推广网络体系。三是加强和提升对旅游产业管理人员和从业人员的专业水平，将广西培育成为中越两国未来旅游知识服务业的示范先导区和产业集聚区。

(三) 广西旅游业跨界融合的具体策略

1. 树立"全域旅游"的开发思路

旅游产业综合性强、覆盖面广，从整个地区和城市的综合发展、整体规划的角度来组织和发展旅游是十分必要的。凡是开发旅游业的地方，旅游部门都应参与管理、加强协调，产业结构的调整和改组也要考虑旅游业在其中的渗透作用。只有明确旅游在城市发展中的积极作用，把旅游当作城市的一项基本职能，融旅游开发于城市建设中，才能真正体现出"大旅游、大产业"的"全域旅游"理念，才能为开拓产业融合的新思路创造良好的宏观环境。

2. 在"全域旅游"的理念指导下建立新型的综合开发机制

广西及周边旅游联合区域已经逐步发挥基层和部门的积极性，但旅游业需要的是跨行业、跨部门的行业间、部门间的协调和对话，具体可以从产业联动、市场推广联动等方面来统筹协调。

产业融合的最直接的外在表现就在于"行业联动"发展，应立足于国民经济和社会发展的全局，加强旅游和相关产业的融合，将相关产业潜在的旅游资源优势转化为现实的旅游经济发展优势，拉长产业链，做大旅游产业群。

市场推广联动是壮大旅游企业的有效途径。具体可以采取以下措施：城市领导充当旅游宣传大使；启动旅游宣传"旅游大篷车"赴全国各地、海内外重

要城市宣传，散发资料；召开旅游发布会，签订协议，走一路，宣传一路，开拓市场，招徕客流，让更多的人了解北部湾；采取多媒体网络促销战略，形象、生动地展示广西北部湾的风土人情和民风民俗；在客源地进行旅游宣传，利用通关口岸进行旅游宣传；等等。

四、信息联通，以知识网络构建信息共享平台

（一）知识网络在跨界旅游合作中的作用

旅游信息交流是开展旅游合作的基础，旅游客源地与目的地之间信息不对称，制约着区域旅游合作的深度与可持续发展。随着北部湾上升为国家战略，中国—东盟自由贸易区的建立以及国家多重优惠政策的正式实施，广西及周边地区与东盟各国旅游目的地市场逐步开放，使这一跨界目的地旅游业管理和市场营销发生深刻变化。特别在管理和旅游目的地市场营销方面，已经从传统的竞争走向合作，原来的一些限制得以消除，这必然需要构建一个跨界旅游合作信息和交流共享平台，以方便目的地的管理和市场营销。

21世纪以来，以知识网络为企业发展的战略思想得到充分的体现和应用（Malhotra，2000）。知识网络在跨界旅游合作中的重要性主要体现在：①有助于灵活地应对市场需求；②培育新的核心竞争力；③补充有限资源；④使消费者满意（Skyrme，1999）。因此，要创造一个学习型的网络，为跨界旅游合作市场营销提供信息和交流的平台。

广西北部湾在构建跨界信息平台方面还有许多限制，比如，中国与东盟旅游信息交流合作机制没有建立。至今，东盟十国均已成为中国公民自费出境旅游目的地（ADS），中国还与越南、老挝、缅甸、柬埔寨、泰国、新加坡、菲律宾、印度尼西亚等国分别签署了政府旅游合作协议或旅游合作谅解备忘录，但是，还没有专门的机构负责旅游交流合作。中国和东盟旅游信息官方交流合作是以其他形式进行的。

信息渠道不畅，对自贸区市场缺乏了解。就中方来讲，中国对东盟国家的研究大多集中在少数几个发达或较发达的东盟成员国，对一些落后国家，信息资源相对较为缺乏。就整个自贸区来说，信息资源及数据库的建立也较为滞后，不能提供全面的信息咨询服务，从而导致企业对整个自贸区市场情况缺乏了解，这加大了自贸区旅游合作扩展的难度。目前，除了与越南有一些合作交流外，与其他东盟国家的旅游信息交流还没有开展起来。这就造成双方互不了解对方的旅游资源、运作方式、旅游市场、发展政策。因此，合作首先要从旅

游信息交流合作做起，尤其与东盟国家建立起顺畅的旅游信息交流渠道，及时把双方需要了解的信息、合作意向传达给对方。

（二）网络化：跨界合作的重要途径

1. 旅游信息互联平台的构建

构建广西跨界区域信息网络平台。这一网络平台包括北部湾两国四方，中国与东盟十国所组成的旅游组织与管理机构、旅游企业（包括旅行社、饭店、旅游车船公司等）相关成员，通过两条途径来实现：一是双向或多边交流，即就跨界旅游目的地的发展政策或重大事项，由有关地方政府或行政机关进行相互通报、交流和磋商；二是信息公开，即通过网络、传媒和各种信息渠道定期、规范、详尽地发布本地旅游经济信息，接受公众监督、查询、了解、分析和评价。信息交互机制的构建对于跨界旅游目的地的营销整合意义重大：有利于联动表现区域旅游资源的多样性和互补特色，形成对客源市场更为强大的旅游吸引；有利于推广各地域单元鲜明的联合旅游形象，树立旅游区域品牌，并在主要旅游客源市场中形成强大的推动力；有利于各方在旅游产品营销上实行套餐组合、捆绑销售战略，而不是各自为政，抢夺市场，从而拓宽整个区域的市场空间；有利于各方在互信的基础上通过设置旅游税等方式来加大联合促销的投入，从而有效地调动各地区参与联合促销的积极性，建立区域性旅游营销网络，实现客源共享和目的地营销成本的节约。

建立中国—东盟的旅游合作信息交流网站，重点是建设"中国—东盟旅游信息网"电子商务网站，在南宁建设"中国—东盟旅游信息网"电子商务网站，并将其办成永不落幕的"中国—东盟旅游交易会"，包括建设南宁游客到访中心和多语种的旅游官方网站。

中国—东盟旅游信息港的建立，对区外将统一宣传中国、东盟的整体旅游形象，向世界统一促销区内的旅游产品；对区内将有利于中国、东南亚国家政府官员尽快了解旅游业发生的事件、最新旅游动态，以便相互沟通，采取共同行动；有利于游客全面了区内旅游产品，方便游客选择旅游线路，解决旅游中的吃、住、行、游、购、玩等问题。建设好广西北部湾与周边地区和国家的旅游合作平台，既可促进广西北部湾旅游业的发展，也将有利于确立广西北部湾旅游业的国际地位。

2. 加强网络化宣传促销

（1）采取"走出去，请进来"的多元化促销方式。"走出去"就是组织广西的旅游宣传队伍，如旅游大篷车到次区域、到东南亚国家进行促销宣传。"请进来"就是请相关国家的宣传队伍到广西北部湾考察宣传，如请该国的旅

行商及媒体来广西专题考察旅游线路、旅游风情，让他们回去以后更多地宣传广西北部湾。同时，制定优惠政策，鼓励他们在广西设立旅游办事处或代理处。

（2）开办旅游电视频道。旅游产品及服务具有虚拟性和直观性的特点，电视具有直观性，是大众了解旅游景区及其他设施的主要媒体。电视既是旅游营销的重要渠道，也是营造旅游氛围的主要工具。因此，广西要成为旅游大省和旅游强省就必须建立旅游电视频道，播出广西及东盟旅游信息。利用广播电视的品牌优势和宣传平台，宣传广西和东盟国家的旅游资源和旅游线路并与区内旅游企业进行更密切的合作，用大型活动直接推动旅游产业发展。

（3）设立旅游电台。电台是一种传播媒体，电台的特点是时效性，而大部分的旅游线路和旅游资讯最能体现时效性。由于电台的传播方式大部分是通过收音机，所以主要的受众是经常开车或工作较忙的人士，所以设立旅游电台是针对这部分受众的一种特殊的宣传形式。

2018年，由广西旅游局和自治区外宣办通过中国国际广播电台在全球播出的"美在广西"知识竞赛特别节目，受到了世界各地听众和网民的热烈响应，收到了良好的对外宣传效果，让国外听众更好地了解了广西、认识了广西。

（4）旅游刊物。创建旅游刊物是宣传广西、提高广西旅游资源知名度的手段之一，是建立广西旅游业对内、对外交流与发展的新窗口。广西北部湾旅游资源丰富，要想有效利用资源优势，进而转化成为产业优势、经济优势，还有许多条件需要创造。其中，旅游刊物的转化作用就体现在信息的转化，旅游信息资源的开发和利用使旅游资源得到合理配置和充分开发利用，这对广西旅游业来说是十分重要的。

（三）知识创新，加强人才队伍的建设

知识网络平台的构建，可取得以下成效：①地方知识在目的地受到尊重；②促进跨界知识可持续发展；③形成知识带或跨界地方精神。但是，在构建跨界合作平台过程中，跨界人才培养是必不可少的前提和条件。

1. 构建高级旅游人才培训基地和人力资源专家库

这支队伍可为广西区域旅游跨界合作制定近、中、远期规划，拟订可行性报告，进行旅游市场的评估、预测、诊断、监测。以广西民族大学、桂林旅游高等专科学校等为依托，建立高级旅游人才培训基地。对基层和中高层旅游管理者、旅游从业者给予培训，主要对他们进行专业知识、管理知识、国际合作基本知识、运作方法和语言交流能力的强化训练，使之适应开展对外旅游合作的需要。同时，建立定期与越南及东盟国家旅游会晤制度，互通情况，及时协商解决合作中出现的问题。

2. 制定广西旅游人才资源战略规划

从总体上说，广西旅游行业仍缺乏既懂外语又熟悉业务、具有创新能力的综合素质较高的中高级复合型管理人才和各类专业技术人员，特别是酒店管理、旅游管理和策划等运营管理类高级人才。东盟小语种导游、具有较丰富国际会展经验的高级会展策划组织等紧缺人才更是远远不能满足北部湾旅游业的发展需要。因此，建议尽快对人才匮乏等现状制定具有针对性的人才培养规划。

3. 加强国际间旅游人才交流与合作

借助 GMS 人才队伍的培养机制，加强以东盟国家为重点的国际旅游人才交流与合作，构建与东盟旅游人才交流与合作平台。利用"中国—东盟人才资源开发与合作广西基地""广西东盟语种旅游人才培训基地""广西旅游人才基地"，吸引东盟有实力的知名教育培训机构落户广西，为广西及东盟国家培养不同岗位的旅游管理人员，努力把培养基地打造成为立足广西、面向东盟的北部湾国际旅游人才新高地。

参考文献

［1］Alon Gelbman. Border Tourism in Israel: Conflict, Peace, Fear and Hope ［J］. Tourism Geographies, 2008 (2).

［2］Bramwell Bill, Angela Sharman. Collaboration in Local Tourism Policy Making ［J］. Annals of Tourism Reasearch, 1999, 26 (2).

［3］Brent Lovelock, Stephen Boyd. Impediments to a Cross - border Collaborative Model of Destination Management in the Catlins ［J］. Tourism Geographies, 2006, 8 (2).

［4］Brian Ilbery, Gunjan Saxena, Moya Kneafsey. Exploring Tourists and Gatekeepers' Attitudes Towards Integrated Rural Tourism in the England - wales Border Region ［J］. Tourism Geographies, 2007, 9 (4).

［5］Carla Cardoso, Luis Ferreira. The Effects of European Economic Integration on Tourism: Challenges and Opportunities for Portuguese Tourism Development ［J］. International Journal of Contemporary Hospitality Management, 2000, 12 (7).

［6］Cevat Tosun, Dallen J. Timothy, Apostolos Parpairis. Cross-border Cooperation in Tourism Marketing Growth Strategies ［J］. Journal of Travel & Tourism Marketing, 2005, 18 (1).

［7］Chandana Jayawardena, Arlene White, Barbara A. Carmichael. Bina - tional Tourism in Niagara: Insights, Challenges and The Future ［J］. International Journal of Contemporary Hospitality Management, 2008, 10 (3).

［8］Dallen J. Timothy. Cross-border Partnership in Tourism Resource Management: International Parks along the US-Canada Border ［J］. Journal of Sustainable Tourism, 1999, 7 (3/4).

［9］Dallen J. Timothy. Political Boundaries and Tourism: Borders as Tourist Attractions ［J］. Tourism Management, 1995 (7).

［10］Dallen J. Timothy. Supranationalist Alliances and Tourism: Insights from ASEAN and SAARC ［J］. Current Issues in Tourism, 2003, 6 (3).

［11］Dallen J. Timothy. Tourism and Political Boundarie ［M］. London: Routledge, 2001.

［12］Derek Hall. Melanie Smith . Barbara Marciszwoska. Tourism in the New Europe: The Challenges and the Opportunities of EU Enlargement ［C］. Bethesda. Md, Lexisnexis Academic & Library Solutions, 2007.

［13］Dimitri Ioannides, Perake Nielsen & Peter Billing. Transboundary Collaboration in Tourism: The Case of the Bothnian Arc ［J］. Tourism Geographies, 2006, 8 (2).

［14］Eeva-Kaisa Prokkola. Cross-border Regionalization and Tourism Development at the Swedish-Finnish Border: Destination "Arctic Circle", Scandinavian ［J］. Journal of Hospitality and Tourism, 2007, 7 (2).

［15］Hawkins F. D. A Protected Areas Ecotourism Competitive Cluster Approach to Catalyze Biodiversity Conservation and Economic Growth in Bulgaria ［J］. Journal of Sustainable Tourism, 2004 (3).

［16］Hazledine T. Border Effects for Domestic and International Canadian Passenger Air Travel ［J］. Journal of Air Transport Management, 2009 (15).

［17］Janez Sirse, Tanja Mihalic, Ljubljana (Slovenia). Slovenian Tourism and Tourism Policy: A Case Study Revue de Tourism, The Tourist Review ［J］. Zeitschrift für Fremdenverkehr, 1999 (3).

［18］Jeffrey Harrop. The Role of Tourism in the EC and Prospects for Eastern Europe ［J］. European Business Review, 1994, 94 (2).

［19］Lisam Campbell. Ecotourism in Rural Developing Communities ［J］. Annals of Tourism Research, 1999, 26 (3).

［20］Livio Di Matteo. Using Alternative Methods to Estimate the Determinants of Cross-border Trips ［J］. Applied Economics, 1999 (31).

［21］Malhotra Y. Knowledge Management and Virtual Organizations ［M］. London: Idea Group Publishing, 2000.

［22］Matthew J. Walpole, Harold J. Goodwin. Local Economic Impacts of Dragon Tourism in Indonesia ［J］. Annals of Tourism Research, 2000, 27 (3).

［23］Pechlaner Harald, Abfalter Dagmar Raich, Frieda. Cross-border Destination Management Systems in the Alpine Region—The Role of Knowledge Networks on the Example of AlpNet ［J］. Journal of Quality Assurance in Hospitality &Tourism, 2002 (3).

［24］Pechlaner Harald, Abfalter Dagmar Raich, Frieda. Cross-Border Desti-

nation Management Systems in the Alpine Region-The Role of Knowledge Networks on the Example of AlpNet ［J］. Journal of Quality Assurance in Hospitality & Tourism, 2002, 3 （3）.

［25］Ravi Ravinder. Cross-National Tourism Collaboration in Asia//Janet Cochrane. Asia Tourism: Growth and Chang ［M］. London: Elseiver, 2008.

［26］Rhodri Thomos and Marcjanna Augustyn . Tourism in the New Europe: Perspecitives on SME Policies and Practices ［M］. London: Elsevier Science, 2006.

［27］Ross E. Mitchell, Donald G. Reid. Community Integration Island Tourism in Peru ［J］. Annals of Tourism Research, 2001, 28 （1）.

［28］Samuel Seongseop Kima, Dallen J. Timothy, Hag-Chin Hana. Tourism and Political Ideologies: A Case of Tourism in North Korea ［J］. Tourism Management, 2007, 28 （4）.

［29］Sanjay K. Nepal. Tourism in Protected Areas: Nepalese Himalaya ［J］. Annals of Tourism Research, 2000, 27 （3）.

［30］Smithe. G. Implication for the North American Free Trade Agreement for the Us Tourism Industry ［J］. Tourism Management, 1994 （15）.

［31］Stephen L. J. Smith. 旅游决策分析方法 ［M］. 李天元, 徐虹等译. 天津: 南开大学出版社, 2006.

［32］Tazim B. J. Donald Getz. Collaboration Theory and Community Tourism Planning ［J］. Annals of Tourism Reasearch, 1995, 22 （1）.

［33］Teague Paul, Henderson Joan. The Belfast Agreement and Cross-border Economic Cooperation in the Tourism Industry ［J］. Regional Studies, 2006, 40 （9）.

［34］The Secretary of the World Tourism Organism. Co-operation and Partnerships in Tourism: A Global Perspective ［M］. Madrid: World Tourism Ogniza-tion, 2003.

［35］Tomasz studzieniecki. Euroregions - new Potential Destinations ［J］. Tourism Review, 2005, 60 （4）.

［36］Wolfgang Zeller. Danger and Opportunity in Katima Mulilo: A Namibian Border Boomtown at Transnational Crossroads ［J］. Journal of Southern African Studies, 2009, 35 （1）.

［37］Yingzhi Guoa, Samuel Seongseop Kimb, Dallen J. Timothy, et al. Tourism and Reconciliation between Mainland China and Taiwan ［J］. Tourism Management, 2006, 27 （5）.

[38] Young, Lena. Public - Private Sector Cooperation: Enhancing Tourism Competitiv-eness [J]. Annals of Tourism Reasearch, 2002, 29 (2).

[39] 班若川. 积极开发利用气候资源主动减缓气候变化影响: 国家旅游局发布《关于旅游业应对气候变化问题的若干意见》[N]. 中国旅游报, 2008-11-03.

[40] 保继刚, 楚义芳. 旅游地理学 [M]. 北京: 高等教育出版社, 1999.

[41] 北京中科景元城乡规划设计研究院等. 北部湾旅游发展规划文本 [C]. 2009.

[42] 本书编写组. 京族简史 [M]. 南宁: 广西人民出版社, 1984.

[43] 产业基础仍然薄弱, 广西北部湾经济区体制机制有待创新 [EB/OL]. 新华网·广西频道, 2009-02-19.

[44] 陈爱宣. 长三角区域旅游合作的障碍与对策 [J]. 经济纵横, 2007 (5).

[45] 陈沧. 中越边境旅游的互动研究 [J]. 产业与科技论坛, 2008 (4).

[46] 陈广汉. 港澳珠三角区域经济整合与制度创新 [M]. 北京: 社会科学文献出版社, 2008.

[47] 陈杰. 错位经济: 解读广西经济发展 [M]. 北京: 中国商务出版社, 2003.

[48] 陈实, 温秀. 西部区域旅游合作研究 [M]. 北京: 中国经济出版社, 2013.

[49] 陈树荣, 王爱民. 隐性跨界冲突及其协调机制研究——以珠江三角洲地区为例 [J]. 现代城市研究, 2009 (4).

[50] 陈听正. 跨世纪的形象产业. 广西旅游局 (内部出版物), 1999.

[51] 陈秀山, 张可云. 区域经济理论 [M]. 北京: 商务印书馆, 2005.

[52] 陈泽群. 北部湾: 大旅游带动大发展 [J]. 城市问题, 2002 (2).

[53] 陈钊. 行政边界区域刍议 [J]. 人文地理, 1996 (4).

[54] 崔新建. 文化认同及其根源 [J]. 北京师范大学学报 (社会科学版), 2004 (4).

[55] 戴斌. 在更加开放的制度安排中促进区域旅游合作——解读 CEPA《补充协议四》[N]. 中国旅游报, 2007-07-02.

[56] 邓冰, 俞曦, 吴必虎. 旅游产业的集聚及其影响因素初探 [J]. 桂林旅游高等专科学校学报, 2004 (6).

[57] 邓小海. 大湄公河次区域旅游便利化研究 [J]. 北京第二外国语学

院学报，2008（3）.

[58] 董观志. 粤港澳大旅游区发展模式创新研究 [J]. 旅游学刊，2004（4）.

[59] 范丽萍. 广西环北部湾地区少数民族对越南经济交往：防城港市个案研究 [J]. 东南亚纵横，2007（9）.

[60] 冯卫红. 旅游产业集聚的动因分析 [J]. 经济问题，2009（7）.

[61] 冯学钢. 欧盟一体化及其对中国"长三角"地区旅游业联动发展的启示 [J]. 世界经济研究，2004（4）.

[62] 冯云廷. 区域经济学 [M]. 大连：东北财经大学出版社，2006.

[63] 格雷厄姆·汤姆逊. 全球化有限制吗？——国际贸易、资本流动及其边界 [J]. 袁银传，蔡红艳编译. 马克思主义与现实，2005（1）.

[64] 葛立成，聂献忠. 区域旅游合作：理论分析与案例研究 [M]. 北京：社会科学文献出版社，2009.

[65] 古小松. 泛北部湾合作发展报告（2007）[M]. 北京：社会科学文献出版社，2007.

[66] 古小松，龙裕伟. 泛北部湾合作发展报告（2008）[M]. 北京：社会科学文献出版社，2008.

[67] 古小松. 中国—东盟自由贸易区与广西 [C]. 2009-11-16.

[68] 广西北部湾经济区规划建设管理委员会.《广西北部湾经济区发展规划》解读 [M]. 南宁：广西人民出版社，2008.

[69] 广西北部湾经济区规划建设管理委员会. 开放开发的北部湾 [M]. 南宁：广西人民出版社，2006.

[70] 广西民族事务委员会. 防城越族情况调查 [C]. 1954.

[71] 广西生产力学会. 港纳四海，有容乃大 [M]. 南宁：广西人民出版社，2008.

[72] 广西与周边旅游市场对接的现状与对策研究//广西改革发展研究——广西重大招标投标课题研究成果汇编（2005）[M]. 南宁：广西人民出版社，2006.

[73] 郭荣朝. 省际边缘区城镇化研究 [M]. 北京：中国社会科学出版社，2006.

[74] 郭为. 入境旅游：基于引力模型的实证研究 [J]. 旅游学刊，2007（3）.

[75] 哈利·W. 理查森. 区域经济学概论 [M]. 李俊译. 北京：海潮出版社，1990.

［76］海南与广西签署了七项合作协议，涉及旅游、医疗等［EB/OL］. http：//www. sina. com. cn，2009-06-10.

［77］韩康等. 北部湾新区：中国经济增长第四极［M］. 北京：中国财政经济出版社，2007.

［78］何小东. 中国区域旅游合作研究——以中部地区为例［D］. 华东师范大学博士学位论文，2008.

［79］侯晓丽. 边缘地区区域过程与发展模式研究［M］. 北京：中国市场出版社，2007.

［80］胡均民. "软实力"的提升与环北部湾（广西）区域的发展［M］. 北京：中央民族大学出版社，2007.

［81］黄爱莲. BOT模式在广西北部湾旅游交通建设的应用［J］. 价格月刊，2009（4）.

［82］黄爱莲. 新休假制度与南宁市环城游憩行为分析［J］. 广西社会科学，2010（1）.

［83］黄方方. 论"首位城市"建设［J］. 改革与战略，2009（1）.

［84］黄向，梁明珠. 区域带状极核型主题旅游产业集群培育——以广东恩平旅游经济走廊为例［J］. 经济地理，2007（6）.

［85］黄信. 东兴边境旅游"创优"工作扎实有效［N］. 广西日报，2009-04-09.

［86］吉尔伯特·菲特，古姆·里斯. 美国经济史［M］. 司徒淳译. 沈阳：辽宁人民出版社，1981.

［87］姜鑫，罗佳. 从区位理论到增长极和产业集群理论的演进研究［J］. 山东经济，2009（1）.

［88］蒋涤非. 城市形态活力论［M］. 南京：东南大学出版社，2007.

［89］靳诚，徐菁，陆玉麒. 长三角区域旅游合作演化动力机制探讨［J］. 旅游学刊，2006（12）.

［90］邝伟楠. 博览会期间广西旅游业共签约200亿元投资项目［EB/OL］. 广西旅游在线，2009-10-27.

［91］赖辛格，托纳. 旅游跨文化行为研究［M］. 朱路平译. 天津：南开大学出版社，2004.

［92］蓝武芳. 海洋文化的重要非物质文化遗产——京族哈节的调查报告［J］. 民间文化论坛，2006（3）.

［93］雷小华. 南宁—曼谷通道讨论会举行，开拓便捷通道促进交流［N］. 广西日报，2009-08-18.

［94］黎鹏. 区域经济协同发展研究［M］. 北京：经济管理出版社，2003.

［95］李红. 边境经济：中国与东盟区域合作的切入点［M］. 澳门：澳门学者同盟，2008.

［96］李建平. 泛北部湾文化参与中国—东盟区域经济合作的意义与途径［J］. 沿海企业与科技，2007（3）.

［97］李丽光，何兴元，李秀珍. 景观边界影响域研究进展［J］. 应用生态，2006（5）.

［98］李秋洪，李培. 潮头此处观澎湃——防城港市创建 10 周年媒体文章选［M］. 南宁：广西人民出版社. 2003.

［99］李瑞霞. 近年来泰国旅游业稳定发展的原因［J］. 东南亚，2005（2）.

［100］李树民. 西部区域旅游合作的理论与实践［M］. 北京：经济科学出版社，2013.

［101］李水凤. 全球化背景下泛东南亚国际旅游合作与发展［M］. 昆明：云南民族出版社，2007.

［102］李铁立. 边界效应与跨边界次区域经济合作研究［M］. 北京：中国金融出版社，2005.

［103］李忠尚. 软科学大辞典［M］. 沈阳：辽宁人民出版社，1989.

［104］厉无畏. 产业融合与产业创新［M］. 上海管理科学，2002（4）.

［105］厉无畏，王玉梅. 价值链的分解与整合——提升企业竞争力的战略措施［J］. 经济管理，2001（3）.

［106］利昂·G. 希夫曼，莱斯利·L. 卡纽克. 消费者行为学［M］. 江林译. 北京：中国人民大学出版社，2007.

［107］梁继超，阳国亮. 泛北部湾旅游合作的整体战略构想［J］. 广西经济管理干部学院学报，2008（1）.

［108］梁文本. 旅游产业空间集聚分析——以广东、乌鲁木齐县为例［D］. 广东外语外贸大学硕士学位论文，2016.

［109］梁雪松. 区域旅游合作开发战略研究：以丝绸之路区域为例［M］. 北京：科学出版社，2009.

［110］廖国一. 东兴京族海洋文化资源开发［J］. 西南民族大学学报，2005（1）.

［111］廖国一，王雪芳. 环北部湾经济圈少数民族文化的开发与保护［J］. 广西民族研究，2007（3）.

［112］林赛·W. 特纳，史蒂芬·F. 维特. 亚太旅游业发展预测（2007—

2009）[M]. 姚延波，王春峰译. 北京：中国旅游出版社，2007.

[113] 刘君德等. 中国政区地理 [M]. 北京：科学出版社，2007.

[114] 刘书安，黄耀丽，李凡等. 大珠三角区域旅游合作的演化探讨 [J]. 桂林旅游高等专科学校学报，2008（2）.

[115] 刘永佶. 民族经济（第四辑）[M]. 北京：中央民族大学出版社，2009.

[116] 刘永佶. 中国少数民族经济发展研究 [M]. 北京：中央民族大学出版社，2006.

[117] 陆善勇，郭旭. 广西北部湾经济区发展现状以及面临的机遇和挑战 [J]. 东南亚纵横，2009（1）.

[118] 罗伯特·J. 巴罗，萨拉伊马丁. 经济增长 [M]. 何晖等译. 北京：中国社会科学出版社，2000.

[119] 马歇尔. 经济学原理 [M]. 北京：商务印书馆，1997.

[120] 马耀峰，李天顺等. 中国入境旅游研究 [M]. 北京：科学出版社，1999.

[121] 迈克·波特. 国家竞争优势 [M]. 北京：华夏出版社，2002.

[122] 孟萍. 亚洲旅游趋势与展望国际论坛永久落户桂林 [EB/OL]. 广西旅游在线，2009-11-16.

[123] 聂献忠. 区域旅游业空间集聚：以长三角地区为例 [M]. 北京：社会科学文献出版社，2009.

[124] 聂献忠，张捷，刘泽华等. 我国主题旅游集群的成长及其空间特征研究 [J]. 人文地理，2005（5）.

[125] 欧共体官方出版局. 欧共体基础法 [M]. 苏明忠译. 北京：国际文化出版公司，1992.

[126] 潘琦. 广西环北部湾文化研究 [M]. 南宁：广西民族出版社，2006.

[127] 潘琦. 环北部湾文化研究 [M]. 南宁：广西人民出版社，2008.

[128] 庞中英. 权力与财富：全球化下的经济民族主义与国际关系 [M]. 济南：山东人民出版社，2002.

[129] 邵琪伟. 2007 泛北部湾经济合作论坛上的讲话 [EB/OL]. http：//www. sina. com. cn，2007-07-27.

[130] 邵沙平. 国际法 [M]. 北京：中国人民大学出版社，2007.

[131] 石峡，程成. 中国—东盟自由贸易区旅游一体化建设的基本对策 [J]. 商场现代化，2007（8）.

[132] 宋才发，杨富斌. 旅游法教程［M］. 北京：知识产权出版社，2006.

[133] 宋晓天. 广西抓住多区域合作新兴机遇对策研究［M］. 南宁：广西民族出版社，2008.

[134] 宋子千. 对区域旅游合作研究几个基本问题的讨论［J］. 旅游学刊，2008（6）.

[135] 苏波涛. 中越边境旅游的驱动力与限制因素分析//保继刚，徐红罡，Alan A. Lew. 社区旅游与边境旅游［M］. 北京：中国旅游出版社，2006.

[136] 孙兵. 区域协调组织与区域治理［M］. 上海：上海人民出版社，2007.

[137] 孙洁，冯学钢. 欧盟旅游业一体化发展的框架与策略［J］. 北京第二外国语学院学报，2000（3）.

[138] 汤建中. 边界效应与跨国界经济合作的地域模式——以东亚地区为例［J］. 人文地理，2002（2）.

[139] 陶学荣，崔运武. 公共政策分析［M］. 武汉：华中科技大学出版社，2008.

[140] 田穗生，罗辉，曾伟. 中国行政区划概论［M］. 北京：北京大学出版社，2005.

[141] 万辅彬. 中越两国建立"两廊一圈"可行性研究主报告［M］. 北京：中国商务出版社，2006.

[142] 汪宇明. 近十年来中国城市行政区划格局的变动与影响［J］. 经济地理. 2008（2）.

[143] 汪宇明. 旅游合作与区域创新［M］. 北京：科学出版社. 2009.

[144] 王惠敏. 都市旅游集成竞争优势［M］. 上海：上海社会科学出版社，2007.

[145] 王凯. 跨界旅游目的地整合发展研究［D］. 华东师范大学博士学位论文，2007.

[146] 王昆欣. 区域合作：旅游业转型和创新的平台［M］. 北京：中国旅游出版社，2008.

[147] 王雪芳. 环北部湾经济圈的区域旅游合作研究［J］. 改革与战略，2007（5）.

[148] 王雪芳，廖国一. 环北部湾经济圈的区域旅游合作研究［J］. 改革与战略，2007（5）.

[149] 王铮. 地理科学导论［M］. 北京：高等教育出版社，1993.

[150] 韦复生. 旅游跨文化交流行为的分析方法［M］. 北京：中国经济出

版社，2005.

［151］魏翔. 旅游经济数量分析计方法［M］. 天津：南开大学出版社，2009.

［152］魏小安. 城市旅游与旅游城市：另一种眼光看城市［J］. 旅游学刊，2001（6）.

［153］魏小安. 多彩贵州，多姿发展［M］. 贵阳：贵州人民出版社，2007.

［154］魏小安. 旅游目的地发展实证分析［M］. 北京：中国旅游出版社，2002.

［155］魏小安. 旅游强国之路——中国旅游产业政策体系研究［M］. 北京：中国旅游出版社，2003.

［156］魏小安. 旅游业态创新与新商机［M］. 北京：中国旅游出版社，2009.

［157］魏小安，周鸿德，周小丁. 天下旅游看四川［M］. 成都：成都时代出版社，2008.

［158］温艳玲，施溯筼等. 环图们江成长三角旅游合作构想［M］. 延边：延边大学出版社，2006.

［159］文军，李星群. 中国京族聚集地旅游业可持续发展研究［J］. 广西民族研究，2007（2）.

［160］翁瑾，杨开忠. 旅游空间结构的理论与应用［J］. 北京：新华出版社，2005.

［161］吴必虎. 地方旅游开发与管理［M］. 北京：科学出版社，2000.

［162］吴必虎. 区域旅游规划原理［M］. 北京：中国旅游出版社，2001.

［163］吴必虎，唐子颖. 旅游吸引物空间结构分析——以中国首批国家4A级旅游区（点）为例［J］. 人文地理，2003，18（1）.

［164］吴其付. 民族旅游与文化认同——以羌族为个案［J］. 贵州民族研究，2009（3）.

［165］伍中信，曾繁英. 集群企业融资现状及政策需求分析［J］. 商业研究，2009（10）.

［166］谢丽霜. 民族地区农村金融与经济协调发展研究［M］. 北京：中国经济出版社，2008.

［167］谢玉华. 市场化进程中的地方保护研究［M］. 长沙：湖南大学出版社，2006.

［168］熊元斌. 旅游业、政府主导与公共营销［M］. 武汉：武汉大学出版社，2008.

[169] 徐京. 世界旅游业发展趋势与泛北部湾区域旅游合作的思考//2007 泛北部湾经济合作论坛（中国·南宁）[C]. 2007-07-27.

[170] 徐文潇. 旅游综合体建设加快杭州国际化步伐 [N]. 中国旅游报, 2008-02-20.

[171] 牙建红. 中越两国四方旅游市场营销国际合作会议在南宁召开 [N]. 广西日报, 2009-02-13.

[172] 扬·盖尔. 交往与空间 [M]. 何人可译. 北京：中国建筑工业出版社, 1992.

[173] 杨森林, 多纳尔·A. 迪宁. 欧盟旅游业的政策基础及目标 [J]. 旅游学刊, 1995（5）.

[174] 杨哲昆, 李澄怡等. 海南旅游发展：分析、评估与对策 [M]. 海口：海南出版社, 2006.

[175] 叶大凤, 覃秀玉. 中国—东盟政策合作面临的难题及对策 [J]. 开发研究, 2009（5）.

[176] 叶舜赞. 一国两制模式的区域一体化研究 [M]. 北京：科学出版社, 1999.

[177] 余繁, 唐滢. 跨境旅游合作区建设研究 [M]. 北京：中国旅游出版社, 2016.

[178] 余海燕. 中越跨境旅游合作面临的挑战及升级路径 [J]. 对外经贸实务, 2017（9）.

[179] 余益中, 刘士林, 廖明君等. 广西北部湾经济区文化发展研究 [M]. 南宁：广西人民出版社, 2009.

[180] 俞可平. 治理与善治 [M]. 北京：社会科学文献出版社, 2000.

[181] 袁珈玲. 广西迈向旅游强省之路 [M]. 成都：电子科技大学出版社, 2006.

[182] 袁莉, 田定湘, 刘艳. 旅游产业的聚集效应分析 [J]. 湖南社会科学, 2003（3）.

[183] 曾博伟. 旅游业转型升级的思考 [N]. 中国旅游报, 2009-07-10.

[184] 曾令锋, 苏少敏. 广西周边地区旅游资源优化整合开发研究 [J]. 桂林旅游高等专科学校学报, 2006（6）.

[185] 张晨. 长三角区域旅游合作机制研究 [D]. 上海社会科学院博士学位论文, 2006.

[186] 张广瑞, 刘德谦. 2008 年中国旅游发展分析与预测 [M]. 北京：社会科学文献出版社, 2008.

［187］张广瑞. 2009 年中国—东盟旅游合作论坛的发言（中国·昆明）［C］. 2009-11-21.

［188］张广瑞. 中国边境旅游发展的战略选择［M］. 北京：经济管理出版社，1997.

［189］张丽君等. 地缘经济时代［M］. 北京：中央民族大学出版社，2006.

［190］张丽君. 毗邻中外边境城市功能互动研究［M］. 北京：中国经济出版社，2006.

［191］张凌云. 旅游地引力模型研究的回顾与前瞻［J］. 地理研究，1989（1）.

［192］张有隽. 中越边境边民的族群结构——以龙州金龙峒壮族边民群体为例//徐杰舜. 族群与族群文化［M］. 哈尔滨：黑龙江人民出版社，2006.

［193］章牧，李月兰. 土地利用总体规划修编中的旅游用地问题研究［J］. 社会科学家，2006（7）.

［194］章远新. 大湄公河次区域经济合作与广西［M］. 成都：电子科技大学出版社，2006.

［195］赵和曼. 中越旅游合作的现状与前景［J］. 东南亚，2002（2）.

［196］赵明龙. 试论广西旅游交通对旅游业的制约及其对策［J］. 桂林旅游高等专科学校学报，2000（2）.

［197］赵永亮，徐勇. 国内贸易与区际边界效应：保护与偏好［J］. 管理世界，2007（9）.

［198］赵子荣. 崛起的江平［M］. 南宁：广西民族出版社，1994.

［199］郑杭生. 社会学概论新修［M］. 北京：中国人民大学出版社，2003.

［200］中国经济体制改革委员会，中国经济体制改革杂志社. 广西北部湾经济区体制改革与创新研究报告［M］. 北京：华文出版社，2009.

［201］中国旅游研究院. 2008 年中国旅游经济运行分析与 2009 年发展预测［M］. 北京：中国旅游出版社，2009.

［202］中国商务部欧洲司中国驻欧盟使团经商参处. 欧盟商务政策指南［M］. 北京：清华大学出版社，2006.

［203］钟高峥. 湘鄂渝黔边旅游产业集成研究［M］. 成都：电子科技大学出版社，2009.

［204］周建新，吕俊彪. 传统文化与跨国民族的社会转型——以广西东兴市尾村京族为例［J］. 广西民族研究，2006（4）.

［205］周建新. 中越中老跨国民族及其族群关系研究［M］. 北京：民族出版社，2002.

［206］周中坚. 北部湾经济区构想［J］. 改革与战略，1991（3）.

［207］朱静. 我国区域旅游合作中的政府间博弈［J］. 经济管理，2007（6）.

后 记

本书是国家自然科学基金课题"要素流动重塑跨境旅游合作空间的内在机理和演化路径研究：以中越边境地区为例"（项目批准号：41561030）的阶段性研究成果。作为阶段性成果，它是该课题在第一阶段所做的一些工作总结。在这期间课题组深入广西、云南边境地区，以及广西与广东、海南等跨界省区的重要口岸、重要城市进行较为详细的考察与调研。近几年来，广西通过以中新南向通道建设为载体，强化内聚外合、纵横联动，在"南向、北联、东融、西合"上下大功夫，跨界区域旅游合作取得较大成绩。本书主要记录课题第一阶段的部分研究成果。其中包括广西融入粤港澳大湾区旅游合作的路径与对策研究、广西深化与中国—东盟旅游合作的问题与对策研究、广西与越南入境旅游市场的形势与研判等。

本书的写作分工具体如下：黄爱莲负责导论和第一、第二章，黄爱莲、沙欧负责第三章，罗平雨负责第四章，魏继洲负责第五章和统稿。本书在写作过程中得到课题组成员凌常荣教授、黄晔明讲师等的大力协助，邹建华、朱俊蓉等研究生帮忙收集部分资料和整理数据，在此向他们的辛勤付出表示由衷心的感谢！

笔者于广西大学碧云湖畔
2020 年 6 月